MIJN EERSTE 18 JAAR

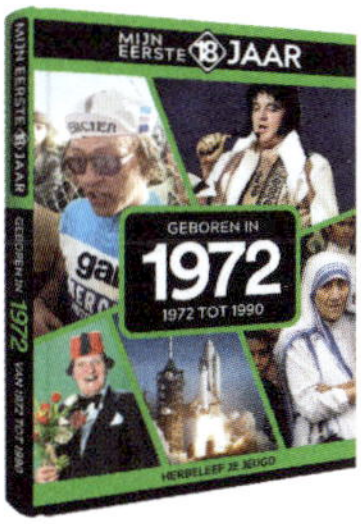

MIJN EERSTE 18 JAAR

GEBOREN IN

1960

1960 TOT 1978

Mijn eerste 18 jaar is een merk van TDM Publishing.
Het beeld- en woordmerk zijn beschermd en eigendom van TDM Publishing.

www.mijneerste18jaar.nl
info@mijneerste18jaar.nl

Mijn eerste 18 jaar: naar een idee en concept van Thars Duijnstee
Research en tekst: Mark van der Linden, Jeffrey Roozeboom
Samenstelling en beeldredactie: Jeffrey Roozeboom
Ontwerp: Ferry Geutjes, Jeffrey Roozeboom
Vormgeving: Ferry Geutjes, Josefini dtp - ontwerp - web

Foto's: Beeld & Geluid, Nationaal Archief, GettyImages, Shutterstock, BNNVARA, AVROTROS, Veronica, KRO-NCRV, KIPPA, VPRO, Geesink Studio.

Bij het schrijven van deze serie hebben de auteurs uit de volgende bronnen geput: Het aanzien van 1963-1999, NTS/NOS Jaaroverzicht, nueens.nl, vandaagindegeschiedenis.nl, beleven.org, Top40, IMDB, Wikipedia, Eye Filmmuseum, Rollingstone.com, Beeld & Geluid, Nationaal Archief, Onthisday.com, Parlement.com.

Met dank aan: Top 40, Spotify.
De top 10 van 1960 t/m 1964 is samengesteld door de redactie.

Gebruiksaanwijzing Spotify afspeellijsten:

1. Open Spotify.
2. Klik op zoek (het vergrootglas in beeld).
3. Klik op scannen (de fotocamera in beeld).
4. Richt je camera op de Spotify-code in het boek.
5. Hierna kun je de gekozen lijst afspelen.

ISBN 978 94 9300 182 4
NUR: 400

SPORT

Gekleurd Oranje
3 april 1960 Humphrey Mijnals werd de eerste Surinamer in het Nederlands elftal. De in Mungo geboren speler van USV Elinkwijk maakte op 3 april in het Olympisch Stadion zijn debuut in Oranje tegen Bulgarije. Mijnals kwam niet verder dan drie interlands, maar de ban voor gekleurde voetballers in Oranje was gebroken en langzaam kreeg het spierwitte Nederlandse team steeds meer kleur...
en succes.

A

Zonder schoenen
10 september 1960 Abebe Bikila vestigde alle schijnwerpers op zich. De Ethiopiër verscheen aan de startlijn van de Olympische marathon zonder schoenen. Hij werd er in eerste instantie hardop voor uitgelachen. Dat gelach verstomde toen Bikila iedereen op blote voeten het nakijken gaf. Hij won de marathon in een nieuw wereldrecord. Vier jaar later werd Bikila in Tokio opnieuw Olympisch kampioen in een wereldrecordtijd, dit keer mét schoenen aan.

Gazelle
En dan was er nog Wilma Rudolph, een Afrikaans-Amerikaanse atlete die als jong meisje niet kon lopen vanwege polio. Na zware therapie bleek ze het hardst te kunnen rennen van allemaal. 'De Zwarte Gazelle' werd de ster van de Olympische Spelen, met gouden medailles op de 100 meter, de 200 meter en de 100 meter estafette.

Cassius Clay
5 september 1960 De Olympische Spelen in Rome waren de eerste Spelen die op televisie werden uitgezonden. Zo zag de wereld nieuwe sporthelden opstaan. Een van hen was onmiskenbaar Cassius Clay (Muhammad Ali). Zijn 105 wedstrijden als amateur culmineerden in een gouden medaille in Rome. De pas achttienjarige halfzwaargewichtbokser liet geen spaan van zijn tegenstanders heel en werd een internationale ster. Vierentwintig dagen later bokste Clay zijn eerste professionele partij, dan al meteen in zijn karakteristieke uitdagende stijl, met zijn handen langs zijn lichaam, zijn imponerende voetenwerk en zijn razendsnelle reflexen.

B

2 JAN 1960
Fausto Coppi, de beste wielrenner ooit, overlijdt op veertigjarige leeftijd aan malaria.

5 FEB 1960
De film *La Dolce Vita* gaat in première.

17 MRT 1960
De Franse film *À bout de souffle* komt uit, de eerste Nouvelle Vague-film.

1960

Zilveren Spelen
Voor Nederland verliepen de Olympische Spelen minder succesvol. Zowel op de Zomer- als Winterspelen bleek een zilveren medaille het hoogst haalbare eremetaal. Op het ijs van Squaw Valley Ski Resort danste Sjoukje Dijkstra naar het zilver bij het kunstschaatsen. Het was het begin van een ongekend succesvolle periode voor Dijkstra, waarin ze vijf keer achtereen Europees kampioene werd en in 1964 op de Spelen nog een treetje omhoog mocht op het podium. Op de Zomerspelen werden alle drie de medailles behaald in het zwembad. Marianne Heemskerk deed het met een tweede plaats op de 100 meter vlinderslag het best. Eerder die zomer had Heemskerk in Leipzig al het wereldrecord op de 200 meter vlinderslag verbeterd.

C

Beslissingsduels
Zowel voor het Eredivisiekampioenschap als voor de degradatie hieruit moest een beslissingswedstrijd gespeeld worden. In de wedstrijd om het kampioenschap won Ajax met 5-1 van Feyenoord. Elinkwijk wist zich ten koste van Blauw-Wit te handhaven.

Kampioen Eredivisie

Er werd in 1960 niet gespeeld voor de KNVB beker.

BINNENLANDS NIEUWS

Dezer Dagen
4 januari 1960 4400 keer zou Jérôme Heldring zijn zelfverklaarde conservatieve gedachten opschrijven in het NRC. Op 4 januari deed hij dat voor het eerst in de beroemd geworden column 'Dezer Dagen'. Als scherpzinnige enthousiasteling werd Heldring een belangrijke opiniemaker voor conservatief Nederland.

1 APR 1960
In het *NTS Journaal* wordt als 1 aprilgrap verteld dat de Toren van Pisa is omgevallen.

24 MEI 1960
De miljoenste telefoonaansluiting van Nederland is een feit.

30 JUN 1960
Na een koloniale tijd van negentig jaar wordt Congo onafhankelijk van België.

Euromast
25 maart 1960 Vlakbij de ingang van de Maastunnel verrees het hoogste bouwwerk van Rotterdam. Ter ere van de Floriade die dit jaar in Rotterdam werd gehouden, werd een honderd meter hoge scheepsmast gebouwd die vanaf dat moment karakteristiek boven de skyline van de havenstad uittorende. De betonnen Euromast kreeg op 32 meter hoogte een replica van een scheepsbrug met navigatieapparatuur en kaarten, zodat bezoekers konden ervaren hoe het was om een schip te besturen. Helemaal boven in de toren kwam een groot kraaiennest met daarin twee restaurants, van waaruit je een prachtig uitzicht had over de hele stad.

Laatste kolonie
27 april 1960 Indonesië stuurde parachutisten naar Nederlands Nieuw-Guinea om te proberen de Papoea's tegen de Nederlanders op te zetten. Om dat te voorkomen zond Nederland grondtroepen, ondersteund door een aantal straaljagers, naar haar laatste kolonie in de archipel. Tot een grootschalig gewapend conflict kwam het niet, en Nieuw-Guinea bleef bij Nederland horen. Later dat jaar sneed Indonesië alle banden met Nederland door.

Telefoonnetwerk
24 mei 1960 In Nederland werd het miljoenste telefoontoestel op het netwerk van de PTT aangesloten. Dat aantal zou in de jaren '60 verdubbelen, waardoor het in de telefooncentrales op den duur niet meer te doen was om iedereen met de hand door te verbinden. Vanaf 1962 gebeurde dat daarom volledig automatisch.

Avondklok
27 augustus 1960 Na de zoveelste (poging tot) aanranding in Maastricht was de burgemeester het helemaal zat. Om de overlast voor vrouwen door 'jeugd, ongehuwden en onbetamelijken' te stoppen ging er in de stad een avondklok gelden voor jongeren onder de achttien jaar. Zij mochten zich na negen uur 's avonds niet meer buiten vertonen. Deden ze dat wel, dan werden zowel zijzelf als hun ouders stevig aangepakt. De rest van Nederland keek verbijsterd toe.

10 JUL 1960
De Sovjet-Unie wint het eerste EK Voetbal door Joegoslavië te verslaan in de finale.

11 AUG 1960
De Olympische Spelen van Rome gaan van start.

25 SEP 1960
In Het Park in Rotterdam wordt de eerste Floriade afgesloten.

1960

Toetjes
Net als het sporadische vlees tijdens de maaltijd werd het avondeten lang niet altijd afgesloten met een nagerecht. Het toetje was in veel gezinnen een echte verwennerij in het weekend. Wat werd er dan als dessert gesnoept? Zelf gekookte gele custardvla (met vel!), yoghurt met een scheutje ranja, watergruwel, hangop uit eigen theedoek of griesmeelpap (met voor de zoetekauw een beetje Tovasaus).

Spellendoos
Het toppunt van gezelligheid was met zijn allen aan tafel een spelletje doen. Op dat soort momenten kwam de grote spelletjesdoos tevoorschijn, waarin spelletjes zaten als mens-erger-je-niet, ganzenbord, hoedje wip, pimpampet, domino, backgammon, schaken en dammen.

Bouwcrisis
Twee dagen voor Kerst gleed het kabinet-De Quay uit. De Kamer nam een motie van ARP'er Jan van Eibergen over de bouw van vijfduizend extra huurwoningen aan. Minister Jan van Aartsen, nota bene ook van de ARP, had die motie juist ontraden en verbond aan de uitslag zijn lot. Net na Nieuwjaar kon er alsnog gelijmd worden.

Het Achterhuis
Om de herinneringen aan het leven van Anne Frank in 'Het Achterhuis' te eren, werd het Anne Frank Huis op 3 mei opengesteld als museum. Tegenwoordig bezoeken meer dan een miljoen mensen per jaar het voormalige onderduikadres.

POLITIEK

Geen controles meer
1 juli 1960 Geen paspoortcontroles meer aan de grens met België! België, Nederland en Luxemburg spraken in het Verdrag tot instelling van de Benelux Economische Unie vrij verkeer van personen, goederen, kapitaal en diensten af tussen de drie landen. Daarmee waren de drie landen opnieuw een lichtend voorbeeld in Europa.

KENT U DEZE NOG?

Rolschaatsen

1 OKT 1960
Nigeria wordt onafhankelijk van Groot-Brittannië.

1 NOV 1960
Het Benelux-verdrag treedt in werking.

15 DEC 1960
Koning Boudewijn van België treedt in het huwelijk met de Spaanse Fabiola Mora y Aragón.

BUITENLANDS NIEUWS

E

Diepterecord
23 januari 1960 In een onderzeeboot daalden Jacques Piccard en Don Walsh af naar de duistere diepte van de Marianentrog, een zeediepte in de Stille Oceaan. Na een reis van bijna vijf uur, waarbij een van de patrijspoorten door de hoge druk barstte en bijna bezweek, kwamen ze aan op een diepte van 10.916 meter, het diepste punt dat de mens ooit bereikt heeft. Op die plek had nog nooit licht geschenen.

Horecaboycot
1 februari 1960 De geweldloze sit-ins die zwarte Amerikaanse studenten in de stad Greensboro in North Carolina organiseerden als protest tegen de wettelijke rassenscheiding in de horeca, werden nu ook in andere steden in zuidelijke staten gekopieerd. De acties konden zelfs op sympathie van president Eisenhower rekenen. De burgerrechtenbeweging kreeg steeds meer voet aan de grond en boycotte cafés en bars waar zwarten door een andere deur naar binnen moesten. Uiteindelijk konden de horecazaken hun segregatie niet langer volhouden, een belangrijke overwinning voor de burgerrechtenbeweging.

F

El Guerrillero Heroico
5 maart 1960 Bij een herdenkingsdienst ter nagedachtenis aan de slachtoffers van een explosie op het vrachtschip La Coubre maakte fotograaf Alberto Korda dé beroemde foto van Che Guevara. De portretfoto, genaamd 'El Guerrillero Heroico', werd de meest gebruikte foto aller tijden en een van de beroemdste symbolen van de jaren '60. Het portret van Guevara verscheen op T-shirts en op posters van massa's mensen over de hele wereld. Mede dankzij de foto groeide Che Guevara uit tot een van de grootste culturele iconen.

Spionagerel
Piloot Gary Powers vloog op 1 mei 1960 boven de Sovjet-Unie om in het geheim militaire infrastructuur te fotograferen toen zijn vliegtuig door een Russische raket uit de lucht werd geschoten. Powers gebruikte zijn schietstoel en werd gevangen genomen. De Amerikanen ontkenden spionagevluchten uit te voeren. Het incident resulteerde daarom in een diplomatieke rel.

Holocaust-organisator
11 mei 1960 De Israëlische geheime dienst, de Mossad, voerde in het geheim een operatie uit in de Argentijnse hoofdstad Buenos Aires, waarbij nazi-kopstuk Adolf Eichmann werd opgepakt, ontvoerd en naar Israël gesmokkeld. Eichmann was in de Tweede Wereldoorlog verantwoordelijk voor de deportatie van miljoenen Joden in heel Europa naar de concentratiekampen. Hij vluchtte na de Tweede Wereldoorlog naar Argentinië. Na een spraakmakend en publiek proces in Israël werd hij schuldig bevonden en in 1962 opgehangen.

G

Aardbeving
22 mei 1960 De Grote Chileense Aardbeving die de provincie Valdivia trof, was de sterkste aardbeving die ooit is gemeten. De beving had een kracht van 9,6 op de Schaal van Richter en zorgde voor vloedgolven tot aan Alaska, Australië en Japan. Wonder boven wonder kwamen 'slechts' circa drieduizend mensen om.

Onafhankelijk Congo
30 juni 1960 Voorbeelden over een onafhankelijkheidsoorlog met slechte afloop voor de koloniale overheerser had België genoeg, waaronder de Fransen in Vietnam en Algerije en de Nederlanders in Indonesië. Toen het verzet in Belgisch -Congo steeds groter werd, zag België daarom maar één optie: het land onafhankelijkheid schenken. Op een rondetafelconferentie in Brussel werd besloten tot vrije verkiezingen in mei en volledige onafhankelijkheid een maand later. De verkiezingen werden gewonnen door de nationalist Patrice Lumumba die de eerste premier werd van onafhankelijk Congo. Lang duurde de rust niet: het leger sloeg aan het muiten en de rijke provincie Katanga splitste zichaf, met steun van België en de VS. Premier Lumumba, riep de hulp van de Sovjet-Unie in en probeerde zijn land met grof geweld bijeen te houden. Dat lukte niet en een politieke crisis volgde, Lumumba en president Kasavubu allebei aan legerstafchef Mobutu (foto) vroegen de ander te arresteren. Mobutu pleegde vervolgens zelf een geweldloze staatsgreep. Lumumba werd door troepen van Mobutu gearresteerd, uitgeleverd aan zijn aartsvijanden in Katanga en daar vermoord. Daarna trok Mobutu zich weer terug uit de politiek, om als legerleider de strijd aan te gaan tegen de opstandelingen en revolutionairen. In 1965 zou hij met een tweede staatsgreep opnieuw de macht grijpen.

H

Kennedy
8 november 1960 Met slechts een half procentje verschil versloeg de democratische presidentskandidaat John F. Kennedy de zittende vicepresident Richard Nixon in de strijd om het Amerikaanse presidentschap. Kennedy ontpopte zich tot een pragmatisch leider die probeerde boven de partijen te staan, die de mens naar de maan stuurde, die duizenden Amerikaanse troepen naar Vietnam zond en die tijdens de Cubacrisis een Derde Wereldoorlog voorkwam.

Poppenkastpoppen

Vrouwelijke minister-president
Sirimavo Bandaranaike werd in 1960 de eerste gekozen vrouwelijke minister-president ter wereld. De Sri Lankaanse won de verkiezingen nadat haar man, die premier was van 1956 tot zijn dood, een jaar eerder was doodgeschoten door een extremistische boeddhist. Het voorbeeld van Bandaranaike kreeg in de jaren '60 navolging toen Indira Gandhi premier werd van India en Golda Meir van Israël.

Yves Saint Laurent
De kleding van de Franse modeontwerper Yves Saint Laurent was beeldbepalend, zowel in de haute couture als in de mode op straat. De trapezejurk deed het al goed aan het begin van de jaren '60, en ook de 'beat look' die Saint Laurent omarmde, sloeg aan: safari-jassen, strakke spijkerbroeken en hoge laarzen. In 1965 volgde een spectaculaire collectie cocktailjurkjes met Mondriaan-motieven, die door vele kledingfabrikanten werden gekopieerd en tegen betaalbare prijzen werden verkocht. Een jaar later kwam Saint Laurent met zijn beroemde 'Le Smoking', het eerste broekpak voor vrouwen. Toen stijliconen als Françoise Hardy, Bianca Jagger, Liza Minnelli en in Nederland Mies Bouwman de broekpakken begonnen te dragen, volgden al snel veel meer vrouwen.

Moderne tijden
De techniek staat voor niets... Vanaf 1960 begonnen gewone burgers steeds meer te merken van de invloed van de ruimtevaart. De eerste weersatelliet van de NASA maakte het voor weermannen in tientallen landen mogelijk om het weer voor de hele week te voorspellen, in plaats van alleen voor de volgende dag. De eerste commerciële communicatiesatellieten zorgden ervoor dat telefoonverkeer tussen verschillende continenten veel makkelijker werd en dat live televisie-uitzendingen tegelijk over heel de wereld konden plaatsvinden. En met de eerste navigatiesatellieten van de Amerikaanse marine kon de locatie van schepen en onderzeeboten nauwkeuriger worden bepaald dan ooit tevoren.

1960

Wereldbevolking
De wereldbevolking passeerde de grens van drie miljard mensen. Dat betekende bijna een verdubbeling van het aantal mensen op aarde sinds 1900. De bevolkingsgroei zou in de jaren die volgden nog veel harder gaan, met name in Azië en op het Afrikaanse continent, waar in 1960 zeventien landen onafhankelijk werden. Nog voor het einde van het millennium zou de wereldbevolking nog een keer verdubbelen, waardoor de vraag of de wereld niet kampte met overbevolking steeds vaker gesteld werd.

Piratenzender
18 april 1960 Vanaf het Duitse lichtschip Borkum Riff, dat buiten de Nederlandse territoriale wateren op de Noordzee lag, zond Radio Veronica haar eerste testuitzending uit. De piratenzender ging een maand later officieel de lucht in over de 192 meterband. De illegale radiozender werd in een mum van tijd populair bij de jeugd, omdat het de enige zender was die echte popmuziek draaide.

ENTERTAINMENT

Bert Haanstra
12 april 1960 Een primeur voor de Nederlandse filmindustrie: regisseur Bert Haanstra kreeg namelijk voor zijn korte documentaire *Glas* als eerste Nederlander een Oscar. In de documentaire liet Haanstra op stijlvolle en humoristische wijze het productieproces van glas zien, zowel het ambachtelijke glasblazen vanuit de Glasfabriek in Leerdam als het mechanische proces in de fabriek.

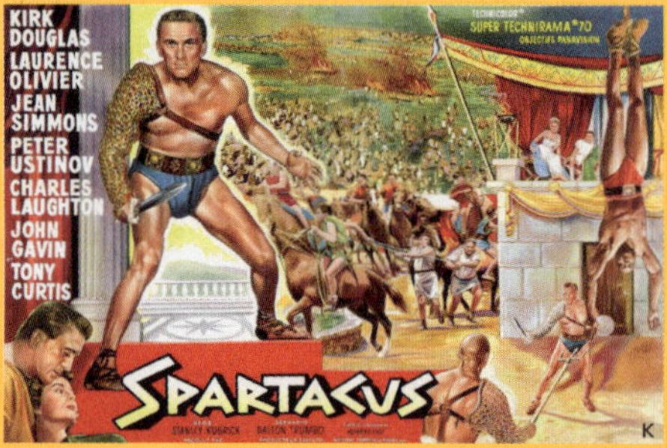

Hollywoodklassieker
Spartacus van Stanley Kubrick, een groots opgezette Amerikaanse spektakelfilm over een opstandige gladiator (Kirk Douglas) die na zijn ontsnapping met zijn slavenleger het gevecht aangaat met de machtige Romeinse heersers. De film, die meer dan drie uur duurde, was een grote hit in de bioscoop en werd al snel één van de epische Hollywoodklassiekers.

MUZIEK

First Lady of Jazz
7 juli 1960 De Rotterdamse Rita Reys was in de jaren '50 en '60 een absolute wereldster in de jazz. In Amerika werkte ze samen met de grootste jazzmuzikanten der aarde, zoals Art Blakey, Dizzy Gillespie, Zoot Sims, Stan Getz en Lester Young. Na haar Amerikaanse tournee won ze in 1960 in Frankrijk het jazzfestival van Juan-les-Pins, waar Reys werd uitgeroepen tot 'Europe's First Lady of Jazz'. In september trouwde Reys met pianist Pim Jacobs, met wie ze nog decennialang zou optreden.

Ocean's 11 film
In *Ocean's 11* rekruteert WO2-veteraan Danny Ocean (Frank Sinatra) negen kameraden van zijn eenheid, de 82nd Airborne Divisie, om tegelijkertijd vijf casino's in Las Vegas te overvallen: de Sahara, de Riviera, de Desert Inn, de Sands en de Flamingo.

Nieuwe naam
17 augustus 1960 Het bandje The Quarrymen, bestaande uit John Lennon, Paul McCartney, George Harrison, Stuart Sutcliffe en Pete Best, veranderde haar naam via The Silver Beetles in The Beatles, een samentrekking van de woorden *beat* en *beetle*. Met dat laatste woord (kever) was de nieuwe naam van de groep een hommage aan de band waarmee Buddy Holly zijn grote hits scoorde, The Crickets (De Krekels). In augustus begon de band aan een beruchte reeks optredens in de Indra op de Reeperbahn in Hamburg (foto 1962, links Pete Best).

1960

Ramona

The Blue Diamonds, bestaande uit de broers Riem en Ruud de Wolff, werden ook wel 'de Nederlandse Everly Brothers' genoemd. In 1960 werden ze plotsklaps beroemd met hun uitvoering van een filmliedje uit 1928 met de titel 'Ramona'. Het nummer eindigde in 1960 zelfs op nummer 72 in de Amerikaanse Billboard Hot 100. Er werden meer dan 250.000 exemplaren verkocht in Nederland (het eerste record ooit) en in 1961 meer dan een miljoen in Duitsland. The Blue Diamonds hadden nog een grote hit met het Neil Sedaka-nummer 'Oh! Carol'.

P

TOP 10

1960 DE TOP 10 VAN DE REDACTIE

1. **Ramona** The Blue Diamonds
2. **Milord** Corry Brokken
3. **Are you lonesome tonight?** Elvis Presley
4. **Kom van dat dak af** Peter Koelewijn en zijn Rockets
5. **Cathy's clown** The Everley Brothers
6. **It's now or never** Elvis Presley
7. **Red river rock** Johnny & The Hurricanes
8. **Oh! Carol** Neil Sedaka
9. **Theme from a summer place** Percy Faith, His Orchestra
10. **Itsy bitsy teenie weenie** Brian Hyland

Open | Search | Scan

Nederlandse rock-'n-roll

De rock-'n-roll verspreidde zich als een lopend vuurtje, en in 1960 was het ijs ook in Nederland gebroken met twee Nederlandstalige rock-'n-roll-klassiekers. Peter Koelewijn maakte zich onsterfelijk met zijn 'Kom van dat dak af'. Ria Valk, later bekend van de komische liedjes, zong het uit het Zweeds vertaalde 'Hou je echt nog van mij, Rocking Billy?'

Corry Brokken

In 1960 covert Corry Brokken het nummer (Milord), dat bekend is geworden door de vertolking door Édith Piaf. Het liedje gaat over een arm havenmeisje dat verliefd wordt op een Britse rijke lord (Milord) die ze en paar keer op straat tegenkomt maar die haar helaas niet ziet staan. Corry Brokken stond met dit nummer zes maanden op nummer 1 in de Nederlandse hitlijsten.

Q

SPORT

A

Onverslaanbaar
25 juni 1961 Een unicum in de Tour de France: Jacques Anquetil, winnaar van de Tour van 1957, kondigde voor de start van de eerste etappe in Rouen aan dat hij de gele trui op de eerste dag zou veroveren en hem niet meer zou afstaan tot aan de finish van de laatste etappe in Parijs. En zo geschiedde. De Fransman won de tijdrit op de eerste dag met overmacht en was ook de rest van de Tour onverslaanbaar, net als de komende jaren overigens...

B

Judohistorie
4 december 1961 Nog nooit had iemand van buiten Japan het wereldkampioenschap judo gewonnen. Des te groter was de sensatie toen Anton Geesink uit Utrecht op het WK in Parijs drie Japanners versloeg op weg naar de wereldtitel. In judonatie Japan was men zo ondersteboven van Geesinks fenomenale judo dat ze dachten dat het wel een vergissing móést zijn. Dat was het niet. Geesink was erop gebrand om ze dat volgend jaar in Tokio te laten zien ook...

Kunstijsbaan
9 december 1961 Aan de onzekerheid voor topschaatsers of er in de komende winter wel genoeg vorst kwam, om op het ijs te kunnen trainen, kwam in 1961 een einde. Op 9 december opende Jaap Eden III, de kleinzoon van sport- en schaatspionier Jaap Eden, in Amsterdam de eerste Nederlandse kunstijsbaan met een 400 meterbaan. De Jaap Edenbaan bleek het ontbrekende puzzelstukje voor Nederland om de stap naar de internationale schaatstop te maken. In de eerstvolgende tien jaar zag de schaatsbaan een heel nieuwe lichting schaatstalenten opstaan, onder wie Kees Verkerk en Ard Schenk.

KNVB beker	Kampioen Eredivisie
AJAX	FEYENOORD

Topscoorder: Henk Groot (Ajax)

20 JAN 1961
John F. Kennedy wordt ingehuldigd als 35e president van de VS.

19 FEB 1961
Radio Veronica komt met een platenverzoekprogramma: *Men vraagt en wij draaien!*

6 MRT 1961
Minister Jelle Zijlstra revalueert de gulden met 4,74%.

Elastieken
Twee vriendinnen hielden een met de uiteinden aan elkaar geknoopt elastiek om hun enkels strak, zodat de derde vriendin in, op en over het elastiek kon springen, op de wijs van een liedje dat vertelde hoe er gesprongen moest worden. Elastieken was vanaf de jaren '60 een rage op het schoolplein en bleef een populair spelletje tot in de jaren '90.

Floptrein
28 mei 1961 In de strijd tegen de opkomst van de auto bedacht de NS de 'lustrein'. Deze startte in Maastricht en reed via Eindhoven en de Randstad naar Venlo, zodat passagiers veilig en vlug tussen de grote Nederlandse steden konden reizen. Het nieuwe project flopte. Spoorwegmedewerkers, die al waren achtergebleven bij de stijgende lonen en koopkracht, weigerden een nog hogere werkdruk en organiseerden zogenaamde 'modelacties', stiptheidacties die de dienstregeling de hele zomer in de soep lieten lopen.

BINNENLANDS NIEUWS

Zendmast Lopik
9 mei 1961 Om het televisiesignaal overal in Nederland even sterk de huiskamer binnen te laten komen werd in het Utrechtse IJsselstein een nieuwe, torenhoge zendmast gebouwd. De 'Zendmast Lopik' bestond uit een betonnen toren van 100 meter met daarbovenop een buismast van 260 meter en daarbovenop nog een antenne. Toen Koningin Juliana hem op 9 mei ceremonieel in gebruik nam, was de zendmast met zijn 382 meter het hoogste bouwwerk in Europa. Vanaf 1992 wordt de zendmast in de wintermaanden met verlichte tuidraden omgetoverd tot de op een na hoogste kerstboom ter wereld.

C

D

Laatste Blauwe Tram
9 november 1961 De Blauwe Tram was in de kustprovincies decennia lang hét gezichtsbepalende vervoersmiddel. De trams bracht forenzen van slaapsteden en -dorpen naar de grote stad en bij goed weer naar het strand. Door de opkomst van de kleine gezinsauto werd hij steeds overbodiger, en op 9 november reed de Blauwe Tram voor het laatst tussen Den Haag en Leiden.

21 APR 1961
Dirk Stikker wordt de nieuwe secretaris-generaal van de NAVO.

4 MEI 1961
Tijdens Dodenherdenking klinkt het Vrijheidscarillon voor het eerst in Amsterdam.

19 JUN 1961
Het olierijke Koeweit wordt onafhankelijk van Groot-Brittannië.

Diaprojector

Samen vakantie- en familiefoto's bekijken deed je in de jaren '60 met een diaprojector. Een deel van de kamer werd leeggeruimd, waarna met enige moeite een wit scherm werd opgebouwd. Ook het richten van de projector, zodat het beeld mooi recht op het scherm viel, vergde enige handigheid. Vervolgens werden de dozen of mappen met dia's erbij gepakt en werden de doorzichtige plaatjes een voor een in de projector geschoven. Nu kon de fotopret beginnen!

Volksgericht

10 november 1961 In Staphorst werd een vrouw 's nachts van haar bed gelicht en door een aantal boerenzoons op een mestkar gezet. Ze werd ervan verdacht als getrouwde moeder overspelig te zijn geweest met een andere getrouwde man. Ook hij werd bij zijn lurven gegrepen. 's Avonds werden de twee op de kar door het streng protestantse dorp gereden. Honderden Staphorsters stonden langs de weg om het tweetal te beschimpen en met mest en modder te bekogelen. Pas laat in de nacht, nadat de zondaars beterschap hadden beloofd, mochten ze weer naar huis. Het was het laatste volksgericht in Staphorst.

Van Koetjesrepen tot trekdrop

Lekkernijen hadden klinkende namen. Wat te denken van de heerlijke koetjesrepen, 3 Musketiers of schuimblokken? Andere verwennerijen waren vooral erg leuk om op te eten. Likkoekjes en chocoladesigaretten bijvoorbeeld, of trekdrop!

POLITIEK

Vijfdaagse werkweek

In Nederland werd na lange strijd van de vakbonden de vijfdaagse werkweek wettelijk ingevoerd. De werkweek duurde vanaf 1961 niet meer 48 uur, maar 40 uur. Veel belangrijker nog: de zaterdag werd een vrije dag! Ineens was er tijd om écht op adem te komen van het werk en kwam er meer gelegenheid om tijd met het gezin door te brengen, voor ontspanning, om te winkelen, om te sporten en voor recreatie.

KENT U DEZE NOG?

Kinderpoeder

2 JUL 1961

Ernest Hemingway pleegt op 61-jarige leeftijd zelfmoord.

7 AUG 1961

Lodewijk Duymaer van Twist, het langstzittende Kamerlid ooit, overlijdt op 95-jarige leeftijd.

7 SEP 1961

Pieter Sjoerds Gerbrandy, premier van de 'Londense kabinetten', overlijdt op 76-jarige leeftijd.

BUITENLANDS NIEUWS

Joeri Gagarin
12 april 1961 'Poyekhali! (Daar gaan we!),' antwoordde kosmonaut Joeri Gagarin toen raketgeleerde Sergej Koroljov even na negenen Nederlandse tijd aangaf dat alles op de raketlanceerbasis van Bajkonoer in gereedheid was voor de spannendste ruimtemissie tot dan toe. Enkele seconden later werd de Vostok 1 gelanceerd, met aan boord de eerste mens die de ruimte zou bereiken. Na een vlucht van een paar minuten werden de hulpraketten van de Vostok ontkoppeld. Joeri Gagarin was in de ruimte! Gagarin vloog in zijn capsule 327 kilometer boven het aardoppervlak in een baan om de aarde, met een snelheid van 27.400 km/u.

Vanuit het raampje kon hij als eerste mens een blik op de aarde werpen, een magisch moment. Na een vlucht van 108 minuten landde Gargarin's capsule met een parachute op een akker. Met een telefoontje liet Gagarin aan Moskou weten dat hij veilig was geland. Hij werd een held binnen en buiten de Sovjet-Unie.

Ken
11 maart 1961 Barbie kreeg in 1961 een vriendje: Ken. De mannenpop werd vernoemd naar Kenneth Handler, de zoon van de geestelijk moeder van Barbie. Met een vrouwelijke én een mannelijke aankleedpop konden de kinderen de poppen ineens laten trouwen en er vadertje en moedertje mee spelen.

KENT U DEZE NOG?

Tabakspijp met houder

1 OKT 1961
Het Britse Cameroons en de voormalige Franse kolonie Cameroun worden samen een land: Kameroen.

24 NOV 1961
In Rotterdam wordt gestart met de bouw van een nieuwe deelgemeente: Prins Alexander.

14 DEC 1961
De film *Judgment at Nuremberg*, over de Neurenberg-processen, gaat in première.

Varkensbaai
17 april 1961 De CIA bedacht begin 1960 een plan om de communistische regering van Fidel Castro in Cuba omver te werpen. Rechtse Cubaanse bannelingen werden getraind in de VS, en in januari 1961 verbrak de VS alle banden met Castro's regime. Twee weken later trad Kennedy aan als president. Hij was een heel stuk voorzichtiger met Amerikaanse inmenging in Cuba. Hij liet de plannen behoorlijk afzwakken. Zo zouden de Cubaanse luchthavens niet worden gebombardeerd door Amerikaanse vliegtuigen.
Op 17 april begonnen circa 1500 Cubaanse bannelingen onder leiding van CIA-officieren aan de invasie van de Varkensbaai, maar ze stuitten op een veel grotere troepenmacht van het Cubaanse nationale leger, dat loyaal bleef aan Castro. President Kennedy weigerde om klaarliggende Amerikaanse oorlogsschepen in te zetten om het tij te keren, en na drie dagen werd de invasie definitief afgeslagen. Van de circa 1500 Cubaanse bannelingen werden er 118 gedood en ruim 1200 gevangengenomen.

Apolloprogramma
25 mei 1961 Amerika had de strijd om de eerste mens in de ruimte te krijgen nog maar net verloren van de Sovjet-Unie of president Kennedy richtte zich al op de volgende mijlpaal in de ruimtevaart. Op 25 mei beloofde hij het volgende: 'Dit land moet zich verplichten om de mens nog voor het einde van dit decennium op de maan te laten landen en hem weer veilig terug naar de aarde te brengen.' Daarmee gaf de president het startsein voor het Apolloprogramma.

Nobelprijs voor de Vrede
Secretaris-generaal van de VN Dag Hammarskjöld was onderweg om in Congo een staakt-het-vuren te onderhandelen toen zijn vliegtuig neerstortte, mogelijk door een aanslag. Hammarskjöld overleefde de ramp niet. Aan het eind van het jaar werd hij, bij hoge uitzondering, postuum onderscheiden met de Nobelprijs voor de Vrede.

1961

Voortzetting apartheid
31 mei 1961 In Zuid-Afrika werd in een referendum, waaraan alleen blanke Zuid-Afrikanen mee mochten doen, gestemd voor uittreding uit de gemenebest. Staatshoofd Elizabeth II raakte haar titel als koningin van Zuid-Afrika kwijt. Het land werd een republiek met Charles Swart als president. Voor de zwarte bevolking werd het er niet beter op, want ook in de republiek werd de apartheid voortgezet.

Oost-Duitsland
13 augustus 1961 Met de steeds strenger wordende greep van de Sovjet-Unie op Oost-Duitsland zochten honderdduizenden Oost-Duitsers in de jaren '50 hun heil in de veel vrijere BRD. Door de oorlog en de massale emigratiestroom naar West-Duitsland verloor de DDR in rap tempo zo'n 10% van haar beroepsbevolking. Een groot deel van die emigranten waren ook nog eens hoogopgeleide, jonge Oost-Duitsers. Zij hadden een cruciale rol moeten vervullen in de naoorlogse economie in Oost-Duitsland, maar zochten om politieke en economische redenen hun toevlucht tot het Westen.

De schade aan de Oost-Duitse economie en de politieke geloofwaardigheid van het land was enorm. Het verlies aan 'intelligentsia' werd op den duur een schadepost die in de miljarden liep. De Oost-Duitse leider Walter Ulbricht en Sovjetleider Nikita Chroesjtsjov zagen maar één oplossing om de leegloop van Oost-Duitsland te stoppen: de grenzen sluiten. Vooral de grens in Berlijn was kwetsbaar. De grens was daar namelijk redelijk open en liep door dichtbevolkt gebied, en er waren vier ruziënde autoriteiten belast met het bewaken ervan. Om deze lekke grens te dichten, tekende Ulbricht op 12 augustus een bevel om een muur rond West-Berlijn te bouwen. Een dag later werd de grens tussen Oost- en West-Berlijn gesloten, en binnen een paar weken tijd werd met betonblokken en prikkeldraad een barrière van 156 kilometer lang om heel West-Berlijn gebouwd, op zeven plaatsen onderbroken door zeer streng bewaakte grensposten. Door de Berlijnse Muur werden families in tweeën gesplitst en werden veel Oost-Duitsers afgesneden van hun werk in West-Berlijn. De Oost-Duitse grenswacht kreeg de opdracht om iedereen die de grens nog probeerde over te steken neer te schieten. Toen de Oost-Duitse grenswachters in oktober de controle bij de geallieerde doorgangspost Checkpoint Charlie probeerden over te nemen, bereikte de Koude Oorlog een nieuw hoogtepunt. Amerikaanse en Russische tanks stonden urenlang recht tegenover elkaar, klaar om te schieten. Uiteindelijk trokken de Russische tanks zich na zestien uur terug. Zowel de Oost-Duitse als de Amerikaanse grenswachters ter plaatse wisten: één fout en het was verkeerd afgelopen, misschien wel met een Derde Wereldoorlog tot gevolg.

G

Een explosie van 50 megaton
30 oktober 1961 Drie dagen nadat de Russische tanks zich bij Checkpoint Charlie hadden teruggetrokken lieten de Sovjets hun militaire spierballen nog een keer rollen. Boven Nova Zembla brachten ze de 'Tsar Bomba' tot ontploffing, de 'koning van alle bommen'. De waterstofbom was met haar kracht van 50 megaton de grootste explosie die de mens ooit verheeft veroorzaakt. De enorme ontploffing zorgde tot in Finland voor gesprongen ruiten.

De eerste seksshop
24 december 1961 In de periode na de oorlog schoolde Beate Uhse zich om van Luftwaffe-pilote tot onderneemster. Eerst verspreidde ze brochures over periodieke onthouding, aan het begin van de jaren '50 gevolgd door een postorderbedrijfje in condooms en boeken over seksuele hygiëne. In 1961 opende Uhse in Flensburg haar eerste fysieke winkel, gericht op 'seksuele hygiëne'. De focus in de winkel lag voornamelijk op seks. Het was de eerste seksshop ter wereld.

Eerste hatchback
Renault lanceerde in 1961 haar kleine gezinsauto die de strijd aan moest gaan met de populaire Citroën 2CV en de Volkswagen Kever: de Renault 4. De Renault 4 een behoorlijke motor van 747cc, had een heel comfortabele vering door een foefje met de torsiestaven en was van binnen behoorlijk ruim voor zijn afmetingen. Met zijn naar boven openklappende achterklep was het de eerste succesvolle hatchback op de markt. Toen Renault in 1993 met de productie stopte, waren er meer dan 8 miljoen van verkocht. Van de Franse auto's verkocht alleen de 2CV (foto) beter.

Mini Cooper
In Engeland bouwde men in de jaren vijftig ook kleine autootjes voor in de stad. In Engeland waren brandstofslurpende bolides taboe geworden, omdat brandstof weer op rantsoen ging vanwege de Suez-crisis. Een van de bekendste Britse autootjes was de Mini van de British Motor Corporation. Dat wagentje, met de motor dwars voorin en voorwielaandrijving, die samen voor een fenomenale wegligging zorgden, bleek het ook buitengewoon goed te doen als raceauto. Verschillende autoconstructeurs gingen aan de Mini sleutelen om de prestaties te verbeteren.
Een van hen was John Cooper, de constructeur van de winnende Formule 1-wagen van 1959 en 1960. Cooper boorde het motortje op, waardoor het een vermogen van 100 pk leverde, drie keer zoveel als eerst. BMC vond de getunede Mini fantastisch en nam hem in productie bij Austin en Morris onder de naam Mini Cooper. De Mini Cooper deed het geweldig in de rallysport en won in 1964, 1965 en 1967 de rally van Monte Carlo. Op de weg werd de Mini Cooper de meest geliefde auto van Groot-Brittannië.

Robotarm
In Amerika werd ondertussen hard gewerkt aan de massaproductie van de auto. Robots moesten daarin een belangrijke rol spelen. In de fabrieken van General Motors nam een robotarm voor het eerst een taak van menselijke fabrieksarbeiders over. De Unimate kon ijzeren onderdelen aanvoeren en op de carrosserie van een auto lassen, een gevaarlijk klusje voor een menselijke arbeider.

ENTERTAINMENT

Verzoeknummers
19 februari 1961 'Beste platenvrienden, goedemorgen allemaal!' Zo begon Frans Nienhuys het populaire radioprogramma *Men vraagt en wij draaien*, waarin luisteraars per brief hun favoriete plaat aan konden vragen. Het programma was tot 1951 al bij de VARA te horen geweest en maakte in 1961 een herstart op Radio Veronica. Voor de eerste uitzending kwamen al meer dan 30.000 verzoeknummers binnen.

Ivanhoe
21 oktober 1961 De zeer populaire zwart-wit-kinderserie *Ivanhoe* werd door de KRO uitgezonden en de 39 afleveringen zouden nog vele malen worden herhaald. In de ridderserie speelde de latere *The Saint* en James Bond-acteur Roger Moore de rol van Sir Wilfred of Ivanhoe zijn eerste hoofdrol. Ivanhoe was een ridder die vocht tegen het onrecht.

H

Flip
16 december 1961 Flip de Tovenaarsleerling betekende de doorbraak van Leen Jongewaard. Na wat kleinere rollen kroop hij in 1961 in de huid van Flip, een leerling in dienst van een verstrooide tovenaar aan het hof van een koning. De komische avonturenkinderserie (gebaseerd op het sprookje *Der Zauberlehrling* van Goethe) speelt zich af in het land Mallonië en was erg populair bij de jeugd.

Recordmusical
West Side Story was direct na de release een enorm succes. De musical, die gebaseerd was op Shakespeares Romeo en Julia, werd een instant klassieker bij musicalliefhebbers over de gehele wereld. Daarnaast heeft de film een onuitwisbare indruk gemaakt op een generatie. In 1962 won *West Side Story* het ongelooflijke aantal van tien Oscars, onder andere voor Beste Film, Beste Regie en Beste Muziek. Dit is tot vandaag nog een recordaantal voor een musical.

MUZIEK

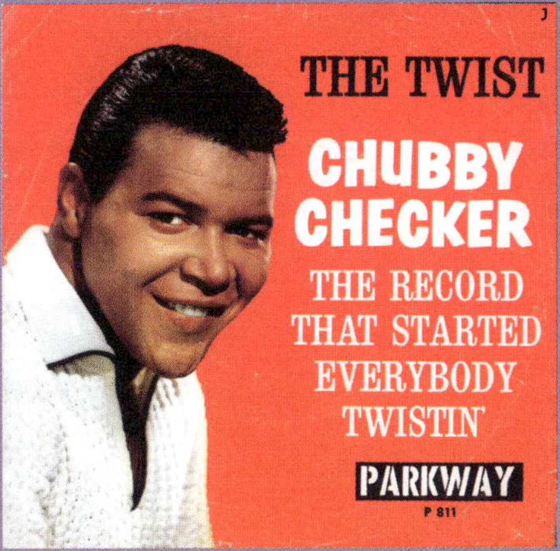

J

Let's Twist Again
Met zijn cover van 'The Twist' en zijn eigen 'Let's Twist Again' kreeg Chubby Checker iedereen aan het 'twisten'. De dans liet zich het simpelst uitleggen als 'net doen alsof je je kont aan een paal afveegt, terwijl je ondertussen op de tippen van je tenen draait', aldus Checker. Al snel volgden tientallen andere artiesten met nummers waarop je de twist kon dansen.

K

Carnavalsliedje
Zanger, producer en componist-tekstschrijver Johnny Hoes stond bekend als 'de koning van de smartlappen'. Met het Venlose carnavalsliedje 'Och was ik maar (bij moeder thuis gebleven)' beleefde hij zijn absolute muzikale hoogtepunt. Het singletje stond 35 weken in de hitparades en werd ruim 450.000 keer verkocht. Het staat daarmee te boek als de meest verkochte single in Nederland ooit.

L

Édith Piaf
'Non, je ne regrette rien' (Nee, ik heb nergens spijt van) werd in 1956 al geschreven door Charles Dumont. Het lied werd door vele artiesten uitgebracht, maar de versie van Édith Piaf stak met kop en schouders boven de rest uit. In het voorjaar van 1961 behaalde Piaf met dit nummer de eerste plaats in de Nederlandse hitparade. Piaf zou later ook een Engelse versie van het lied opnemen, maar deze was niet erg succesvol.

The Golden Earrings

In Den Haag richtten twee buurjongens het bandje 'The Tornadoes' op. Toen bleek dat er in de stad al een bandje was met die naam, veranderden George Kooymans en Rinus Gerritsen de naam van hun band in The Golden Earrings. Een paar jaar later brak de band eerst nationaal en later internationaal door, om vervolgens de meest succesvolle Nederlandse band in de hitlijsten te worden.

TOP 10

1961 DE TOP 10 VAN DE REDACTIE

1. **Non, je ne regrette rien** Édith Piaf
2. **Wheels** Billy Vaughn
3. **Hello Mary Lou** Ricky Nelson
4. **Let's twist again** Chubby Checker
5. **Wooden heart** Elvis Presley
6. **Hou je echt nog van mij, Rocking Billy?** Ria Valk
7. **Crying in the rain** The Everly Brothers
8. **Brigitte Bardot** The Butterflies
9. **Hit the road Jack** Ray Charles
10. **Oh was ik maar bij moeder thuis gebleven** Johnny Hoes

Open | **Search** | **Scan**

Tieneridool

Paul Anka brak al op veertienjarige leeftijd door en werd een tieneridool dankzij het liedje 'Diana', dat hij schreef voor de kinderoppas op wie hij smoorverliefd was. Anka scoorde nog een reeks immense hits en schreef de tekst van Sinatra's evergreen 'My Way' en Tom Jones' 'She's a Lady'.

Bintangs

In 1961 werd een van Nederlands oudste bands opgericht: Bintangs, wat in het Indonesisch 'sterren' betekent. De band startte met het spelen van Indorock, maar ging al snel over naar een meer rhythm-and-blues- en rockgeluid. De Bintangs hadden een paar bescheiden succesjes in de hitparades. Ze danken hun goede reputatie voornamelijk aan hun geweldige liveoptredens. In 2021 bestonden ze 60 jaar. Ze treden anno 2022 nog steeds op en hebben ook een nieuw album uitgebracht.

SPORT

2x kampioen
Feyenoord slaagde er als eerste club sinds de invoering van het betaald voetbal in om haar landstitel in de Eredivisie te prolongeren. De Rotterdammers, met strafschopstopper 'Eddy PG' in het doel en sterspeler Coen Moulijn, die ondanks aanbiedingen van FC Barcelona in De Kuip was blijven voetballen, in de gelederen waren een maatje te groot voor PSV en het Blauw-Wit van Barry Hughes en Martin Koeman.

KNVB beker | Kampioen Eredivisie

Topscoorder: Dick Tol (Volendam)

BINNENLANDS NIEUWS

Zwaar treinongeluk
8 januari 1962 Een tragedie bij Harmelen. Belemmerd door dichte mist miste de treinmachinist van een sneltrein een rood sein, waardoor zijn trein op hoge snelheid frontaal op een stoptrein botste. De grootste treinramp in de Nederlandse geschiedenis kostte aan 93 inzittenden het leven. Na het ongeval werd de invoering van de automatische treinbeïnvloeding (ATB), waardoor treinen automatisch afremmen, versneld.

13 JAN 1962
Chubby Checkers versie van 'The Twist' komt op 1.

2 FEB 1962
Mars, Jupiter, Mercurius, Venus, Uranus, Saturnus en Pluto saan op een rij.

2 MRT 1962
Wilt Chamberlain scoort honderd punten in een basketbalwedstrijd.

1962

De babyboom
8 november 1962 Door de babyboom die na de oorlog ontstond, was de woningnood een van de grootste problemen in het land. De mouwen werden opgestroopt en in rap tempo rezen nieuwe appartementencomplexen en complete wijken uit de grond. Op 8 november zwaaide Koningin Juliana op het balkon van de Hogenkampsweg 139 in Zwolle naar een feestelijke stoet met bouwmaterialen en gereedschappen. Het balkon waarop zij stond, hoorde namelijk bij het miljoenste huis dat na de oorlog werd opgeleverd.

Rina Checker
9 november 1962 In Londen werd de twintigjarige Haarlemse Rina Lodders verkozen tot Miss World. Na het in ontvangst nemen van de prijs sprak Lodders bescheiden: ‘Ik denk niet dat ik het mooiste meisje ter wereld ben, ik ben gewoon het mooiste meisje hier.’ Tijdens haar wereldtournee als Miss World leerde Rina Lodders de Amerikaanse superster Chubby Checker kennen, de man van de ‘twist’, met wie ze in 1964 trouwde.

B

Tweelingbrievenbus
Vanaf 1960 veranderden de brievenbussen van de PTT in het straatbeeld. In plaats van een rode bak waar alle post in mocht, introduceerde PTT de ‘tweelingbrievenbus’. Iedere bus kreeg nu twee gleuven: een voor de postcodes in de buurt en een voor post voor verder weg en voor het buitenland.

Open Het Dorp’
26 november 1962 Geneesheer-directeur Arie Klapwijk van het Johanna Kinder-Fonds, dat zich inzette voor kinderen met een beperking, benaderde de AVRO met een plan. Een paar jaar eerder was het idee ontstaan om in de buurt van het revalidatiecentrum van de stichting in Arnhem een woongemeenschapswijk, een soort dorp, te bouwen speciaal voor kinderen met een blijvende beperking. Klapwijk hoopte de omroep zover te krijgen om hem te helpen met het inzamelen van de benodigde fondsen door op de radio een inzamelingsactie te organiseren. De AVRO omarmde het plan, en al snel werd het ‘nieuwe’ medium televisie ingezet.
Op 26 en 27 november werd de marathonuitzending *Open Het Dorp* op radio en televisie uitgezonden, gepresenteerd door de enthousiaste Mies Bouwman en Arie Klapwijk. Tijdens de 23 uur durende inzamelingsactie (een wereldwijd televisierecord) traden vierhonderd artiesten op. Mies Bouwman en Arie Klapwijk riepen alle Nederlanders op om geld te doneren door het in een luciferdoosje te stoppen en naar het dichtstbijzijnde tankstation te brengen. Daar werd massaal gehoor aan gegeven, want op die manier werd 6 miljoen gulden opgehaald. Tegelijkertijd wisten bekende Nederlanders zoals Wim Kan aan de telefoon Nederlanders en bedrijven over te halen om duizenden guldens te doneren. Aan het eind van de televisie-uitzending was er 12 miljoen gulden opgehaald. In de dagen die volgden, liep dat bedrag op tot bijna 22 miljoen. Met dat geld werd in 1963 begonnen met de bouw van Het Dorp. Mies Bouwman kon na ‘Open Het Dorp’ niet meer stuk als ‘de koningin van de Nederlandse tv’.

10 APR 1962
The Flinstones zijn voor het eerst op televisie in Nederland.

2 MEI 1962
Eusébio schittert in de Europacup-finale in Amsterdam.

1 JUN 1962
Roda Sport en Rapid JC uit Kerkrade fuseren tot de nieuwe profvoetbalclub Roda JC.

Moeder des Vaderlands overleden
Nederland rouwde toen op 28 november bekend werd dat prinses Wilhelmina was overleden. Als koningin was ze vijftig jaar lang de betrokken Moeder des Vaderlands geweest. Haar krachtige en bemoedigende optredens in beide wereldoorlogen maakten haar en het Koninklijk Huis geliefd bij het volk. Wilhelmina werd 82 jaar. Haar lichaam lag enige dagen opgebaard in de hofkapel van haar geliefde Paleis Het Loo, waar ze zich na haar regeerperiode had teruggetrokken. Duizenden mensen brachten haar daar en de dagen erna op het Paleis Lange Voorhout in Den Haag een laatste groet. Van daaruit werd de kist op 8 december langs een erehaag van duizenden militairen naar Delft gereden. De koninklijke begrafenis in de Nieuwe Kerk werd via radio en tv rechtstreeks gevolgd door miljoenen Nederlanders.

POLITIEK

Nieuw-Guinea
15 augustus 1962 De dreiging van een oorlog om Nieuw-Guinea, de laatste Nederlandse kolonie in de Oost, nam in de vroege jaren '60 zienderogen toe. Het Indonesische leger was sterk genoeg geworden voor een succesvolle inval en beschikte inmiddels over moderne wapens uit de Sovjet-Unie. Nederland had vanaf de eind jaren '50 ruim 10.000 militairen op Nieuw-Guinea gestationeerd, die in toenemende mate werden belaagd door infiltranten uit Indonesië die met parachutes op het eiland landden. De incidenten en de oorlogsdreiging deden de publieke opinie over het behouden van de kolonie keren. Toen in augustus 1962 duidelijk werd dat Indonesië mogelijk echt een grootschalige invasie voorbereidde en ook de Amerikaanse president Kennedy erop aandrong dat Nederland Nieuw-Guinea afstond,

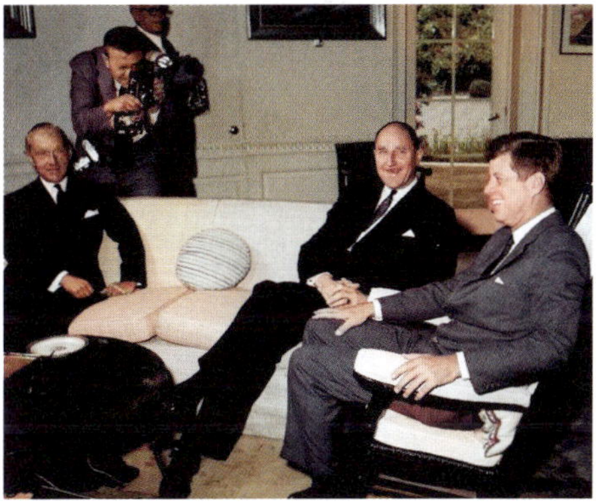

besefte Nederland dat het geen steun van bondgenoten hoefde te verwachten bij een mogelijke oorlog. Minister Luns en premier De Quay besloten daarom in te stemmen met onderhandelingen met Indonesië. In augustus ondertekende Nederland het verdrag waarmee het Nieuw-Guinea overdroeg aan de Verenigde Naties, die het westelijke deel van het eiland op haar beurt snel daarna overdroegen aan Indonesië.

5 JUL 1962
Na een bloedige oorlog wordt Algerije eindelijk onafhankelijk van Frankrijk.

22 AUG 1962
President Charles de Gaulle overleeft ternauwernood een aanslag op zijn leven.

12 SEP 1962
President John F. Kennedy belooft dat de VS een mens op de maan zal zetten.

BUITENLANDS NIEUWS

Escape from Alcatraz

11 juni 1962 Drie mannen wisten te ontsnappen uit de zwaar beveiligde gevangenis op het eiland Alcatraz. De drie legden maskers van papier-maché in hun bed om de bewakers te misleiden en vluchtten in de tussentijd zelf door een ongebruikte dienstgang en met een boot van aan elkaar geplakte reddingsvesten van het gevangeniseiland. Daarna is er nooit meer iets van hen gehoord. Over de ontsnapping maakte Don Siegel in 1979 de Hollywoodfilm *Escape from Alcatraz*, met Clint Eastwood in de hoofdrol.

Naoorlogse terreurbeweging

3 juli 1962 De Franse president Charles de Gaulle maakte in 1961 een historische draai. In plaats van vast te houden aan de Frans-Algerijnse kolonie kwam er ruimte voor gesprekken over onafhankelijkheid, in een referendum gesteund door de Franse burgers. Boze generaals probeerden daarop een coup te plegen. Die coup mislukte, waarna de dissidente generaals onder de naam 'Organisation de l'armée secrète' aan een terreurcampagne begonnen. De OAS pleegde in een jaar tijd meer dan duizend aanslagen en was daarmee de grootste naoorlogse terreurbeweging in Europa. Het mocht voor hen niet baten, want op 3 juli 1962 erkende Frankrijk de onafhankelijkheid van Algerije.

Zelfmoord of moord?

5 augustus 1962 Sekssymbool, popicoon, blonde stoot, filmster, pin-upgirl, idool, postermodel en zangeres: Norma Jeane Mortenson alias Marilyn Monroe was dé ster van de jaren '50 en de vroege jaren '60. Haar uitdagende foto's, de komische domme blondjes die ze in grote films speelde en haar speelse, vaak pikante optredens in de media waren de katalysator voor een seksuele revolutie. Des te groter was de schok toen Marilyn Monroe op 5 augustus 1962 dood in haar bed werd aangetroffen. Autopsie wees uit dat Monroe was omgekomen door een overdosis pillen uit verschillende potjes die aan de rand van haar bed waren gevonden en hield het op 'waarschijnlijke zelfmoord'. In de loop der jaren deden verschillende complottheorieën over de werkelijke doodsoorzaak de ronde. Zo zouden de Kennedy's erbij betrokken zijn, maar nooit werd enig bewijs daarvoor gevonden.

1 OKT 1962

The Beatles tekenen een contract bij manager Brian Epstein.

8 NOV 1962

In Zwolle wordt de miljoenste naoorlogse woning opgeleverd.

25 DEC 1962

De boekverfilming *To Kill a Mockingbird* gaat in première.

Mandela gevangengenomen
5 augustus 1962 De geweldloze acties die Nelson Mandela namens het ANC leidde, leverden weinig op en werden keer op keer neergeslagen. Het ANC werd bovendien in 1961 verboden. Vreedzaam verzet was zinloos geworden, en dus richtte Mandela samen met de communistische partij een militaire tak op, Umkhonto we Sizwe, die het apartheidsregime probeerde te saboteren en met aanslagen een guerrilla begon in de hoop een revolutie te ontketenen. Bang voor een communistische machtsgreep hielp de CIA het regime een handje om Mandela op te sporen en op te pakken, wat op 5 augustus gebeurde.

Kernraketten op Cuba
De Koude Oorlog beleefde zijn spannendste momenten in het najaar van 1962 met de Cubacrisis. Na de mislukte, door Amerika gesteunde invasie van de Varkensbaai een jaar eerder, verzocht de communistische Cubaanse leider Fidel Castro de bondgenoten van de Sovjet-Unie om extra militaire bijstand. Sovjetleider Nikita Chroesjtsjov ging akkoord, mede omdat de Amerikanen in de tussentijd kernwapens stationeerden in Italië en Turkije. In het geheim plaatste de Sovjet-Unie kernraketten op Cuba, gericht op het Amerikaanse vasteland.
In september werden de raketinstallaties gefotografeerd vanuit Amerikaanse spionagevliegtuigen die boven Cuba vlogen. President Kennedy was furieus. Hij eiste de onmiddellijke ontmanteling van de raketten en kondigde een quarantaine van Cuba aan, waarbij Amerikaanse schepen voor de Cubaanse kust in internationale wateren moesten voorkomen dat er nog meer Sovjetkernwapens naar het eiland konden worden gebracht. Intussen voeren Sovjetschepen met op scherp staande kernkoppen op de Amerikaanse blokkade af. De wereld hield haar adem in. Een kernoorlog tussen de twee grootste wereldmachten was nog nooit zo dichtbij geweest.
Kennedy en Chroesjtsjov bleven in het geheim via brieven onderhandelen over de Cubacrisis, maar op 27 oktober liep het bijna uit de hand. Diezelfde dag kwam Kennedy met een compromis. Hij beloofde niet tot een aanval op Cuba over te gaan én dat de Amerikaanse raketten aan de grenzen an de Sovjet-Unie zouden worden teruggetrokken als de Sovjets hun kernbases op het eiland ontmantelden. Met de vernietigende gevolgen van een kernoorlog in gedachten ging Chroestjsjov akkoord. Een kernoorlog was op het nippertje afgewend.

K

Popart
In 1962 maakte Andy Warhol twee van zijn beroemdste popart-werken. Na het plotselinge overlijden van Marilyn Monroe maakte Warhol een tweeluik bestaande uit vijftig portretten van Monroe, gebaseerd op de persfoto van de film *Niagara* (1953), waarin ze haar reputatie als sekssymbool vestigde. Het linker doek toonde de kleurrijke, blonde ster die de wereld kende, het rechter het privéleven en de keerzijde van alle roem. Rond dezelfde tijd waren in een galerij voor het eerst 32 op elkaar lijkende schilderijen van soepblikken van het merk Campbell's te zien. De blikken soep verschilden alleen in smaak van elkaar. Ineens hing er iets banaals als een goedkoop blik soep in een museum; Warhol zette de kunstwereld op zijn kop.

ENTERTAINMENT

Muziekmozaïek
15 mei 1962 'Goedemorgen lieve luisteraars' was de vaste openingszin van Willem Duys in het AVRO-radioprogramma *Muziekmozaïek*. Duys zou dit programma 37 jaar lang iedere zondag van vanaf 8.30 uur presenteren, waarmee *Muziekmozaïek* een van de langstlopende radioprogramma's in de Nederlandse geschiedenis is. Helaas moest Duys in 1999 met zijn geliefde programma stoppen, nadat hij een hersenbloeding had gekregen.

Sigarettendoosje

K

Jabbadabbadoe!
6 juli 1962 De KRO startte met het regelmatig uitzenden van de tekenfilmserie *The Flintstones*.

Het cassettebandje

Augustus 1962 Toen de Nederlander Lou Ottens voor het oer-Hollandse Philips de opdracht kreeg om een nieuw cassettebandje te ontwikkelen, keek hij naar een bestaand ontwerp van het merk RCA. Lou wilde dat dit bandje zo klein was dat het in een overhemdzak of binnenzak van een jasje zou passen. Het nieuw ontwikkelde bandje werd op de IFA (een beurs voor consumentenelektronica) gepresenteerd met de slogan 'kleiner dan een pakje sigaretten'. Na de beurs kwamen er meteen allerlei kopieën van het bandje op de markt in diverse maten. Vanaf half 1960 maakte Philips afspraken met onder andere Sony om het door Philips gepatenteerde cassettebandje als standaard te gaan gebruiken. Over het algemeen werd het cassettebandje gebruikt om muziek vanaf een plaat of de radio op te nemen, en veel minder om kant-en-klaar te kopen met een album van een artiest erop.

M

Okkie Trooy

29 september 1962 De kinderserie *De avonturen van Okkie Trooy* (een woordspeling op octrooi) was vanaf 1962 te zien bij de AVRO. De serie bestond uit twee seizoenen en ging over een uitvinder met een koffer vol krentenbollen, die samen met zijn assistent allerlei avonturen beleefde.

Lassie

6 oktober 1962 Pas 8 jaar nadat de serie in Amerika in première ging, begon de NCRV met het uitzenden van *Lassie, een* avonturenserie over de beroemdste collie ter wereld. Uiteindelijk zouden er 591 tv-afleveringen en 12 films over de avonturen van de goed afgerichte hond worden gemaakt.

L

De overval

21 december 1962 Lou de Jong (NIOD) schreef het scenario voor *De overval*, een film over een van de grootste verzetsdaden tijdens de Tweede Wereldoorlog. Op 8 december 1944 bevrijdde een Nederlandse verzetsgroep op spectaculaire wijze een aantal gevangenen uit het Huis van Bewaring in Leeuwarden. Tijdens die 'overval', waarbij volgens plan geen enkel schot werd gelost, werden 51 mensen bevrijd, onder wie vele verzetsstrijders. De film, met in de hoofdrollen onder anderen Rob de Vries en Kees Brusse, is met zo'n anderhalf miljoen bezoekers nog steeds een van de best bezochte Nederlandse films ooit.

De Brief voor de Koning

Kinderen smulden van de sprookjesachtige avontuurlijke wereld die Tonke Dragt schetste in haar populaire kinderboek *De brief voor de Koning*. Daarin krijgt een schildknaap in de nacht voor zijn ridderslag de opdracht om een geheime brief te bezorgen bij een koning aan de andere kant van de bergen. Het boek werd gekozen tot beste kinderboek van de periode 1955-2004 en werd in 2008 verfilmd.

1962

Bond, James Bond
Sean Connery kroop voor het eerst in de rol van de Britse geheime agent 007, naar de boeken van Ian Fleming. Als Mr. Bond, James Bond moest hij het in de film *Dr. No* opnemen tegen de titelschurk dr. Julius No. De knappe, mannelijke gentleman-spion die Connery speelde, werd een blauwdruk voor toekomstige spionage- en actiefilms.

Internationale kaskrakers
Naast de eerste Bondfilm kwamen er nog twee filmklassiekers uit in 1962. De film *Lawrence of Arabia* vertelde het levensverhaal van de Britse officier Thomas Edward Lawrence, die tijdens de Eerste Wereldoorlog de Arabische Opstand tegen de Turken moest leiden. In *The Longest Day* werd in bijna drie uur het eerste etmaal van de landing van de geallieerde troepen in Normandië op D-Day nagespeeld. Beide films werden internationale kaskrakers en beloond met meerdere Oscars.

Transistorradio

Mik & Mak
In 1962 begon de VARA met het uitzenden van de vijftiendelige kinderserie *Mik & Mak*. In het huisje van Oma Tingeling op het kruispunt van de vier windstreken beleefden de twee zwervers Mik (Donald Jones) en Mak (Ger Smit) iedere aflevering bijzondere avonturen met vreemde gasten.

View-Master
De View-Master maakte het mogelijk om met twee ogen twee verschillende dia's in een kartonnen schijfje te bekijken, waardoor de gebruiker het onderwerp in 3D kon ervaren. Aanvankelijk werd de View-Master gebruikt als geavanceerd instrument bij defensie en om anatomische lessen te ondersteunen. In de jaren '60 en '70 werd de View-Master vooral een zeer populair stuk speelgoed.

MUZIEK

Love Me Do

1 januari 1962 Bij Decca Records hebben ze tot op de dag van vandaag spijt van een desastreuse beslissing op nieuwjaarsdag 1962. Op die dag kwamen The Beatles auditie doen voor een platencontract. Ze speelden 15 liedjes, maar werden afgeserveerd ten faveure van Brian Poole and The Tremeloes. De Beatles hadden meer succes bij Parlophone van George Martin, en in juni mochten ze auditie komen doen in de Abbey Road Studios. Op voorwaarde dat drummer Pete Best, die bij Martin niet zo in de smaak viel, werd vervangen, wilde Parlophone wél met The Beatles in zee. Best werd vervangen door Ringo Starr, en uit de opnamesessie koos Martin 'Love Me Do' als eerste single van de band, omdat de harmonica in dat nummer zo lekker klonk. John Lennon speelde die harmonicapartij overigens op een harmonica die hij in 1960 had gejat uit een muziekwinkel in Arnhem, toen hij met The Beatles voor het eerst naar Hamburg reisde. 'Love Me Do' kwam in oktober uit en betekende de doorbraak voor de band uit Liverpool.
En wat gebeurde er met Decca Records? Dat label wilde zich niet nog eens vergissen en was er een jaar later als de kippen bij om een nieuw bandje uit Londen, waarover het nota bene door George Harrison was getipt, vast te leggen: de Rolling Stones.

Zwei kleine Italiener

De Duitse zangeres, actrice en tieneridool Conny (Cornelia) Froboess werd zesde tijdens het Eurovisie Songfestival namens Duitsland. Ze had nooit durven dromen dat haar inzending 'Zwei kleine Italiener' zo'n grote hit zou worden in Europa. Ook in Nederland stond dit pakkende nummer vele weken in de hitparade. Uiteindelijk nam ze dit lied ook op in het Nederlands, maar met minder succes. In haar latere carrière werd Froboess een populaire actrice.

Blowin' in the Wind

16 april 1962 Het eerste album van Bob Dylan was een grote flop. Van de contractering van de onbeduidende folk- annex protestzanger door John Hammond van Columbia Records werd dan ook spottend gesproken als 'de flop van Hammond'. Maar oh, wat hadden de criticasters het mis. Op 16 april debuteerde Bob Dylan in een klein zaaltje in Greenwich Village, New York met een nummer dat het lijflied zou worden van een hele generatie: 'Blowin' in the Wind'.

Heißer Sand'
'Brandend zand en een verloren land. En een leven vol gevaar': Anneke Grönloh's grootste hit staat aan het eind van 1962 maar liefst 26 weken lang in de hitparade. Het van oorsprong Duitse liedje ('Heißer Sand') werd door Johnny Hoes ('de koning van de smartlap') vertaald in het Nederlands, waarna er naar schatting 1 miljoen singles van verkocht werden. Er werden veel covers van het lied opgenomen in veel verschillende talen. Een van de opvallendste vertolkingen komt van Rubberen Robbie, met de versie 'Brandend maagzuur'.

V

Kleine kokette Katinka
De Spelbrekers scoorden weliswaar nul punten op het Eurovisie Songfestival in Luxemburg, maar hun liedje 'Katinka', over de 'kleine kokette Katinka' met haar mooie wipneusje, werd een klassieker in Nederland, dat het liedje nog generaties later vrolijk zou meezingen.

Cliff Richard
De Britse rock'n rolllegende Cliff Richard was voor het eerst in Nederland. In april trad hij op in Ahoy. Met de nummers 'Do You Want to Dance' en 'The Young Ones' scoorde hij gigantische hits.

U

TOP 10

1962 DE TOP 10 VAN DE REDACTIE

1. **The young ones** Cliff Richard & The Shadows
2. **Mexico** Bob Moore
3. **Zwei kleine Italiener** Conny Froboess
4. **Tanze mit mir in den Morgen** Gerhard Wendland
5. **Brandend zand** Anneke Grönloh
6. **Good luck charm** Elvis Presley
7. **Do you want to dance** Cliff Richard & The Shadows
8. **Take five** The Dave Brubeck Quartet
9. **Little ship** The Blue Diamonds
10. **Norman** Sue Thompson

Open | Search | Scan

SPORT

It giet oan
18 januari 1963 Uitgerekend op de koudste dag van de koudste winter van de twintigste eeuw werd in Friesland de twaalfde Elfstedentocht gereden. Het ijs was slecht, het pak sneeuw twintig centimeter dik, de wind snijdend koud en de temperatuur tot min twintig gedaald. Van de ruim negenduizend toertochtrijders wisten er slechts 69 een Elfstedenkruisje te halen. Eén schaatser leek nauwelijks last te hebben van 'De Hel van '63': Reinier Paping. Bij Witmarsum, net over de helft van de tocht, ging de Dedemsvaarter er in zijn eentje vandoor. Papings voorsprong werd groter en groter, en in Leeuwarden kwam hij onder toeziend oog van koningin Juliana en prinses Beatrix tweeëntwintig minuten voor nummer twee Jan Uitham over de finish.

Natuurijsrecord
17 februari 1963 Overal in het hele land werden op natuurijs schaatswedstrijden gehouden voor duizenden toeschouwers. In Graft had men een primeur. Bij een temperatuur van zes graden onder nul werd daar op de tien kilometer een nieuw schaatstijdperk geboren: het tijdperk 'Ard & Keessie'. Na een spannend duel versloeg Kees Verkerk (foto) Ard Schenk in een nieuw natuurijsrecord.

Hollandse school
2 mei 1963 In het Olympisch Stadion in Amsterdam speelden Rinus Bennaars en Bennie Muller stervoetballer Pelé in een oefenduel vakkundig uit de wedstrijd. De Braziliaan, die zijn land al twee keer op rij naar de wereldtitel had geleid, moest het veld al na een half uur ruimen. Nederland versloeg Brazilië verrassend door een doelpunt van linksbuiten Peet Petersen, zijn enige goal in Oranje. Na afloop bestormden hordes supporters het veld om de overwinning op de wereldkampioen te vieren.

15 JAN 1963
Het is zo koud dat zelfs de Noordzee dichtvriest.

FEB 1963
De koninklijke familie gaat voor het eerst skiën in Lech.

17 MRT 1963
Een grote vulkaanuitbarsting op Bali kost tweeduizend mensen het leven.

Europacup
8 mei 1963 Feyenoord stootte als eerste Nederlandse club door tot de halve finale van de Europacup I. Het eerste halvefinaleduel tegen Benfica eindigde begin april in Rotterdam in 0-0. Een schare van 1500 Feyenoord-fans ging op 4 mei aan boord van de passagiersschepen *Grote Beer* en *Waterman* om de trots van Rotterdam achterna te reizen naar Portugal voor het beslissende tweede duel. Op de Lloydkade in Rotterdam werden de boten uitgezwaaid door duizenden supporters. De wedstrijd in Lissabon eindigde in een teleurstelling, want het Benfica van sterspeler Eusébio was met 3-1 te sterk. Desondanks was 'Het Legioen' geboren.

Kampioen
9 juni 1963 De strijd om de titel in de Eredivisie werd op de voorlaatste speeldag beslist met een waar kampioenschapsduel tussen de nummers één en twee op de ranglijst. In het Philips Stadion in Eindhoven was het PSV van trainer Bram Appel veel te sterk voor het Ajax van Sjaak Swart en Piet Keizer. PSV maakte er vijf tegen de Amsterdammers (Lambert Maassen, Gerard Hoenen, Pierre Kerkhoffs, Piet Ouderland (eigen doelpunt) en Wim Wolbers) en verzekerde zich daarmee van het eerste kampioenschap sinds de invoering van het betaald voetbal. Reden voor een groot feest in Eindhoven en omstreken.

Uitgejouwd
11 augustus 1963 Nederlander Jo de Haan was op het wereldkampioenschap wielrennen toeschouwer van een merkwaardig spektakel. In Ronse werd de Zuid-Hollander knap derde, maar alle aandacht ging uit naar de Belgische nummers één en twee, die knokten om de eerste plaats. Eigenlijk had de mateloos populaire Belgische kopman Rik Van Looy moeten winnen, maar na een tumultueuze sprint drukte de veel onbekendere Benoni Beheyt (foto) zijn wiel net eerder over de finishlijn. Beheyt werd wereldkampioen in eigen land, maar werd volop uitgejouwd door zijn landgenoten. Van Looy en kornuiten zouden hem de rest van zijn carrière blijven dwarszitten.

5 APR 1963

Op zestienjarige leeftijd laat prinses Marijke haar naam veranderen in Christina.

5 MEI 1963

Voor het eerst wordt een lever succesvol getransplanteerd.

24 JUN 1963

De homevideorecorder wordt gedemonstreerd in een televisie studio van de BBC.

Wereldrecord
1 september 1963 Ada Kok was dé nieuwe piepjonge Nederlandse zwemsensatie. In 1962 won de Amsterdamse in Leipzig al de Europese titel op de 100 meter vlinderslag; Kok was toen pas vijftien jaar. Tijdens een jubileumwedstrijd ter ere van het 75-jarig bestaan van de zwembond op 1 september 1963 zwom ze in het zwembad van Soestduinen een wereldrecord op de 100 meter vlinderslag: 1.06'01.

KNVB beker — Kampioen Eredivisie

Topscoorder: Pierre Kerkhoffs (PSV)

Voor de tweede keer
Zeven jaar na haar debuut als veertienjarig meisje op de Olympische Winterspelen van 1956 in Cortina d'Ampezzo werd Sjoukje Dijkstra in het Italiaanse Dolomietenoord voor de tweede keer op rij wereldkampioene kunstschaatsen. Eerder die winter had de Friezin haar Europese titel al voor de derde keer geprolongeerd, en aan het eind van het jaar zou ze voor de vijfde maal op rij worden uitgeroepen tot Sportvrouw van het Jaar.

BINNENLANDS NIEUWS

IJskoud
15 januari 1963 Nederland beleefde de koudste winter in eeuwen. Vanaf december tot en met februari vroor het elke dag. De sneeuw die op tweede kerstdag gevallen was, lag er in maart nog altijd. Het werd zo koud dat de Noordzee enkele dagen dichtgevroren was. Op het IJsselmeer werd een autorally gehouden tussen dorpen uit Friesland en Noord-Holland, waarvoor de Shell zelfs een tijdelijk pompstation bouwde midden op het bevroren meer.

Komkommerberg
31 juli 1963 In het vlakke Nederland ontstond in 1963 een kolossale groene berg. Niet eentje waar je met ski's van af kon roetsjen of met de fiets tegen op kon ploeteren, maar een berg komkommers. De reden? De Duitsers wilden de Nederlandse komkommers niet meer hebben. Toen ook de Nederlanders waren uitgekauwd op de groente en de overvloedige komkommer ook bij de koeien de keel uit hing, draaiden er op 31 juli op één dag 600.000 komkommers door op de veiling in Loosduinen, waarna de enorme berg werd vernietigd.

17 JUL 1963
Voetbalclub SC Telstar wordt opgericht, vernoemd naar de satelliet Telstar 1.

8 AUG 1963
Kinderboekenschrijver W.G. van der Hulst, overlijdt op 63-jarige leeftijd.

1 SEP 1963
In België wordt de taalgrens definitief vastgelegd.

1963

Herdenking
Op 30 november 1963 was het precies 150 jaar geleden dat de Franse Keizer Napoleon Bonaparte uit Nederland werd verjaagd, en de Franse tijd in Nederland eindelijk ten einde kwam. Nu kon Willem Frederik vanuit ballingschap in Londen voet aan land zetten in Scheveningen, als eerste koning van Nederland. Op het Scheveningse strand werd deze historische dag met een imposant schouwspel nagespeeld en gevierd.

Colaflesje

Hip toetje
'Klaar in een wip, vla-flip.' Met die slogan lanceerde de Algemene Vereniging voor Melkvoorziening een nieuw nagerecht, dat de gecombineerde verkoop van yoghurt en vla moest stimuleren: de vlaflip. De vlaflip maakte je zelf door in een hoog glas eerst een laagje rode ranja te gieten en daarbovenop een even dikke laag vanillevla en yoghurt te schenken. Een hip toetje!

Chemisch smaakje
Voor een lekkere kop koffie kon je in de jaren '50 en begin jaren '60 beter niet naar Rotterdam gaan. Het drinkwater kwam er uit de Maas en was alleen met grote hoeveelheden chloor drinkbaar te maken, wat het een vies, chemisch smaakje gaf. Op 23 januari werd het helemaal bont. Rotterdammers schrokken zich die dag rot toen er zout water uit de kraan kwam, omdat het water in de Maas laag stond, rivieren grotendeels waren dichtgevroren en een sterke westenwind zout zeewater de Maas in blies. Voor bedrijven die waren aangesloten op 'schoon' Barendrechts water stonden lange rijen.

Gronings aardgas
Op 9 december 1963 werd de gaskraan in Groningen voor het eerst een klein beetje opengedraaid. Het eerste aardgas uit de enorme gasbel onder Slochteren stroomde naar huishoudens in de omringende dorpen Slochteren en Hoogezand. Huisvrouwen die hoopten goedkoper te kunnen koken op Hollands aardgas kwamen bedrogen uit: het aardgas was niet goedkoper dan stadsgas. De Nederlandse kassa ging wel behoorlijk rinkelen toen bleek dat de gasbel veel groter was dan verwacht en grote hoeveelheden gas konden worden verkocht aan het buitenland.

7 OKT 1963
The Rolling Stones krijgen 'I Wanna Be Your Man' van The Beatles cadeau.

24 NOV 1963
De vermoedelijke moordenaar van John F. Kennedy, Lee Harvey Oswald, wordt vermoord.

12 DEC 1963
Kenia wordt onafhankelijk van het Verenigd-Koninkrijk.

POLITIEK

Opstand der Braven
5 maart 1963 In het Drentse Hollandscheveld werden drie boeren uit hun boerderij gezet omdat ze weigerden landbouwschapsheffing te betalen. Onder leiding van de in Hollandscheveld geboren boer Hendrik Koekoek probeerden duizenden solidaire 'Vrije Boeren' de huisuitzetting te voorkomen door de politie en deurwaarders met hooivorken te lijf te gaan. De politie sloeg terug en dreef de rebellerende boeren uiteen met traangas en wapenstokken. Op de televisie werd uitgebreid verslag gedaan van de boerenopstand, de 'Opstand der Braven'. Veel Nederlanders herkenden zich in de ontevredenheid van de boeren, en door de opstand in Hollandscheveld werden Boer Koekoek en zijn politieke partij in korte tijd populair als 'verdedigers van de kleine ondernemer'. Het leverde de Boerenpartij bij de verkiezingen drie zetels op.

Niet in het Torentje
Bij de verkiezingen haalde de KVP een nog grotere overwinning dan vier jaar eerder: de Katholieke Volkspartij bemachtigde een derde van alle zetels in de Tweede Kamer. Het kabinet bleef grotendeels ongewijzigd. De grootste verandering was dat premier De Quay niet over te halen was om nog eens vier jaar in het Torentje plaats te nemen en daarom verrassend minister van Landbouw Victor Marijnen naar voren schoof als zijn opvolger.

Wederopbouw
29 oktober 1963 De Nederlandse overheid ging zich na de Tweede Wereldoorlog sterk bemoeien met de lonen in Nederland, omdat alles in dienst gesteld moest worden van de wederopbouw. Begin jaren '60 liet de regering die 'geleide loonpolitiek' los. In de tussentijd was er ook al een wildgroei ontstaan aan zwarte lonen en koppelbazen. De introductie van de vrije loonpolitiek, waarin werkgevers in overleg met werknemers de lonen zelf mochten bepalen, zorgde voor ware 'loonexplosies'. In 1964 bijvoorbeeld stegen de lonen met liefst 15% ten opzichte van 1963. Dat zorgde er ook voor dat de Nederlandse gezinnen ineens geld hadden om de techniek van de jaren '60 in huis te halen. Zo deden de koelkast, de wasmachine, de telefoon, de televisie en de auto hun intrede in steeds meer huishoudens.

BUITENLANDS NIEUWS

De eerste vrouw
16 juni 1963 Aan boord van de Vostok 6 werd de Russische Valentina Teresjkova de eerste vrouw in de ruimte. Ze werd ziek van het ruimtevoedsel,en kampte met ondraaglijke pijnen in haar been; het zou nog negentien jaar duren voordat de Sovjets weer een vrouw de ruimte in durfden te sturen.

Communicatielijn
30 augustus 1963 'The quick brown fox jumped over the lazy dog's back 1234567890.' Dat was het eerste bericht dat op 30 augustus over de hotline tussen Washington en Moskou werd gestuurd. De directe communicatielijn tussen het Witte Huis en het Kremlin moest escalaties van de Koude Oorlog, zoals de Cubacrisis een jaar eerder, in de toekomst voorkomen.

Duitse groei
17 oktober 1963 Ludwig Erhard was vanaf 1949 minister van Economische Zaken van de Bondsrepubliek Duitsland, onder bondskanselier Konrad Adenauer. Met zijn buitengewoon succesvolle beleid en zijn kennis van een sociale markteconomie kwam hij bekend te staan als de 'Vader van het Duitse *Wirtschaftswunder*'. Duitsland leefde namelijk onder zijn economisch bewind miraculeus op na de Tweede Wereldoorlog. Het land beleefde een wonderlijke periode van geringe inflatie en enorme industriële en economische groei. In 1963 volgde Erhard Adenauer op als bondskanselier, een ambt dat hij met veel minder succes vervulde.

I have a dream

28 augustus 1963 Meer dan 250.000 sympathisanten van de burgerrechtenbeweging trokken op 28 augustus in een mars naar Washington om te demonstreren voor 'jobs and freedom' voor zwarte Amerikanen. Het was de grootste manifestatie die ooit in Amerika was gehouden. In de hoofdstad verzamelde de massa zich bij het Lincoln Memorial, waar Mahalia Jackson, Bob Dylan en Joan Baez optraden met nummers als 'How I Got Over', 'We Shall Overcome' en 'Blowin' in the Wind' en waar tal van sprekers het woord namen. Als zestiende spreker deelde dominee Martin Luther King Jr. zijn droom over een wereld zonder racisme met de woorden: 'I have a dream that one day my four little children will live in a nation where they will not be judged by the color of their skin but by the content of their character. I have a dream today.' Kings 'I Have a Dream'-speech werd een enorme inspiratiebron voor de verdere verspreiding van de burgerrechtenbeweging en wordt nog altijd beschouwd als een van de beste toespraken ooit.

911

12 september 1963 Aanvankelijk heette hij 901, maar Peugeot claimde het alleenrecht te hebben op autotypenamen bestaande uit drie cijfers met een 0 in het midden, dus presenteerde Porsche haar nieuwe sportauto op de autobeurs van Frankfurt als de '911'. De Porsche 911, met zijn luchtgekoelde motor achterin, werd een van de meest succesvolle en iconische sportauto's.

Ich bin ein Berliner

26 juni 1963 West-Berlijn was al achttien jaar een enclave in Oost-Duitsland. In een legendarisch geworden toespraak voor het stadhuis van West-Berlijn en in de meest gespannen periode van de Koude Oorlog sprak de Amerikaanse president John F. Kennedy West-Berlijn prijzende en bemoedigende woorden toe: 'Alle vrije mensen, waar ze ook leven, zijn burgers van Berlijn, en dus ben ik, als vrij man, er trots op te kunnen zeggen: "Ich bin ein Berliner!"'

Moord op John F. Kennedy
De Amerikaanse president John F. Kennedy werd op 22 november in een open limousine door Dallas gereden. Langs de kant van de weg wuifden toeschouwers naar hun president. Op de stoel schuin tegenover Kennedy draaide de vrouw van de Texaanse gouverneur zich naar Kennedy om. 'Je kunt niet zeggen dat de Texanen niet van u houden.' 'Nee, zeker niet,' reageerde de president en zwaaide naar het publiek. Het waren zijn laatste woorden. Toen de wagen de Texas School Book Depository passeerde, klonk een eerste knal. Aanvankelijk dacht men aan vuurwerk, maar enkele seconden later werd John F. Kennedy in zijn rug en in zijn hoofd geraakt. De president was op slag dood. Lee Harvey Oswald, een marxistische ex-marinier, werd aangehouden als vermoedelijke dader. Oswald ontkende iets met de moord te maken te hebben. Uitgebreid onderzoek naar de moord leverde meer vragen op dan antwoorden.

Er ontstonden talloze complottheorieën. Waren het de Cubanen die Kennedy uit de weg wilden ruimen? Of had de CIA in het geheim een moordaanslag voorbereid? Zestig jaar later is het onwaarschijnlijk dat het ware motief voor de moord op Kennedy ooit nog zal worden achterhaald. Vicepresident Lyndon B. Johnson volgde Kennedy op.

Witte rook
Paus Johannes XXIII, van oorsprong een eenvoudige boerenzoon, was een onvermoeibare voorvechter van een nieuwe eenheid onder alle christenen en maakte zich in het televisietijdperk geliefd door zijn humor en spontaniteit. Groot was dan ook de rouw toen hij op 3 juni 1963 overleed. Na een bliksemsnel conclaaf werd kardinaal Giovanni Battista Montini tot paus Paulus VI benoemd.

K

Exit Adenauer
Op 16 oktober kwam er in de BRD een eind aan de veertien jaar lange regeerperiode van bondskanselier Konrad Adenauer. Adenauer maakte van het land na de oorlog een betrouwbaar en zeer succesvol Westers land. Hij werd later verkozen tot Grootste Duitser. Adenauer werd opgevolgd door Ludwig Erhard.

ENTERTAINMENT

L

Eerste Eastwood
2 februari 1963 Vanaf begin 1963 zond de VARA de eerste aflevering uit van de Amerikaanse westernserie *Rawhide*, met onder anderen Clint Eastwood. De serie telde 217 afleveringen en werd op zaterdagmiddag uitgezonden. Mede hierdoor was de serie enorm populair onder een wat jonger publiek.

Cowboys
25 oktober 1963 Een andere populaire westernserie was *Bonanza*, over de familie Cartwright, die de Ponderosa Ranch runde. Er werden 430 afleveringen van deze serie gemaakt die waren voorzien van de zeer herkenbare begintune.

Hillbillies
The Beverly Hillbillies was een soort Amerikaanse *Flodder*, waarin een familie van het platteland ineens steenrijk wordt en het boerenland verruilt voor het chique Beverly Hills. Ze hebben alleen hun manieren en leefgewoonten niet aangepast.

M

Voor de vuist weg
1 november 1963 Een huiskamersfeer, een tafel met daarop een vissenkom met een goudvis, een dier als gast en een improviserende Willem Duys: dat was het recept voor de eerste talkshow op de Nederlandse buis. In *Voor de vuist weg* interviewde Willem Duys bekende en spraakmakende gasten uit binnen- en buitenland op zijn geheel eigen chaotische wijze. Geregeld liepen de uitzendingen behoorlijk uit, iets wat toen nog kon op tv.

MUZIEK

Non, je ne regrette rien
10 oktober 1963 Talloze mensen in Frankrijk en daarbuiten barstten half oktober in tranen uit toen een dag na elkaar Édith Piaf en Jean Cocteau overleden. Piaf was de lieveling van Frankrijk en misschien wel de grootste vertolkster van het chanson ooit. Haar tragische leven klonk door in haar hartverscheurend mooie stem en haar wereldberoemde, scherpe ballades. Ze vergaarde wereldfaam met klassiekers als 'Non, je ne regrette rien', 'La Vie en rose' en 'Milord'. Op 10 oktober overleed ze op 47-jarige leeftijd aan een interne bloeding. Nog geen dag na het overlijden van Piaf ging ook haar goede vriend Jean Cocteau heen. Hij was een vooraanstaand surrealist, een briljant schrijver van gedichten, toneelstukken, romans en films. Cocteau werd na het bericht van Piafs overlijden door een hartaanval getroffen. Zijn laatste woorden zouden zijn geweest: 'Ik ben ongeneeslijk ziek, dat is erg; Piaf is dood, dat is erger.' Piaf werd begraven op de beroemde begraafplaats Père-Lachaise in Parijs. Honderdduizenden mensen kwamen naar de Franse hoofdstad om afscheid van haar te nemen.

Wie van de drie
In het programma *Wie van de drie* moest een panel van drie bekende Nederlanders raden wie van de drie kandidaten, die zich met dezelfde naam en hetzelfde beroep voorstelden, de echte persoon met die naam en dat beroep was. De zoektocht naar wie de waarheid sprak, leverde hilarische televisie op

Franse bad boy
De Belgische zanger Jean-Philippe Smet bereikte in de Franstalige wereld grote hoogten als de wilde rock-'n-rollzanger Johnny Hallyday. Als de Franse bad boy-tegenhanger van Elvis Presley zette hij de Franstalige muziek op zijn kop met rock-'n-roll zoals men nog niet eerder gehoord had. Hallyday werd in Frankrijk zelfs beroemder dan zijn grote voorbeeld Elvis Presley zelf.
In 1963 scoorde hij ook in Nederland twee nummer 1-hits. 'Tes tendres années' stond op één in het muziekblad *Platennieuws* en 'Pour moi la vie va commencer' voerde vier weken de hitlijst van *Tijd voor teenagers* aan.

P

Eén zo'n been

12 oktober 1963 De uitreiking van de Edisons in het Kurhaus in Scheveningen was een groots spektakel. De wereldberoemde en buitengewoon verleidelijke Duits-Amerikaanse zangeres Marlene Dietrich, die dat jaar in Nederland een grote hit had met het anti-oorlogslied 'Sag mir, wo die Blumen sind', kwam voor een paar duizend gulden graag optreden, waarna Godfried Bomans zei wat waarschijnlijk alle Nederlandse mannen dachten: 'Had mijn vrouw maar één zo'n been...' Ook Trini Lopez, die met 'If I Had a Hammer' een wereldhit scoorde, Françoise Hardy ('Tous les garçons et les filles') en jazzster Sarah Vaughan kwamen optreden. Wim Sonneveld verzorgde die avond een spraakmakend debuut van zijn typetje Frater Venantius, wat in de daarop volgende dagen zorgde voor een hoogoplopende maatschappelijke discussie over hoe ver een grappenmaker op het podium mocht gaan.

Malle Babbe

Na wat verschillende samenstellingen vormde Rob de Nijs, met onder andere zijn broer Bert, in 1962 de band Rob de Nijs en de Lords. Dat jaar wonnen ze een talentenjacht, met als hoofdprijs een platencontract. Hun eerste twee singles flopten, maar de derde release die de band in 1963 uitbracht, werd een grote hit. Het nummer, 'Ritme van de regen', verkocht bijna 100.000 exemplaren. Kort hierna ging de band uit elkaar, en het duurde tot 1973, toen De Nijs liedjes ging schrijven met Boudewijn de Groot, dat hij zijn volgende hits beleefde. In 1973 bracht hij 'Jan Klaassen de trompetter', 'Dag zuster Ursula' en zijn grootste hit 'Malle Babbe' uit.

You'll never walk alone

Het nog onbekende Liverpoolse bandje Gerry & The Pacemakers brak door met hun versie van 'You'll Never Walk Alone'. Het lied werd later hét lijflied van Liverpool FC, Lee Towers en iedereen die een steuntje in de rug nodig had.

TOP 10

1963 DE TOP 10 VAN DE REDACTIE

1. **Buona notta bambino** Rocco Granata
2. **Paradiso** Anneke Grönloh
3. **Cimeroni** Anneke Grönloh
4. **The next time** Cliff Richard & The Shadows
5. **If I had a hammer** Trini Lopez
6. **(You're The) Devil in disguise** Elvis Presley
7. **In dreams** Roy Orbison
8. **I saw her standing there** The Beatles
9. **Lucky lips** Cliff Richard & The Shadows
10. **Tes tendres années** Johnny Hallyday

Open | Search | Scan

SPORT

Een magische kür
2 februari 1964 was zonder enige twijfel het jaar van Sjoukje Dijkstra. De kunstschaatsster was al een aantal jaren een klasse apart en reeg de kampioenschappen nationaal en internationaal aaneen. In de winter van 1964 werd Dijkstra voor de zesde keer op rij Nederlands kampioene, voor de vijfde keer op rij Europees kampioene en voor de derde keer op rij wereldkampioene. Dat alles culmineerde begin februari in een magische kür en een uitmuntende oefening op de verplichte figuren op het Olympisch ijs van Innsbruck, goed voor de eerste gouden medaille voor Nederland ooit op de Winterspelen. Vlak na haar Olympische triomf zette Sjoukje Dijkstra haar handtekening onder een contract dat haar de grote publiekstrekker van het schaatsspektakel *Holiday on Ice* maakte.

A

Float like a butterfly
25 februari 1964 De ster van bokser Cassius Clay rees razendsnel, en daagde hij wereldkampioen Sonny Liston uit. Toen een journalist op de persconferentie voor de wedstrijd vroeg hoe Clay de grote, brede, langarmige Liston ging verslaan, antwoordde Clay: ‘Float like a butterfly, sting like a bee.’ Eerder bracht hij al een muziekalbum uit, dat hij nietsverhullend *I Am The Greatest* noemde. Op dat album voorspelde hij dat hij Liston binnen acht ronden tegen het canvas zou slaan. Het was allemaal erg gedurfd, maar Clay maakte het waar: na zeven ronden moest Liston zijn bitje uitspugen. Clay stapte naar het midden met zijn handen in de lucht en danste. Hij had geschiedenis geschreven. Twee dagen na het gevecht werd bekend dat Clay zich had aangesloten bij de Nation of Islam. Vanaf dat moment ging hij door het leven als Muhammad Ali.

B

29 JAN 1964
In Innsbruck wordt de Olympische vlam ontstoken voor de Olympische Winterspelen.

6 FEB 1964
Kees Verkerk wint zilver op de Olympische 1500 meter.

9 MRT 1964
Ford komt met zijn eerste Mustang.

Snelle Post
19 april 1964 Parijs-Roubaix was het pièce de résistance van de wielercarrière op de weg van Peter Post. De Amsterdammer snelde met een gemiddelde snelheid van 45,129 kilometer per uur naar de overwinning in de grootste voorjaarsklassieker van het jaar. Tot op heden dokkerde niemand ooit sneller over de schots en scheve kasseien in Noord Frankrijk.

C

Blauw-zwart
18 mei 1964 DWS zorgde voor een daverende stunt in de Eredivisie. De Amsterdamse ploeg met Jan Jongbloed, Rinus Israël en Frits Flinkevleugel won op de laatste speeldag de titel door in een vol Olympisch Stadion het Groningse GVAV te verslaan. Het kampioenschap van de blauw-zwart gestreepte Amsterdammers was uniek, want ze waren pas het jaar ervoor naar de hoogste voetbalcompetitie gepromoveerd. De Rotterdamse(!) volkszanger Johnny Hoes zong: 'Hoempa, hoempa, hoempa DWS, de fijnste club van 't hele land is DWS!' Frans Geurtsen (DWS) werd topscoorder met 27 doelpunten. Fortuna 54 won de KNVB beker.

Monsieur Chrono
14 juli 1964 De onverslaanbare Jacques Anquetil schreef grandioze wielerhistorie. 'Monsieur Chrono' was in juni al de beste in de Ronde van Italië en reed een maand later op de Franse nationale feestdag Quatorze Juillet voor de vijfde keer (en voor de vierde keer op rij) als eindwinnaar van de Ronde van Frankrijk Parijs binnen - een fenomenaal record dat tot op de dag van vandaag staat. Met zijn overwinning in de Vuelta lukte het de Fransman bovendien voor de tweede keer op rij om twee grote rondes in een jaar te winnen én was hij de eerste renner die alle grote rondes op zijn palmares had staan.

D

Wereldtopper Okker
3 juli 1964 Tennisser Tom Okker werd voor het eerst Nederlands kampioen. Op het internationale podium brak hij door aan de zijde van Trudy Groenman, toen ze in het gemengd dubbelspeltoernooi van Wimbledon verrassend doordrongen tot de halve finale. In de halve eindstrijd verloor het duo van de latere winnaars Stolle en Turner. Okker zou in de jaren erna uitgroeien tot een wereldtopper en stond jarenlang in de mondiale top tien.

24 APR 1964
Kopenhagens beroemdste inwoonster, de kleine zeemeermin, wordt onthoofd.

26 MEI 1964
In Palestina wordt de PLO opgericht.

19 JUN 1964
Met de oprichting van SC Cambuur krijgt Leeuwarden weer een profclub.

Racende Jonkheer
Op 1 augustus 1964 schreef Carel Godin de Beaufort historie door als eerste Nederlander een punt te pakken in de Formule 1. In de Grand Prix van Nederland op Zandvoort werd hij zesde. De 'Racende Jonkheer' reed in een Porsche 718, niet alleen omdat Porsche zijn lievelingsmerk was, maar ook omdat dat de enige bolide was waar hij met zijn grote lijf in paste. Tijdens de kwalificatieronde van de GP op de Nürburgring ging het mis. De Beaufort vloog uit de bocht tegen een boom en overleed een dag later in het ziekenhuis.

KNVB beker | Kampioen Eredivisie

Topscoorder: Frans Geurtsen (DWS)

Kampioen wielrennen
1964 was het jaar van de definitieve doorbraak van Jan Janssen. De gebrilde Nootdorper won Parijs-Nice, en in de Tour won hij als eerste Nederlander de groene trui door twee etappes in het middengebergte te winnen en liefst veertien keer bij de beste tien te finishen. In zijn woonplaats Ossendrecht werd hij groots gehuldigd. In september werd het allemaal nog veel mooier. In Sallanches was hij op het WK in de finale nog pienter genoeg om het wiel van de rappe Italiaan Vittorio Adorni te kiezen. Janssen versloeg de Italiaan in een magistrale sprint en werd de tweede Nederlandse wereldkampioen wielrennen.

Het Jochie
23 oktober 1964 De meest waanzinnige prestatie op de Olympische Spelen in Tokio kwam op naam van Anton Geesink. Het Utrechtse 'jochie' werd in het hol van de leeuw, de budokan in Tokio, Olympisch kampioen in de opengewichtsklasse van het judo. Judo, de sport die in Japan als een zaak van nationaal belang gold, was eigenlijk het enige onderdeel van de Spelen dat de Japanners écht interesseerde. Toen Geesink de nationale favoriet Akio Kaminaga in een houdgreep legde, werd hij de grote held van de Spelen.

E

Zeventien jaar
Ada Kok was een ware attractie in Tokio. Als grote, blonde, blanke vrouw tussen de kleine Japanners werd ze overal met alle egards ontvangen en vrolijk begroet. In het zwembad deed de zeventienjarige zwemster het ook fantastisch. Op de 100 meter vlinderslag hoefde ze slechts één hautaine Amerikaanse voor zich te dulden en op de 4x100 meter wisselslag bracht ze Nederland uit geslagen positie terug tot op het podium, waarna Erica Terpstra als laatste zwemster het zilver kon binnenhalen.

F

6 JUL 1964
Het Afrikaanse land Malawi wordt onafhankelijk van Groot-Brittannië.

12 AUG 1964
James Bond-auteur Ian Fleming overlijdt al op 56-jarige leeftijd.

21 SEP 1964
Malta wordt onafhankelijk van Groot-Brittannië.

Negen gouden medailles

Turnster Larissa Latynina maakte van de Sovjet-Unie een grootmacht in de turnhal. Op de Olympische Spelen bouwde ze haar toch al zo indrukwekkende palmares nóg verder uit. De Sovjet-Russin heerste al jaren op alle onderdelen in het turnen en deed dat in Tokio opnieuw. Ze won goud op vloer en met de landenploeg, zilver in de meerkamp en op voltige en brons op de brug met ongelijke leggers en de evenwichtsbalk. Dat bracht haar totaal op achttien Olympische medailles, waarvan negen gouden. Beide waren records die decennia zouden blijven staan.

BINNENLANDS NIEUWS

Afstand

29 april 1964 Het huwelijk van prinses Irene hield de gemoederen bezig. De tweede dochter van koningin Juliana en prins Bernhard had zich in Spanje gevestigd, deed controversiële uitspraken waarin ze generaal Franco verdedigde en verloofde zich met Carel Hugo van Bourbon-Parma, een carlist die pretendeerde recht te hebben op de Spaanse troon. Irene liet zich bovendien in januari in het geheim omdopen tot het rooms-katholieke geloof. In Nederland vroeg men zich af of dat allemaal wel wenselijk was voor iemand die mogelijk ooit koningin van Nederland zou worden. Prinses Irene deed afstand van haar aanspraak op de Nederlandse troon en trouwde op 29 april zonder toestemming van de Staten-Generaal en zonder dat er iemand van het Koninklijk Huis bij was met haar verloofde.

De pil

Aan het begin van de twintigste eeuw eindigden veel ongewenste zwangerschappen in gruwelijke illegale abortussen. Vanaf de jaren '60 kwam daar gelukkig verandering in, met een van de belangrijkste uitvindingen van de recente geschiedenis: de anticonceptiepil. In 1964 kwam 'de pil' ook in Nederland beschikbaar, en dat was precies op tijd voor de moraal van de tijd: seks stond namelijk niet meer alleen in dienst van het maken van kinderen, maar diende ook ter ontspanning, vermaak en ontplooiing. Hoewel de pil (en elk ander anticonceptiemiddel) tot 1969 alleen op doktersrecept kon worden verkregen, zorgde de komst van de pil voor een enorme bevrijding van de vrouw en een boost van recreatieve seks.

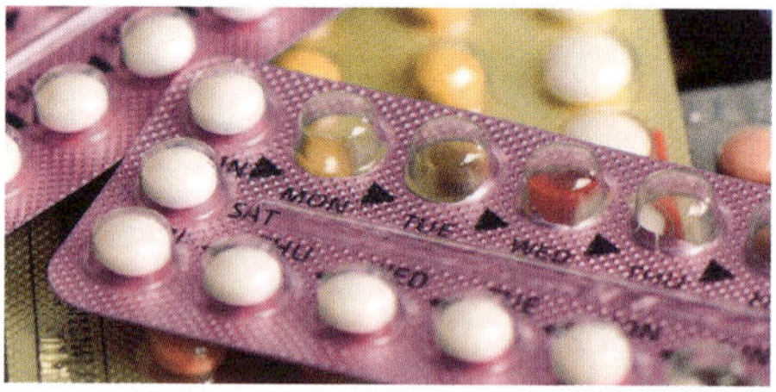

10 OKT 1964

De Olympische Spelen in Tokio zijn de eerste in Azië.

3 NOV 1964

Lyndon B. Johnson wint de presidentsverkiezingen in de VS.

DEC 1964

Roy Orbison heeft een wereldwijde hit met 'Oh, Pretty Woman'.

Brinta
Uit prachtig bedrukte blikken schudde Nederland bij het ontbijt vezelrijke Brinta in een diep bord. Gemengd met warme of koude melk zorgde dat voor een stevig ontbijt. Dat je van Brinta inderdaad sterk werd, bleek wel toen schaatser Reinier Paping de 'Hel van '63' won op 'een bord' Brinta".

Antirook
Een baanbrekend internationaal rapport over de gezondheidsrisico's van roken schokte de wereld toen duidelijk werd dat je door het geregeld opsteken van een peukje longkanker of hartklachten kon krijgen. In Nederland begon de Friese arts Lenze Meinsma in allerijl met de grootschalige campagne 'Niet Roken 1964' om de Nederlander van de verderfelijke, maar o zo verleidelijke sigaret af te krijgen. Op televisie, in de kranten en op de radio, overal werd de Nederlander om de oren geslagen met de boodschap dat roken erg slecht voor je was. Maar die antirookpredikers leken in het begin wel roependen in de woestijn, want bijna 60% van de Nederlanders boven de 15 rookt en zou dat voorlopig nog wel blijven doen.

Tijdsbeeld
Kees Brusse maakte met de film *Mensen van morgen* een intrigerend portret van de jeugd met de toekomst. In die film interviewde hij verschillende jongeren uit een uiteenlopend milieu. Een straatschoffie en een keurige student, een aanstaande non en een prostitué, een pianist en een voetballer. Een filmdialoog die werd gezien door 440.000 Nederlanders in de bioscoop en die een bijzonder tijdsbeeld toonde van de jeugd die veranderde, die de vrijheid zocht en die taboes wilde verbreken. Juist die taboes, zoals een homoseksueel en een ongetrouwde moeder op het witte doek, zorgden voor behoorlijk wat opschudding.

BUITENLANDS NIEUWS

Robbeneiland
12 juni 1964 Na zijn arrestatie in 1962 werd Nelson Mandela veroordeeld tot een levenslange gevangenisstraf op Robbeneiland, omdat hij een guerrillaoorlog zou willen ontketenen tegen het apartheidsregime. Aan het begin van zijn verdediging sprak hij drie uur lang over zijn ideaal van een maatschappij waarin iedereen in harmonie en met gelijke kansen kon samenleven; een toespraak die hij eindigde met de historische woorden: 'My Lord, if it needs to be, it is an ideal for which I am prepared to die.'

Burgerrechten
16 augustus 1964 De 'I have a dream'-rede van Martin Luther King Jr. en de geweldloze protesten tegen racisme maakten indruk over de hele wereld. Het lukte president Johnson een wet aan te nemen die discriminatie en rassensegregatie verbood, een mijlpaal in de mondiale strijd tegen racisme. In augustus bracht King. voor een baptistenconferentie een bezoek aan Nederland. In de RAI leidde 'de bekende baptistenpredikant en negerleider' een kerkdienst die in Europa rechtstreeks op televisie werd uitgezonden. King. sprak indringend: 'Wij hebben leren zwemmen als vissen, en vliegen als vogels, maar wij hebben nog niet geleerd op aarde als broers en zusters met elkaar te leven.' Twee maanden later kreeg hij de Nobelprijs voor de Vrede.

Taboe
De Amerikaanse Rudi Gernreich ontwierp de 'monokini' als een statement. Het topless badpak moest bijdragen aan de emancipatie en het doorbreken van het stigma op vrouwelijk naakt. Zonder dat het zijn bedoeling was, werd de monokini behoorlijk populair op de zonnige stranden, want bloot was voor de vrijgevochten jongeren van de jaren '60 helemaal geen taboe meer.

Gezichtsverlies
15 oktober 1964 Een wisseling van de wacht in het Kremlin: Sovjetleider Nikita Chroesjtsjov werd door het politbureau afgezet, onder meer vanwege het gezichtsverlies dat de Sovjet-Unie leed door de Cubacrisis. Chroesjtsjov kreeg huisarrest en werd opgevolgd door de conservatievere Leonid Brezjnev (foto).

ENTERTAINMENT

Verboden te lezen

Niet alleen de pop- en rockmuziek waren een steen in de vijver van de rustig kabbelende Nederlandse samenleving. Het boek *Ik, Jan Cremer* van de gelijknamige auteur was dat ook. Het boek legde in autobiografische, vulgaire taal de kloof bloot tussen volwassen Nederland, dat nog leefde in de jaren '50, en jong Nederland, dat opstandig was en taboes op alle gebieden doorbrak. Hoewel veel ouders hun kinderen verboden het boek te lezen, was de eerste oplage al binnen een week uitverkocht en werd Cremer een beroemdheid.

Satire op tv

4 januari 1964 Zo is het toevallig ook nog eens een keer van de VARA was het eerste satirische programma op de Nederlandse televisie. In het programma speelden Rinus Ferdinandusse, Jan Blokker, Dimitri Frenkel Frank, Mies Bouwman, Yoka Berretty, Gerard van het Reve, Peter Lohr en Joop van Tijn gewaagde sketches. De derde uitzending op 4 januari 1964 zette het hele land op zijn kop. Lohr verklaarde de televisie daarin tot een nieuwe vorm van religie, beeldreligie, en bad: 'Geef ons heden ons dagelijks programma. Wees met ons, o Beeld.' De christelijke politieke partijen waren woedend, en Mies Bouwman moest haar medewerking aan het programma staken vanwege bedreigingen.

Oempa Loempa's

Sjakie en de Chocoladefabriek zou een van de meest gelezen kinderboeken ooit worden. In het boek van Roald Dahl vindt het arme jochie Sjakie Stevens een gouden toegangsbewijs in een reep chocola dat hem toegang geeft tot een rondleiding in de wonderlijke chocoladefabriek van Willy Wonka, waar kleine Oempa Loempa's het werk van onbetrouwbare mensen hebben overgenomen.

Volkskomiek

24 juni 1964 In de talentenjacht *Nieuwe oogst* van de AVRO maakte de dan 17-jarige André van Duin zijn debuut op televisie als bandparodist. Van Duin was magazijnbediende en vermaakte zich in zijn vrije tijd met het monteren van geluidsbanden. Met zijn wilde gebaren en geplayback won hij de talentenjacht, en als prijs mocht hij optreden in het programma *Zaterdagavond* van Willy en Willeke Alberti.Het werd zijn nationale doorbraak, en Van Duin zou uitgroeien tot volkskomiek nummer één.

Haags komisch duo

In het progressieve radioprogramma *Uitlaat*, speciaal voor de 'opstandige' jeugd uit de roerige jaren '60, maakten eindredacteur Wim de Bie en zijn schoolvriend Kees van Kooten hun debuut als komisch duo. De 'Klisjeemannetjes' bespraken tijdens het biljarten in Café De Sport in plat Haags de meest uiteenlopende zaken van het leven op kritische wijze, doorspekt met allerlei, vaak verdraaide, clichés. Het duo werd zo populair dat het in 1966 overstapte naar tv.

Het REM-eiland

Er was nogal wat te doen op televisiegebied in Nederland. In de politiek stoeide men al een tijdje met de vraag of en hoe er commerciële televisie moest worden toegestaan. Een aantal ondernemers nam het heft in 1963 in eigen handen. Zij richtten de Reclame Exploitatie Maatschappij op, bouwden buiten de Nederlandse wateren een zendplatform en begonnen van daaruit met een eigen commercieel televisiekanaal: TV Noordzee. Vanaf 15 augustus 1964 kon men in het westen van Nederland ineens programma's ontvangen van de nieuwe piratenzender. TV Noordzee zond amusementsprogramma's uit, waaronder veel uit de VS aangekochte soapseries. Het werd een groot succes. Meer dan twee miljoen mensen keken naar de programma's, de reclameguldens stroomden binnen en toen het REM-eiland aandelen uitgaf, stonden er enorme rijen voor de bank. De regering was woest, kwam met een anti-REM-wet en maakte op 17 december met een inval een einde aan de uitzendingen. De omroep maakte een doorstart onder de naam TROS. Ondertussen werd in oktober gestart met een tweede publieke zender, Nederland 2. Philips experimenteerde voor het eerst met kleurentelevisies en in de wijk Bezuidenhout in Den Haag werd een proef gedaan met het Centraal Antenne Systeem, waardoor op de televisies in die wijk ook buitenlandse zenders konden worden ontvangen.

In het water

5 mei 1964 De Rudi Carrell show was gedurende de jaren '60 razend populair, zowel op de radio als op tv. Bij de televisie-uitzending *Het onbewoonde eiland* in een waterbassin in het Circustheater te Scheveningen krijgt Carrell (als Robinson Crusoë) met zijn aap Vrijdag bezoek van een zeemeermin met wie hij liedjes zingt. Voor deze uitzending krijgt Carrell de Zilveren Roos van Montreux. Dit bleef niet onopgemerkt. Kort hierna verliet hij de Nederlandse televisie en verruilde hij deze voor de Duitse radio en televisie. Ook acteerde, produceerde en zong hij in Duitsland, met veel succes!

Een dame

Na de succesvolle musical *My Fair Lady* kwam er in 1964 een film. De populaire Audrey Hepburn speelde de rol van een Londense bloemenverkoopster met een plat cockney-accent die door linguïstisch professor Higgins wordt omgetoverd in een dame door haar fatsoenlijk te leren spreken. De film zou acht Oscars winnen. Hoofdrolspeelster Hepburn acteerde geweldig, maar de liedjes werden vanwege haar beperkte zangstem gezongen door sopraan Marni Nixon.

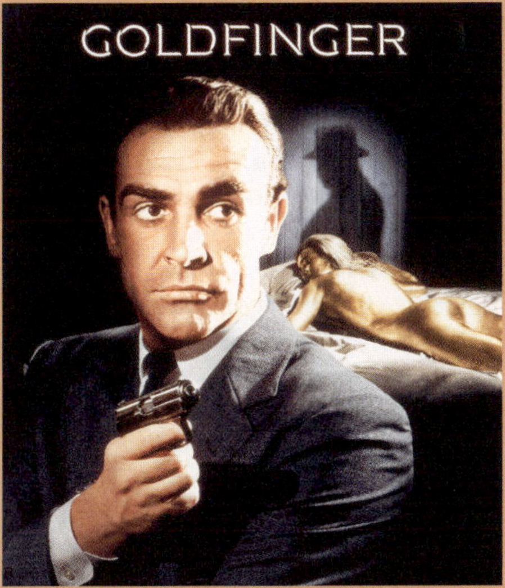

Shaken, not stirred
17 september 1964 Goldfinger was de derde James Bond-film in drie jaar. De film brak alle bioscooprecords en is volgens critici ook bijna een halve eeuw en tweeëntwintig Bond-films later nog altijd de allerbeste. Vooral de scènes waarin blijkt dat schurk Goldfinger zijn secretaresse helemaal met goudverf heeft beschilderd, waardoor ze verstikt en sterft, en die waarin James Bond voor het eerst rijdt in een Aston Martin DB5 uitgerust met technische snufjes en wapens werden iconisch.

Liveaction en tekenfilm
Walt Disney bracht de musicalfilm *Mary Poppins* uit, met Dick van Dyke en Julie Andrews in de hoofdrollen. De film, waarin liveaction en geanimeerde elementen werden gecombineerd, won een Oscar voor de beste visuele effecten.

MUZIEK

De best verkopende Belg
Terwijl The Beatles de hitlijsten domineerden, bracht de Italiaans-Belgische zanger Salvatore Adamo het nummer 'Vous permettez monsieur' uit. Het nummer was een enorme hit en stond elf weken op de nummer 1-positie. In Nederland werden 200.000 exemplaren van het nummer verkocht. Tijdens zijn carrière verkocht Adamo meer dan 100 miljoen singles en albums, wat hem de bestverkopende Belgische artiest aller tijden maakt.

S

Johnny en Rijk
Rijk de Gooyer had in 1964 een hit met 'Brief uit La Courtine'. Eli Asser schreef de tekst, en de muziek was van de Urendans van Ponchielli. Vanaf de jaren vijftig vormde hij al een komisch duo met Johnny Kraaijkamp, genaamd Johnny en Rijk. De liedjes die zij samen maakten, zijn onder andere: 'Op het goudgele strand van Ameland', 'Wij zijn twee eenzame cowboys' en het carnavalsnummer 'De Bostella'.

T

U

Liverpool - Amsterdam
6 juni 1964 De Beatlemania was losgebarsten. In de VS bezette de band uit Liverpool in april de gehele top vijf van de Billboard Top 40, en ook Nederland bleek vatbaar voor het Beatlevirus. Het enige bezoek van de band uit Liverpool aan Nederland werd nationale muziekhistorie. Op 5 juni werden drie van de vier Beatles door een grote schare fans onthaald; alleen Ringo Starr was er niet bij. Na de euforische ontvangst moest de band naar Hillegom voor een televisieprogramma van de VARA. Tijdens de laatste twee nummers werden The Beatles overrompeld door de jongeren uit het publiek. 's Avonds vermaakten ze zich op de Wallen, en de dag erna volgde een legendarische boottocht door de Amsterdamse grachten. Het echte concert in veilinghal 'Op Hoop van Zegen' in Blokker moest toen nog beginnen. 's Avonds zat de hal vol met zevenduizend Beatlesfans, een ongekend grote menigte voor een concert in die tijd. Toen The Beatles begonnen te spelen, barstte het muziekfeest los. Jongens klommen op elkaars schouders en meisjes gilden zo hard dat er van het optreden bijna niets te horen was. Zo veroverde de popmuziek Nederland in een bloemenveiling in Noord-Holland.

TOP 10

1964 DE TOP 10 VAN DE REDACTIE

1. **Vous permettez monsieur** Salvatore Adamo
2. **I want to hold your hand** The Beatles
3. **A hard day's night** The Beatles
4. **Oh, pretty woman** Roy Orbison
5. **A change is gonna come** Sam Cooke
6. **I should have known better** The Beatles
7. **House of the rising sun** The Animals
8. **It's all over now** The Rolling Stones
9. **Pour moi la vie va commencer** Johnny Hallyday
10. **De winter was lang** Willeke Alberti

Open | Search | Scan

De Stones in het Kurhaus
8 augustus 1964 Twee maanden nadat The Beatles in Blokker hadden opgetreden, kwam met The Rolling Stones nog een nieuw Engels bandje voor het eerst naar Nederland. Het concert dat de Stones die avond in het Kurhaus in Scheveningen gaven, zou zowel de band als het Nederlandse publiek nooit meer vergeten. Toen Bill Wyman na het te lange voorprogramma voor het eerst zijn basgitaar beroerde, barstte de tent los. Iedereen stormde naar voren en de stoelleuningen vlogen door de lucht. Na drie nummers begaf Mick Jaggers microfoon het. De band speelde nog twee nummers, waarna de politieagenten het podium hadden bereikt en het doek sloten. De Stones vluchtten naar de auto, terwijl de toeschouwers binnen het Kurhaus compleet afbraken. De Stones maakten het beest in mensen los. De band zou dat blijven doen en uitgroeien tot hét boegbeeld van de countercultuur.

V

SPORT

VOETBAL INTERNATIONAL

Piet Kruiver nu GROOTer?

vi

55 cent

Optimist

Veel plezier

gratis met vi naar Madrid

CO PRINS

NU HEER EN ECHTGENOOT

De belofte

Voetbal International

21 augustus 1965 Op de eerste speeldag van het voetbalseizoen verscheen het eerste Nederlandse weekblad dat helemaal over voetbal ging: *Voetbal International*. Het blad opende haar eerste tabloid met een verhaal over Feyenoord-aanvalsleider Piet Kruiver. Ander groot nieuws was de transfer van Henk Groot. Rinus Michels haalde de voormalig Ajacied voor het astronomische bedrag van 375.000 gulden terug van aartsrivaal Feyenoord.
Bij Ajax moest de ervaren Groot evenwicht bieden in een selectie met de grote talenten Cruijff, Suurbier en Hulshoff.

Europees kampioen

5 september 1965 Honkbal behoorde zeker niet tot de populairste sporten in Nederland, maar stiekem waren we er erg goed in, de beste van Europa zelfs. Op 5 september werd het Nederlandse team namelijk in Madrid voor de zevende keer op rij (!) Europees kampioen honkbal. In alle deelnames daarvoor en ook daarna zou Nederland overigens nooit met minder dan zilver huiswaarts keren.

A

Race DAF

Naast de 'truttenschudders met jarretelaandrijving' van DAF, die op de Nederlandse wegen een behoorlijke bezienswaardigheid waren geworden, maakte DAF met die, jarretelaandrijving, de Variomatic, juist een behoorlijk succesvolle entree in de autoracerij met Rob Slotemaker aan het stuur. De auto's wonnen menig wedstrijd in de modder en in de Formule 3-klasse, maar de DAF'jes hielden toch altijd een wat suffig imago.

22 JAN 1965

Een bijna-ramp in Katwijk: twee monteurs zonder vliegervaring stelen een vliegtuig en storten uiteindelijk in zee.

23 FEB 1965

'If anyone at my funeral has a long face, I'll never speak to him again.' Stan Laurel overlijdt.

10 MRT 1965

Prinses Margriet en Pieter van Vollenhoven verloven zich.

1965

Beheers je

8 september 1965 Real Madrid zou in 1966 voor de zesde keer de Europacup I winnen. De ploeg van de briljante spelers Púskas en Gento was in de finale in het Brusselse Heizelstadion met 2-1 te sterk voor Partizan Belgrado. De Spaanse superkampioen werd evenwel in de eerste ronde van het toernooi in Rotterdam op een verrassende nederlaag getrakteerd. In een zinderende Kuip was Feyenoord met 2-1 te sterk. Het winnende doelpunt van Hans Kraay, met een tulband om zijn hoofd vanwege een aanslag op hem eerder in de wedstrijd, werd legendarisch. De Spanjaarden protesteerden omdat ze vonden dat er in de aanloop naar de goal een overtreding was gemaakt.
Vooral Coen Moulijn moest hun frustratie daarna ontgelden. Toen de rappe buitenspeler voor de zoveelste keer hard onderuit werd geschoffeld, kwamen de Feyenoorders in het verweer. Supporters betraden het veld en Coen Moulijn zette de achtervolging in op boosdoener Miera, waarbij commentator Bob Spaak het legendarische commentaar gaf: 'Hé Coen, Coen! Beheers je alsjeblieft. Jongens, jongens, dit kan toch niet. Dit kán toch niet! Wat een afschuwelijke vertoning.'

KNVB beker | Kampioen Eredivisie

Topscoorder: Frans Geurtsen (DWS)

BINNENLANDS NIEUWS

Nieuwjaarsduik

1 januari 1965 Op het strand van Scheveningen werd op nieuwjaarsdag een nieuwe traditie geboren. Klokslag twaalf uur trokken zeven durfals op de boulevard hun warme winterkleding uit en renden richting de branding, waar ze een duik namen in de ijskoude zee. Sindsdien wordt er elk jaar op 1 januari op het strand van Scheveningen een nieuwjaarsduik georganiseerd.

Van Brienenoordbrug

1 februari 1965 Ze vonden het direct de mooiste brug van Nederland; de duizenden Rotterdammers die op de ijskoude eerste februaridag op 27 meter hoogte boven de Maas stonden. Ze hadden het over de gloednieuwe Van Brienenoordbrug, die ze die ochtend achter Koningin Juliana te voet mochten oversteken. De rode boogbrug had 100 miljoen gulden gekost en moest de Maastunnel en de Willemsbrug in het centrum ontlasten. Na de opening zorgde het nieuws dat het Eiland van Brienenoord, waarop een van de pijlers van de brug rustte en waaraan de brug haar naam dankte, naar een voormalige burgemeester van Amsterdam was vernoemd voor de nodige hilariteit.

25 APR 1965

Elizabeth Taylor en Richard Burton zijn in Nederland voor *The Spy Who Came In from the Cold.*

25 MEI 1965

Muhammad Ali slaat Sonny Liston in hun tweede duel binnen een minuut K.O.

15 JUN 1965

Bob Dylan neemt 'Like a Rolling Stone' op.

De provo's

25 mei 1965 De grote steden in Nederland raakten in 1965 in de ban van de provo's. Die anarchistische en pacifistische organisatie werd in mei in Amsterdam opgericht en ontketende een ludiek verzet tegen gezag, de consumptiemaatschappij, oorlog en alles wat de aarde kapotmaakte. De provo's hielden grote happenings, de bekendste bij het Lieverdje op het Spui, en daagden de gevestigde orde uit met 'witte' plannen. Zo kwam er het witte fietsenplan, gratis te gebruiken fietsen om te pleiten voor een autoloze binnenstad; het witte huizenplan, witgekalkte voordeuren zodat men wist welke panden gekraakt konden worden; de witkar, een klein elektrisch deelautootje; het witte wijvenplan, gratis anticonceptiemiddelen voor jonge vrouwen; en het witte kinderplan voor gratis crèches. De gevestigde orde zag de provo's als gezagsondermijnende lastpakken en trad hard op. Het antwoord van de provo's: een volgend wit plan. Met het witte kippenplan moesten gewelddadige politieagenten worden omgeschoold tot ongewapende sociaal werkers.

Claus Raus

Koningin Juliana stelde op 10 maart 1965 in een korte radio- en televisietoespraak de verloofde van prinses Margriet voor. De uitverkorene, Pieter van Vollenhoven, was geen lid van een adellijke familie. Dat Van Vollenhoven daarmee als gewone burger lid zou worden van het Koninklijk Huis veroorzaakte weerstand, maar de ophef verbleekte bij de opschudding die de verloving van prinses Beatrix teweegbracht. Een fotograaf had de kroonprinses op 1 mei op kasteel Drakensteyn gespot met een onbekende man. De publicatie dwong Koningin Juliana om ook de verloving van haar oudste dochter bekend te maken. En toen begon de commotie, want de verloofde was Claus von Amsberg, een Duitser die, zo bleek, in de Hitlerjugend en de Wehrmacht had gezeten. Met de woorden 'Ik kan me geen beter mens als man voor mijn dochter indenken' probeerde prins Bernhard Nederland gerust te stellen. Toch veroorzaakte de verloving een rel en werd op een aantal gebouwen de tekst 'Claus Raus' geverfd. Er moest een onderzoek aan te pas komen om Nederland te verzekeren dat Claus geen enkele oorlogsmisdaad te verwijten viel.

D

12 JUL 1965

Boven Hoogwoud botsen twee Starfighter-vliegtuigen van de Luchtmacht op elkaar.

19 AUG 1965

Het Auschwitzproces eindigt met zesmaal levenslang.

2 SEP 1965

763 doelpunten in 760 wedstrijden; Abe Lenstra overlijdt op 64-jarige leeftijd.

1965

Woningnood

2 januari 1965 Het probleem van de woningnood in Amsterdam werd nationaal nieuws toen het pasgetrouwde stel Jan en Bibiche van Hoften zonder toestemming een huis aan de Generaal Vetterstraat in de hoofdstad betrok. Het pand zou worden gesloopt om een garage voor de gemeente te bouwen, maar door gauw een bed naar binnen te slepen mocht het stel niet zomaar het huis uit gezet worden. Op 5 januari ontruimde de politie de straat, waar inmiddels meer jonge stellen illegaal waren neergestreken. Het was de eerste, echte, georganiseerde krakersactie in de stad.

Beaxtrix op de Wallen

29 maart 1965 Heilssoldate Alida Bosshardt van het Leger des Heils nam prinses Beatrix mee voor een bezoek aan de Amsterdamse Wallen. Prinses Beatrix deelde de daklozenkrant uit en ging op huisbezoek bij prostituees. Ondanks dat de toekomstige koningin vermomd was, werd ze herkend. Haar bezoek aan de rosse buurt werd wereldnieuws en het legde haar reputatie geen windeieren.

Franse overval

15 oktober 1965 De eerste goed georganiseerde bankoverval van Nederland vond plaats in Tilburg. Rond het tijdstip waarop veel bedrijven het weekloon van hun werknemers kwamen ophalen bij de Amro-bank aan de Heuvelring stormden Franse criminelen met geweren de bank binnen. Ze besprongen de balie en vuurden waarschuwingsschoten af. De politie werd gealarmeerd, maar wist zich geen raad met de situatie en de overvallers ontsnapten met een buit van circa 900.000 gulden. Uiteindelijk werden ze in België alsnog gepakt en in eigen land bestraft. De trend was wel gezet, en vele gewapende bankovervallen zouden volgen.

Langharig tuig

The Beatles introduceerden het en The Rolling Stones gaven er een rebels karakter aan: lang haar. Hordes tienerjongens lieten ineens hun haar groeien. Die 'onverzorgde' coupes waren zwaar tegen het zere been van het gezag op school, op het werk, in de kerk en in het leger, waar langharige jongemannen werden weggezet als schorriemorrie. Men stuurde je zonder pardon naar huis om je te fatsoeneren...

10 OKT 1965

Op Columbusdag wordt bekend dat niet Columbus, maar een Viking Amerika had ontdekt.

1 NOV 1965

De modeglossy *Avenue* ligt voor het eerst in de winkels.

8 DEC 1965

Claus von Amsberg wordt genaturaliseerd tot Nederlander.

Opening Zeelandbrug

Op 15 december opende Koningin Juliana de Zeelandbrug. De brug, die de Zeeuwse eilanden Noord-Beveland en Schouwen -Duiveland met elkaar verbond, moest de veerpont 'Koningin Emma' tussen Kats en Zierikzee vervangen omdat die de hoeveelheid auto's niet meer aan kon. Bij de opening was de Zeelandbrug met een lengte van 5022 meter de langste brug van Europa.

POLITIEK

Kolenmijnen dicht

17 december 1965 Minister van Economische Zaken Joop den Uyl kondigde in een volle schouwburg in Heerlen aan dat de Nederlandse kolenmijnen zouden worden gesloten. Internationale concurrentie, de vondst van de gasbel bij Slochteren, de toename in het gebruik van aardolie en de ontwikkelingen rondom kernenergie zorgden ervoor dat Nederlandse kolenmijnen niet langer rendabel waren. Op dat moment verdienden ruim 60.000 mensen, voornamelijk Limburgers, hun boterham in de kolenmijnindustrie.

Het REM-eiland

27 februari 1965 Het kabinet struikelde over het omroepbeleid. Door het politieke getreuzel over de vragen of er nieuwe omroepen moesten worden toegelaten en of er reclame mocht worden uitgezonden werd het kabinet links en rechts ingehaald door de actualiteit met de komst van piratenzender Veronica en het REM-eiland. De VVD wilde de uit het REM-eiland ontstane TROS direct toelaten als omroep, maar de overige coalitiepartijen voelden daar niets voor, en dus ontstond een kabinetscrisis, die niet te lijmen viel. Frappant was dat er zonder verkiezingen een nieuw kabinet kwam, met KVP'er Jo Cals als nieuwe minister-president. In zijn kabinet was de lastige VVD vervangen door de PvdA.

Algemene bijstandswet

'Van genade naar recht', zoals Marga Klompé het zelf omschreef. Op 1 januari trad de Algemene bijstandswet in werking, een mijlpaal in de Nederlandse verzorgingsstaat. Door die wet werden mensen beschermd tegen armoede. Met het recht op bijstand werd het voor vrouwen ook makkelijker om te scheiden, omdat ze verzekerd waren van bijstand, en konden dak- en thuislozen met een uitkering uit de goot opkrabbelen.

1965

BUITENLANDS NIEUWS

De Europese Gemeenschappen
2 maart 1965 In Europa werd een verdrag ondertekend dat de Europese Gemeenschap voor Kolen en Staal, de Europese Economische Gemeenschap en de Europese Gemeenschap voor Atoomenergie samenvoegde onder de noemer Europese Gemeenschappen. Voortaan zou er één Europese Commissie, één Raad van Ministers en één budget zijn. De Europese Gemeenschappen vormden de eerste pijler voor wat zou uitgroeien tot de Europese Unie.

De eerste ruimtewandeling
Aleksej Leonov werd de eerste mens die een ruimtewandeling maakte. De Russische kosmonaut zweefde twaalf minuten lang buiten de Voschod 2. 'Je kunt het gewoon niet bevatten. Alleen daar kun je de grootsheid voelen, de enorme omvang van alles om ons heen.' In de ruimte blies zijn ruimtepak zich door de luchtdruk op als een ballon, waardoor het hem niet lukte foto's te maken van zijn ruimtewandeling. Leonov keerde daarna, tegen de afspraak in, met zijn hoofd vooruit terug in de luchtsluis en kwam vast te zitten toen hij zich omdraaide om de sluis af te sluiten. Door wat lucht uit zijn pak te laten lopen lukte het hem om toch veilig terug te keren in de ruimtecapsule.

De dood van een leider
Een van de belangrijkste politici en wereldleiders van de twintigste eeuw legde op 24 januari 1965 zijn moede hoofd voor het laatst ten ruste. Sir Winston Churchill overleed op negentigjarige leeftijd aan de gevolgen van een beroerte. Churchill leidde Groot-Brittannië als *prime minister* met zijn karakteristieke sigaar in de aanslag door de Tweede Wereldoorlog en droeg op cruciale wijze bij aan het slagen van de geallieerde bevrijding van Europa. In 1953 ontving hij ook een Nobelprijs voor de Literatuur voor zijn geschiedenis van de Tweede Wereldoorlog. Churchill kreeg een grootste staatsuitvaart, waarna zijn kist met veel symboliek over de Theems werd afgedreven naar zijn laatste rustplaats.

ENTERTAINMENT

veronica TOP 40

De Top 40
2 januari 1965 Na een bezoek aan Amerika wist Joost den Draaijer de directie van Radio Veronica te overtuigen dat ook Veronica een eigen hitparade nodig had. Op 2 januari presenteerde Den Draaijer zelf de eerste 'Nederlandse Hitparade'. In de eerste Veronica-hitlijst stond Roy Orbisons 'Oh, Pretty Woman' op drie en 'The French Song' van Lucille Starr op twee. The Beatles scoorden met 'I Feel Fine' de eerste nummer 1-hit, en ook The Rolling Stones deden het met drie noteringen buitengewoon goed. In 1966 veranderde het populaire radiostation de naam van de hitlijst in Veronica Top 40. De Top 40 werd een vast onderdeel van de zaterdagmiddag van miljoenen radioluisterende Nederlanders. Anno 2022 is de lijst nog steeds populair en kun je de Top40 op vrijdagmiddag beluisteren via Qmusic.

The Sound of Music

In *The Sound of Music* schittert Julie Andrews in de rol van gouvernante Maria in het gezin van de strenge weduwnaar kapitein Georg von Trapp (Christopher Plummer).
In eerste instantie moeten de zeven kinderen Von Trapp niets van haar hebben, maar met liedjes als 'My Favourite Things', 'Do-Re-Mi', 'Sixteen going on seventeen', 'So long, farewell', 'Edelweiss' en 'Climb ev'ry mountain' weet ze de kinderen voor haar te winnen, en samen dansen ze door de heuvels van het Oostenrijk van de jaren '30. Uiteindelijk verbreekt kapitein Von Trapp zijn nieuwe verloving en trouwt met Maria. Als de nazi's tijdens hun huwelijksreis de macht in Oostenrijk overnemen, proberen Georg, Maria en de kinderen het land te ontvluchten.

Marionetten redden de wereld
30 september 1965 De sciencefiction-marionettenserie *Thunderbirds* ging ruim zestig jaar vooruit in de tijd. In het jaar 2026 leeft Jeff Tracy, een voormalig astronaut, met zijn vijf zoons en de wetenschapper Brains op een eiland in de Grote Oceaan. Van daaruit voeren zij met hun geheime organisatie International Rescue in geavanceerde voertuigen (de Thunderbirds) reddingsoperaties uit bij rampen over de hele wereld.
De poppen in de serie werden bestuurd via touwtjes en met elektronica, zodat de ogen en lippen ook konden bewegen. In Nederland was de serie te zien bij de AVRO, eerst nagesynchroniseerd, maar later in de originele Engelstalige versie.

Voor de vuist weg
19 maart 1965 In dit jaar was er een heel spraakmakende aflevering van het televisieprogramma *Voor de vuist weg*. Willem Duys ontving in zijn talkshow de geneeskundestudent Bart Huges, die twee maanden eerder met een tandartsboor een gat in zijn eigen hoofd had geboord, omdat hij beweerde zo een verruimd bewustzijn te kunnen bereiken. Aanvankelijk zou vriend Simon Vinkenoog helpen bij het boren van Huges, 'derde oog', maar de bekende schrijver deinsde op het laatste moment terug, bang voor de juridische gevolgen bij een fatale afloop.

Hilversum 3
11 oktober 1965 'Lichte muziek ter begeleiding van uw dagelijkse bezigheden uitgezonden tijdens de werkuren.' Dat was het motto van de nieuwe radiozender 'Hilversum 3', die op 11 oktober begon met het uitzenden van popmuziek, .
Hilversum 3 werd gestart als de publieke tegenhanger van de populaire piratenzender Radio Veronica en was vooral gericht op jongeren en huisvrouwen.

Van gewest tot gewest
Naast het landelijke nieuws kwam er met het nieuwe wekelijkse programma *Van gewest tot gewest* met reportages en interviews bij de NTS aandacht voor het nieuws uit de regio.

1965

Heerlijk duurt het langst

'Hij en Zij, getrouwd, dochter van zestien. Hij gaat vreemd met de secretaresse. Zij zegt: "Kiezen of delen." Hij zegt: "Kan niet kiezen." Zij zegt: "Dan het huis uit." Hij het huis uit. Zorgen over hun dartel-levende dochter brengen Pa en Moe weer bij elkaar.' Dat was volgens Annie M.G. Schmidt het verhaal van Heerlijk duurt het langst, de eerste volledig Nederlandse musical in de theaters. Schmidt schreef het verhaal, Harry Bannink de liedjes. Conny Stuart en Leen Jongewaard vertolkten de hoofdrollen. Het liedje 'Op een mooie pinksterdag' uit de musical werd een klassieker.

N

Dolfijn

De Amerikaanse avonturenserie *Flipper* kwam op de Nederlandse tv. Het succes van de serie zorgde voor een enorme belangstelling voor dolfijnen. In Nederland werd de serie meerdere malen herhaald, en in 1995 kwam er een remake van het origineel.

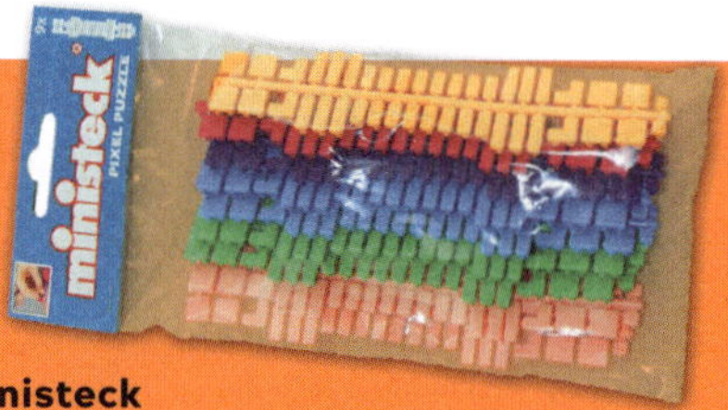

Ministeck

Je had alleen een witte grondplaat nodig, een ministeckpatroon en ministeckstukjes in de vele verschillende vormen en kleuren. Eind 1965 kwamen de eerste versies van het mozaïekspeelgoed vanuit Duitsland op de markt, en halverwege de jaren zeventig was ministeck een hobby voor jong en oud!

MUZIEK

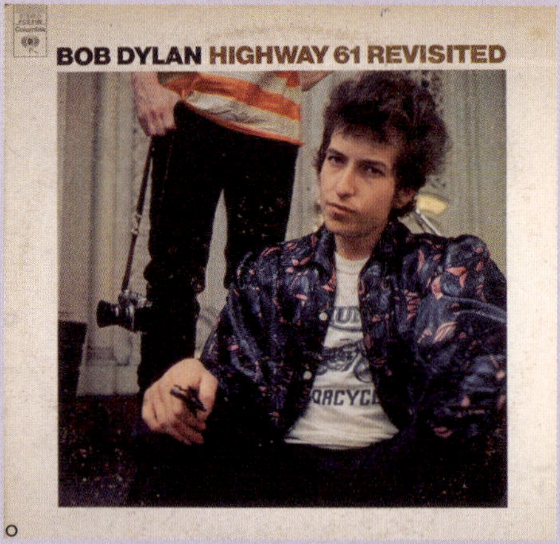

O

Like a Rolling Stone

20 juli 1965 Bob Dylan had er genoeg van om als vaandeldrager van de folkmuziek en als de man op de barricade van de burgerrechtenbeweging te worden gezien. Dylan wilde het allebei niet en hij dacht zelfs aan stoppen. Hij trok zich terug en ging een lang verhaal schrijven. Na een tijdje kwam de muziek terug, maar dit keer elektrisch en minder politiek. Het resultaat: 'Like a Rolling Stone' en het album *Highway 61 Revisited*. Tussen alle glazuurvretende liefdesliedjes van net geen drie minuten was Dylans 'Like a Rolling Stone' een vreemde eend in de bijt. Het nummer over een gevallen idool, een debutante die in eenzaamheid verviel nadat ze uit de high society viel, duurde ruim zes minuten en was donkere, sobere poëzie in een muzikaal jasje. Met het nummer vond Bob Dylan uit hoe een popliedje op een andere manier kon klinken, en zo transformeerde hij de populaire muziek en maakte ruimte voor nieuwe verhalen, ook voor alle artiesten die na hem kwamen. 'Like a Rolling Stone' werd een van de meest invloedrijke liedjes in de muziekgeschiedenis en het album waar het op stond een van de beste albums aller tijden.

The Beatles in Amerika
15 augustus 1965 Een nieuw tijdperk in de beleving van popmuziek ontstond toen The Beatles hun Amerikaanse tournee op 15 augustus openden in het Shea Stadium in New York. Het was voor het eerst dat een band optrad in een vol sportstadion. De ruim 55.000 fans maakten zoveel lawaai dat McCartney, Lennon, Harrison en Starr hun eigen instrumenten niet meer konden horen. Een jaar later zou John Lennon beweren dat The Beatles inmiddels populairder waren dan Jezus Christus.

France Gall
Geen gebrek aan populaire tienersterren in Frankrijk; wat te denken van Sylvie Vartan (foto) en, vooral, France Gall? Laatstgenoemde deed, tegen het zere been van alles wat Frans was, namens Luxemburg mee aan het Eurovisie Songfestival en won pardoes. Haar liedje 'Poupée de cire, poupée de son' was geschreven door de excentrieke Franse chansonnier Serge Gainsbourg. Niet alleen de stem van France Gall was geliefd; dankzij haar kapsel werd de boblijn weer helemaal hip en modieus. Conny Vandenbos eindigde op de elfde plaats met het liedje 't Is genoeg'.

Boudewijn de Groot
Hippiezanger annex chansonnier Boudewijn de Groot dook voor het eerst op in de hitlijsten met de single 'Een meisje van 16'. Vanaf dat moment steeg zijn populariteit tot ongekende hoogte met liedjes als 'Welterusten Meneer de President', 'Testament', 'Avond', 'Verzonken Vlinder' en 'Het Land van Maas en Waal'.

KENT U DEZE NOG?

King Corn

Wasted words
De in 1964 opgerichte Haagse beatband The Motions scoorde met het protestnummer 'Wasted words' in 1965 hun eerste grote hit bij de jongere generaties. Van het nummer werden 25.000 exemplaren verkocht. Hierna volgden de hits elkaar snel op, waardoor The Motions nu behoren tot de meest legendarische Nederlandse bands uit de jaren zestig, met een tiental Top 40-hits.

Satisfaction
Op 18 september 1965 nam het nummer '(I can 't get no) satisfaction' van The Rolling Stones de toppositie over van The Beatles met het nummer 'Help'. 'Satisfaction', met zijn klassieke en herkenbare riff, wordt al jaren gezien als een van de beste rocknummers ooit gemaakt.

Nederbiet
Naar het voorbeeld van The Beatles en The Pretty Things kwamen er halverwege de jaren '60 ook in Nederland bandjes die hippe beatmuziek speelden. Den Haag was in de eerste jaren met The Motions, Q'65 (foto) en The Golden Earrings het epicentrum van de 'Nederbiet'. Ook Tee Set, rond pianist Hans van Eijck, en The Outsiders, met als frontman de in het Amsterdams-Engels zingende Wally Tax, waren uitermate populair.

S

TOP 40

TOP 10 1965

1. **La danse de Zorba** Mikis Theodorakis
2. **Hello Josephine** The Scorpions
3. **Il silenzio** Nini Rosso
4. **Help!** The Beatles
5. **This strange effect** Dave Berry
6. **Wooly bully** Sam The Sham & The Pharaohs
7. **You've got your troubles** The Fortunes
8. **The French song** Lucille Starr
9. **No reply** The Beatles
10. **Letkis** Gudrun Jenkins

Open | **Search** | **Scan**

Soul Brother Number One
Men noemde hem ook wel 'The hardest working man in show business': James Brown brak in 1965 definitief door met 'Papa's Got a Brand New Bag'. Een jaar later stond 'The Godfather of Soul' ook in de Nederlandse hitlijsten, met 'It's a Man's, Man's, Man's World'.

SPORT

Schaatsduo

22 januari 1966 Op een koude januaridag in het IJsselstadion in Deventer werden twee nationale helden geboren. Ard Schenk en Kees Verkerk degradeerden hun tegenstanders op de Europese schaatskampioenschappen tot een stelletje amateurs. Schenk won, vlak voor Verkerk. Op het WK later dat jaar waren de rollen omgedraaid en trok Kees Verkerk aan het langste eind. Het was het begin van het tijdperk 'Ard & Keessie', waarin Nederland uitgroeide tot een schaatsnatie met allure. Bij iedere schaatswedstrijd zat Nederland met opschrijfboekje in de aanslag aan de buis gekluisterd om de rondetijden van de twee schaatshelden bij te houden, terwijl aanmoedigend werd gezongen: 'Ard en Keessie, geef hem van katoen. Een van jullie tweetjes wordt straks wereldkampioen. Ard en Keessie, geef hem van katoen. Als Ard het niet kan fiksen, dan zal Keessie het wel doen.' En zo gebeurde het ook, want 'Ard & Keessie' zouden de komende jaren de grote prijzen samen verdelen.

De Kannibaal

20 maart 1966 Bokassa mocht dan een echte kannibaal blijken, in de wielersport stond in 1966 een spreekwoordelijke kannibaal op. Eddy Merckx won namelijk op 20 maart zijn eerste grote klassieker. Voor de lange klassieker Milaan-San Remo werd hij nog helemaal niet bij de favorieten gerekend, maar na 288 kilometer verraste hij zijn medekoplopers door de sprint al vroeg in te zetten. Kenners voorspelden de jonge Belg een grote toekomst. De overwinning in San Remo was het eerste serieuze wapenfeit op de erelijst van Eddy Merckx, die het wielrennen de jaren erna als nooit eerder vertoond zou domineren.

KNVB beker | Kampioen Eredivisie

Topscoorders: Willy van der Kuijlen (PSV) en Piet Kruiver (Feyenoord)

19 JAN 1966
Indira Gandhi (geen familie) wordt premier van India.

11 FEB 1966
Uit een fusie van Sportclub Enschede en de Enschedese Boys ontstaat voetbalclub FC Twente.

4 MRT 1966
Beatle John Lennon trapt met zijn uitspraak 'We are more popular than Jesus' op heel veel tenen.

Neerlands talent

17 april 1966 Het ging niet best met het Nederlands elftal. Het EK van 1964 werd jammerlijk gemist; er werd zelfs van Luxemburg verloren. Oranje liep ook het WK van 1966 mis, omdat alleen van het nietige Albanië kon worden gewonnen. Gelukkig kwam er een lichtpuntje. Op 17 april speelde Nederland in de Kuip voor de honderdste keer tegen rivaal België. Zelfs Paul van Himst, de beste Belgische voetballer aller tijden, kon die avond niet voorkomen dat Oranje met de geweldige voorhoede Keizer, Van der Kuijlen en Moulijn over de Rode Duivels heen walste. Later dat jaar luisterde megatalent Johan Cruijff zijn debuut in het Nederlands elftal op met een doelpunt en leken de betere tijden waarover Bob Dylan twee jaar eerder zong echt aangebroken. Die betere tijden kwamen wel, maar dat duurde nog even, want in zijn tweede interland kreeg Cruijff als eerste Oranjespeler een rode kaart, waarna hij door de KNVB werd geschorst. Voordat het weer koek en ei was tussen Cruijff en de bond had Nederland ook het EK van 1968 en het WK van 1970 gemist.

C

Amstel Gold Race

30 april 1966 Het idee van Herman Krott om in Nederland een stad-tot-stad wielrenwedstrijd te houden met de finale in de Limburgse heuvels werd bij brouwerij Amstel ontvangen als een gouden promotiekans voor haar nieuwe kwaliteitsbier Amstel Gold. Zodoende verzamelden 175 professionele wielrenners zich op Koninginnedag in het Bredase Mastbos voor de start van de eerste Amstel Gold Race. Gedurende de wedstrijd moest het parcours verschillende keren worden omgelegd om festiviteiten en Koninginnedagoptochten te ontwijken, waardoor de afstand in totaal opliep tot 302 kilometer. De wedstrijd kreeg met voormalig wereldkampioen én Vuelta-winnaar Jean Stablinski een prachtige winnaar, al zag het er lang naar uit dat de eerste editie meteen door een Nederlander gewonnen zou worden. Limburger Jan Hugens lag namelijk alleen op kop toen hij vlak voor de finish te snel schakelde en zijn ketting vastliep, waardoor zijn ploeggenoot Stablinski hem vlak voor de finish nog kon passeren.

17 APR 1966

In de honderdste onderlinge interland wint Nederland met 3-1 van België.

13 MEI 1966

'Een volk dat voor tirannen zwicht, zal meer dan lijf en goed verliezen...'
H.M. van Randwijk overlijdt.

27 JUN 1966

De toetreding van Gerard van het Reve tot de katholieke kerk was groot nieuws.

Doelpunt!

30 juli 1966 De Portugese sterspeler Eusébio schitterde met negen doelpunten op het WK. Met twee goals tegen Brazilië schopte hij eigenhandig de regerend wereldkampioen, het team van Pelé en Garrincha, uit het toernooi. Eusébio's negende doelpunt kon echter niet voorkomen dat Portugal in de halve finale werd uitgeschakeld door gastland Engeland. Het was namelijk dat Engeland, met Gordon Banks, Bobby Moore, Bobby Charlton, Geoff Hurst en Roger Hunt, dat voor het eerst een grote internationale voetbalprijs zou winnen. Bijna 97.000 toeschouwers zagen hoe West-Duitsland in de finale op Wembley in de allerlaatste minuut op 2-2 kwam, waarna Geoff Hurst in de verlenging de Engelsen met zijn tweede en derde doelpunt van de wedstrijd naar de wereldtitel schoot. Over zijn winnende doelpunt, de 3-2, werd nog lang nagepraat. Was die bal namelijk wel over de doellijn geweest?

Wimbledon

De bebrilde tennisspeelster Billie Jean King wist in 1966 voor het eerst Wimbledon te winnen. Ze zou bij het enkelspel ook nog winnen in 1967, 1968, 1972, 1973 en 1975, en daarnaast zou ze maar liefst nog 14 keer winnen in het dubbel en gemengd dubbelspel.

De Mistwedstrijd

7 december 1966 Door toedoen van Rinus Michels en sterspeler Johan Cruijff herrees Ajax na een dertiende plaats in het voorgaande jaar in 1966 wonderbaarlijk. De Amsterdammers wonnen de titel en plaatsten zich voor de Europacup I. In de tweede ronde moest Ajax het opnemen tegen Liverpool FC. Het werd een van de meest memorabele wedstrijden ooit in Nederland, al heeft bijna niemand er iets van gezien. Dichte mist onttrok de match namelijk volledig aan het zicht. Desondanks werd achter die sluier het totaalvoetbal geboren. Ajax liet geen spaan heel van de Engelse topclub: het werd 5-1. De supporters in het Olympisch Stadion barstten telkens in juichen uit als ze de spelers op het veld een doelpunt hoorden vieren. De doelpunten zelf hebben ze nooit gezien.

16 JUL 1966

De Mont Blanc-tunnel tussen Frankrijk en Italië gaat open.

13 AUG 1966

'Dans je de hele nacht met mij' van Karin Kent is de eerste Nederlandstalige nummer 1-hit in de Top 40.

6 SEP 1966

Hendrik Verwoerd, architect van het apartheidsregime in Zuid-Afrika, wordt doodgestoken.

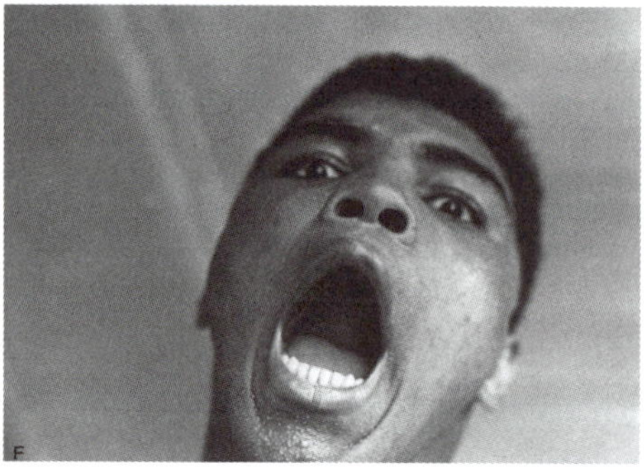

The greatest
Muhammad Ali was op volle stoom gekomen, en 1966 werd het drukste jaar uit zijn carrière. Zijn eerste huwelijk liep op de klippen, en daarnaast moest hij vijf keer de ring in om zijn wereldtitel te verdedigen. Hij deed dat met verve. Eerst won hij van de Canadees George Chuvalo, waarna de grote bokskampioen naar Europa kwam om Henry Cooper, Brian London en Karl Mildenberger de ring uit te werken. Ali haalde in die gevechten misschien wel het hoogste niveau van zijn loopbaan. Terug in Amerika versloeg Ali ook Cleveland Williams, maar raakte hij ook in opspraak omdat hij weigerde in militaire dienst te gaan. Die weigering kreeg het jaar erop een behoorlijke staart...

BINNENLANDS NIEUWS

Transavia
3 januari 1966 Met de vergunning om chartervluchten uit te voeren vanaf de vliegvelden Beek en Zestienhoven begon Transavia als nieuwe Nederlandse luchtvaartmaatschappij. Op den duur voerde Transavia bijna de helft van alle Nederlandse vakantievluchten uit.

Met de bus
14 februari 1966 Wederom verdween een bekend vervoermiddel definitief uit Nederland. Vanaf halverwege de negentiende eeuw waren achtereenvolgens paardentrams, elektrische trams, stoomtrams en motortrams hét vervoermiddel tussen dorpen en steden. Inmiddels waren bijna al deze plattelandstrams vervangen door bussen en reden alleen in de grote steden nog trams. Ook voor de laatste interlokale tram die nog wel reed, die tussen Hellevoetsluis en Spijkenisse, viel in 1966 het doek.

26 OKT 1966
De NAVO betrekt haar nieuwe kantoor in Brussel.

14 NOV 1966
Vlak na het einde van *TV Noordzee* heeft Nederland er met *Radio Dolfijn* een nieuwe piratenzender bij.

15 DEC 1966
Clint Eastwood schittert als The Good in de western *The Good, The Bad and The Ugly.*

Het Koninklijke jawoord
Na de nodige tumult was de grote dag op 10 maart aangebroken: kroonprinses Beatrix en Claus von Amsberg trouwden in Amsterdam. De huwelijksdag startte met saluutschoten op het IJ, waarna Nederland de jurk van Beatrix voor het eerst kon zien toen het paar het Paleis op de Dam verliet voor de rijtoer naar het Stadhuis. Onderweg werd het aanstaande echtpaar vrolijk toegeroepen. Burgemeester Gijs van Hall huldigde het burgerlijk huwelijk in. Ondertussen was het op straat onrustiger geworden. Provo's grepen de gelegenheid aan om zichzelf te profileren. Ze trokken vlaggenmasten omver en stoeiden met dranghekken. De gelukwensen uit het publiek werden vermengd met leuzen als 'Dood aan de monarchie', 'Republiek!' en 'Claus raus'. Het dieptepunt werd bereikt toen er vlak bij de koets rookbommen ontploften, die zorgden voor een enorme rookwolk die op tv te zien was. Beatrix en Claus deden in de Gouden Koets alsof er niets was gebeurd. Ze bereikten zonder kleerscheuren de Westerkerk, waar ze ten overstaan van een keur aan gasten en miljoenen kijkers voor de buis elkaar het jawoord gaven. Na de dienst zwaaide het prinselijk paar de menigte toe vanaf het balkon van het Paleis op de Dam. Een balkonkus kwam er niet.

Vakantiebonnenrel
14 juni 1966 In Amsterdam werd het op 13 juni onrustig bij een betaalkantoor waar bouwvakkers vakantiebonnen kwamen inwisselen. Bouwvakkers die geen lid waren van een erkende vakbond kregen minder geld voor hun bonnen. Buiten ontstonden ongeregeldheden, waartegen de politie hard optrad. In het tumult zakte metselaar Jan Weggelaar in elkaar. Hij overleed aan een hartstilstand. De volgende dag meldde *de Telegraaf* dat Weggelaar was omgekomen door een steen die een andere bouwvakker had gegooid, en toen was het hek helemaal van de dam. Boze bouwvakkers vielen het Telegraafgebouw aan de Nieuwezijds Voorburgwal aan, gooiden vrachtwagens van de krant om en staken die in brand. De hele dag vonden in de hoofdstad gevechten met de politie plaats.

De Coentunnel
21 juni 1966 In de jaren '50 en de eerste helft van de jaren '60 gebeurde het geregeld dat automobilisten drie kwartier moesten wachten op de Hempont die hen over het Noordzeekanaal van Zaandam naar Amsterdam bracht of vice versa. De Noord-Hollanders begonnen een petitie voor een tunnel, en met succes, want op 21 juni 1966 opende Koningin Juliana de 45 miljoen gulden kostende Coentunnel.

1966

POLITIEK

Boer Koekoek
23 maart 1966 Bij de lokale verkiezingen behaalde de Boerenpartij een waanzinnig succes. De partij van Boer Koekoek sprak niet alleen de boeren aan, ook middenstanders en mensen in de achterstandswijken van grote steden die ontevreden waren met het beleid in het land en die zich niet gehoord en vertegenwoordigd voelden door de Haagse kliek, zagen in Hendrik Koekoek een charismatische protestleider. Bij de Provinciale Statenverkiezingen op 23 maart haalde de partij 44 zetels, waardoor de Boerenpartij ook in de Eerste Kamer terechtkwam. Twee maanden later drong de Boerenpartij ook door tot de gemeenteraden van de meeste grote steden.

Een mep in het parlement
20 september 1966 In de Eerste Kamer kwam het tot een handgemeen. Net nadat Hendrik Adams namens de Boerenpartij werd beëdigd, nam VVD'er Jan Baas het woord. Hij herhaalde de beschuldiging dat Adams fout was geweest in de oorlog en vertelde dat toen de twee beiden op de landbouwschool in Emmen werkten, Adams had gedreigd hem 'zo spoedig mogelijk te laten deporteren'. Het debat werd geschorst en Adams stoof in de koffiekamer op Baas af om te beweren dat hij loog. Daarop gaf Baas, een bokser, hem een dreun. De mep in de Senaat werd internationaal nieuws. Kort daarna trok Adams zich terug uit de politiek.

De Nacht van Schmelzer
13 oktober 1966 Een ongekend moment in de Tweede Kamer, nota bene tijdens de eerste vergadering die volledig en rechtstreeks op televisie werd uitgezonden. Tijdens de behandeling van de Algemene Beschouwingen in de nacht van 13 op 14 oktober vroeg premier Jo Cals van de KVP vertrouwen voor zijn miljoenennota, waarin een begrotingstekort van twee miljard gulden zat. KVP-fractievoorzitter Norbert Schmelzer kon daar niet mee akkoord gaan en besloot een motie in te dienen die het kabinet uitnodigde de plannen te wijzigen en het gat beter te dekken. Tijdens een schorsing van het debat legde Schmelzer de motie voor aan partijgenoot Cals. De premier sprak: 'Nou Norbert, dat was het dan.' 'Ik vrees het ook, Jo', reageerde Schmelzer. De motie werd aangenomen. 39 van de 43 KVP'ers stemden ook voor. Cals zag de actie van zijn eigen partij als een verkapte motie van wantrouwen en bood de volgende dag het ontslag van zijn kabinet aan bij de koningin. In zijn oudejaarsconference blikte Wim Kan terug op wat 'De Nacht van Schmelzer' ging heten. Hij noemde Schmelzer 'een gladde teckel met een vette kluif in zijn bek'. Een rompkabinet onder leiding van voormalig Financiënminister Jelle Zijlstra moest nieuwe verkiezingen voorbereiden.

KENT U DEZE NOG?

Fondueset

Democraten '66

14 oktober 1966 De dag na de Nacht van Schmelzer was Nederland een kabinet armer, maar ook een politieke partij rijker. Het Amsterdamse VVD-gemeenteraadslid Hans Gruijters was het niet eens met de gang van zaken in politiek Den Haag. Er waren immers twee kabinetten aangetreden (Marijnen en Cals), terwijl er maar één keer verkiezingen waren gehouden. Toen Gruijters als republikein bovendien weigerde aanwezig te zijn bij het huwelijk van prinses Beatrix werd hij uit de fractie gezet, waarna hij zijn partijlidmaatschap opzegde. Samen met zijn collega-journalist Hans van Mierlo, net als Gruijters werkzaam bij het AD, startte hij een beweging die de democratie wilde herstellen.
Op 15 september kwam de beweging met een appèl 'aan iedere Nederlander die ongerust is over de ernstige devaluatie van onze democratie'. En er waren behoorlijk wat mensen ongerust, want het appèl, dat voor een gulden te koop was bij de boekhandel, werd zo vaak verkocht dat het initiatiefcomité zich gesteund voelde om op 14 oktober in het Krasnapolsky Hotel in Amsterdam een politieke partij op te richten: Democraten '66. De speerpunten van D'66 waren geestelijke vrijheid, zelfontplooiing, verwetenschappelijkte politiek en hervorming van het kies- en partijenstelsel. Van Mierlo werd voorzitter.

BUITENLANDS NIEUWS

De keizer van Afrika

In de nacht van 31 december 1965 op 1 januari 1966 pleegde kolonel Bokassa een coup in de Centraal-Afrikaanse Republiek. Hij riep zichzelf uit tot president. Aanvankelijk leek hij het goed voor te hebben met de bevolking van het straatarme land, maar al snel werd hij corrupter, werden tegenstanders publiekelijk vermoord en verrijkte hij vooral zichzelf en een klein groepje vertrouwelingen rondom zich. In 1972 riep Bokassa zichzelf uit tot president voor het leven, en in 1976 liet hij zichzelf op napoleontische wijze kronen tot Keizer Bokassa I. Een paar jaar later kwamen er geruchten dat Bokassa als kannibaal vlees van politieke tegenstanders zou hebben gegeten.

Geen gratie

12 april 1966 De Nederlandse regering probeerde de nieuwe Indonesische leider Soeharto nog tot gratie te bewegen, maar het mocht niet baten. De dag na Pasen werd Chris Soumokil, president van de Republiek der Zuid-Molukken, voor het vuurpeloton geleid en geëxecuteerd.
Zijn weduwe kwam in juli naar Nederland, en een dag na haar aankomst werd de Indonesische ambassade in Den Haag als protest tegen de executie in brand gestoken. Het was het begin van de radicalisering van een deel van de Molukse gemeenschap in Nederland, die in de jaren '70 leidde tot terroristische acties.

Een kleinere wereld

Door verregaande internationale samenwerking, betere en snellere telefoonverbindingen en steeds goedkopere en voor meer mensen beschikbare vliegreizen leek de wereld steeds kleiner te worden. Het was dan ook niet gek dat de onstuimige ontwikkelingen in Azië, waar de Vietnamoorlog escaleerde, de Culturele Revolutie van Mao Zedong miljoenen slachtoffers maakte en de Indonesische president Soekarno de macht kwijtraakte aan de gewelddadige legerleider Soeharto, ook steeds nadrukkelijker in het nieuws kwamen.

De Culturele Revolutie

16 mei 1966 Met een opruiend artikel in het Chinese Volksdagblad werd opgeroepen om 'alle monsters en demonen te verwoesten'. Mao Zedong was bang dat geïnfiltreerde reactionairen en kapitalisten te veel macht zouden krijgen. Er werden Rode Gardes opgericht, waarin scholieren en studenten werden aangespoord om het land van alle bourgeoisie te zuiveren. Het was het startschot van de Culturele Revolutie, waarmee Mao op Lenin-achtige wijze alle macht terug in handen probeerde te krijgen.

Ramses de Grote

In 1966 brak Ramses Shaffy door als solo-artiest met zijn eerste single 'Sammy'. Shaffy was anders: hij was een vernieuwer, een levensgenieter, onstuimig en groots. Zanger, acteur, muzikant, tekstschrijver, poëet en cabaretier, hij was het allemaal. Vanaf halfverwege de jaren '60 tot midden jaren '70 was hij een idool en werd hij vooral bekend van klassiekers als 'Pastorale', 'We zullen doorgaan' en 'Zing, vecht, huil, bid, lach, werk en bewonder', en natuurlijk ook 'Sammy'. Shaffy had een bijzondere kijk op het leven: hij leefde erop los en hield er een extravagante levensstijl op na. Hij zei ooit: 'Als ik dronken ben, dan kijkt één oog naar God, het andere naar de duivel.'

ENTERTAINMENT

Rikkie en Slingertje

18 juni 1966 Vanuit het poppentheater Merlijn in Haarlem werden de poppenkastvoorstellingen van het echtpaar Maaike en Rien Baartmans uitgezonden bij de AVRO. Thuis voor de buis werden de kinderen deelgenoot van de avonturen van het pientere jochie Rikkie en het bliksemse aapje Slingertje.

Hilarisch duo

De Mounties bestonden al vanaf 1946, maar werden pas echt succesvol toen Piet Bambergen en René van Vooren vanaf 1966 een perfect komisch koppel vormden. Met Van Vooren als aangever en Bambergen als afmaker zorgde het duo voor hilarische televisie in *De man zonder hoofd* en hun eigen *De Mounties Show*. Daarnaast trok het tweetal met hun eigen revue in het hele land volle zalen.

Niet met de deuren slaan!
3 september 1966 Na 's lands eerste musical leverde de samenwerking tussen Annie M.G. Schmidt en Harry Bannink opnieuw een juweeltje af. De komische televisieserie *Ja zuster, nee zuster* was bedoeld voor kinderen, maar werd bij alle leeftijden een enorm succes. Vanaf de eerste aflevering was de komische serie over het Rusthuis Klivia van zuster Klivia (Hetty Blok) direct het populairste programma op de televisie. Rusthuis Klivia was een 'rusthuis vol herrie' waarin geen oude mensen woonden, maar jonge mensen, zoals knutselaar Bertus, Bobby met zijn spinazie, pruikenmaakster Jet, inbreker Gerrit en de ingenieur, die in de kelder allerlei vage experimenten uitvoerde. Samen kregen de bewoners het regelmatig aan de stok met de Boze Buurman Boordevol, van wie zuster Klivia het pand huurde. Liedjes als 'M'n Opa', 'Wil u een stekkie (van de fuch, fuch, fuchsia)?' en 'De kat van ome Willem' kwamen uit op LP en werden opgenomen in het collectief geheugen.

Farce Majeure
17 september 1966 In het satirische televisie-programma *Farce Majeure* speelden Fred Benavente, Ted de Braak, Jan Fillekers, Henk van der Horst en Alexander Pola op voor de NCRV ongezien scherpe wijze in op het actuele nieuws. Het liedje 'Dat is uit het leven gegrepen', het vaste onderdeel 'Wat dacht je wat' en de carnavalshit 'Kiele Kiele Koeweit' (1973) werden klassiekers.

Swinging Sixties
Kort was helemaal in de mode. Vanuit Londen, het bruisende broeinest van de 'Swinging Sixties', veranderde de hype van de minirok het modebeeld in de straten voorgoed. De minirok werd populair onder invloed van modeontwerpster Mary Quant, die de rok boven de knie afknipte, zodat de meiden makkelijker naar de bus konden rennen dan met de gebruikelijke, veel langere rokken. Veel belangrijker was natuurlijk dat de jongedames door de korte rokken met hun prachtige benen konden pronken.

De vader van de tekenfilm
15 december 1966 Waarschijnlijk heeft niemand zoveel invloed op de entertainmentindustrie gehad als Walt Disney. Met The Walt Disney Company bedacht hij wereldberoemde stripfiguren als Mickey Mouse en Donald Duck, maakte hij tientallen populaire en prijswinnende (animatie)films, waaronder *Sneeuwwitje, Pinokkio, Dombo, Bambi, Assepoester* en *Mary Poppins,* én stond hij aan de basis van de Disneyland-pretparken in Californië en Florida. Op 15 december overleed Disney tijdens de opnames van *Jungle Book* aan de gevolgen van longkanker.

MUZIEK

David Jones
In 1966 koos de toen negentienjarige Londenaar David Jones zijn artiestennaam. Omdat de zanger van de toen populaire band The Monkees ook David Jones heette, koos hij voor de naam David Bowie. In 1969 zou het nummer 'Space Oddity', dat gebaseerd was op de film 2001: *A Space Odyssey* en de maanlanding, zorgen voor zijn grote doorbraak.

Het Songfestival
5 maart 1966 De Surinaams-Nederlandse Milly Scott was op het Songfestival in Luxemburg de eerste zwarte artiest die aan het liedjesfestijn deelnam. Haar rumbaliedje 'Fernando en Filippo', met het refrein 'Tong-ki tong ti-ki kong-kong-kong, ri-ki kong-kong-kong ti-ki kong-kong, ri kong-kong ti-ki kong-kong-kong, ti-ki kong-kong-kong' viel echter helemaal niet in de smaak en eindigde met twee troostpuntjes slechts als vijftiende. Bij het optellen van de stemmen klonk hoongelach over de manier waarop de Scandinavische landen elkaar stemmen toespeelden. Toch kon zelfs die vriendjespolitiek niet voorkomen dat de populaire Oostenrijkse schlagerzanger Udo Jürgens won met het liedje 'Merci, Chérie'.

Nummer 1
13 augustus 1966 Zangeres Janneke Kanteman, beter bekend onder haar artiestennaam Karin Kent, brak op het Knokkefestival door met het liedje 'Dans je de hele nacht met mij?', een vertaling van een Engelstalige hit van Burt Bacharach en Hal David. Het liedjesfestival werd live op televisie uitgezonden, en het nummer werd in de weken erna vaak op de radio gedraaid. In de hitlijst van Veronica steeg het in de week van 13 augustus zelfs naar de nummer 1-positie, waarmee het de eerste Nederlandstalige nummer 1-hit in de Top 40 was.

TOP 40

TOP 10 1966
1. **Sloop John B** The Beach Boys
2. **These boots are made for walkin'** Nancy Sinatra
3. **Strangers in the night** Frank Sinatra
4. **Michelle** The Beatles
5. **Monday, monday** The Mamas & The Papas
6. **To whom it concerns** Chris Andrews
7. **Dedicated follower of fashion** The Kinks
8. **Little man** Sonny & Cher
9. **19th nervous breakdown** The Rolling Stones
10. **Second hand rose** Barbra Streisand

Open | Search | Scan

S

Klassiekers
The Beatles en The Rolling Stones domineerden de Nederlandse hitlijsten, en ook The Kinks en The Who scoorden hit na hit in 1966. De dromerige *California sound* van The Beach Boys sloeg in Nederland aan, en ze hadden hun eerste grote hit met 'Sloop John B'. Daarnaast scoorden ze met 'God Only knows' en 'Good vibrations'. Boudewijn de Groot was in 1966 de populairste Nederlandse artiest. In 1966 verschenen er van zijn hand maar liefst twee albums, getiteld: *Boudewijn de Groot* en *Voor de Overlevenden*. Vooral het laatste album wordt gezien als een van de klassieke Nederlandse albums en werd ook bekroond met een platina plaat.

SPORT

Langs de Lijn
1 januari 1967 Het lukte de sportredacties van de omroepen VARA, KRO, NCRV en AVRO eindelijk om gezamenlijk tot een overzichtelijk sportprogramma op de Nederlandse radio te komen: *Langs de Lijn.* Er was echter één probleem tijdens de eerste uitzending op nieuwjaarsdag: er waren dat weekend nauwelijks wedstrijden gespeeld. Het weekend erna konden de luisteraars gelukkig luisteren naar de verslagen van het Eredivisievoetbal, afgewisseld door muziek.

A

Dienstweigeraar
28 april 1967 Muhammad Ali verdedigde zijn wereldtitel boksen in april opnieuw met succes. Twee maanden later weigerde hij in dienst te gaan bij het Amerikaanse leger. Ali was ervan overtuigd dat oorlog tegen de leer van de Koran was. De autoriteiten dachten daar toch echt anders over en namen Ali zijn wereldtitel en waarschijnlijk de beste jaren van zijn carrière af.

Wereldpuntenrecord
12 februari 1967 Voor het tweede jaar op rij werd Kees Verkerk wereldkampioen schaatsen, al hijgde Ard Schenk hem dit keer wel iets dichter in de nek. Bij de vrouwen ging de titel naar Stien Kaiser. Door in Deventer op drie van de vier afstanden de snelste tijd te rijden werd Kaiser als eerste Nederlandse vrouw wereldkampioen. Na ook nog een wereldpuntenrecord te rijden op de gloednieuwe ijsbaan van Inzell, waar ook Verkerk en Schenk de records aan flarden reden, werd Kaiser uitgeroepen tot Sportvrouw van het Jaar.

Rood-wit-blauw podium
15 april 1967 Bij de eerste editie van de Amstel Gold Race had topper Jean Stablinski in extremis een Nederlandse overwinning kunnen voorkomen, maar in 1967 was er geen kruid tegen de Nederlandse wielrenners gewassen. Wielercoryfeeen als Van Looy, Merckx, Anquetil en Simpson zagen hulpeloos toe hoe een kopgroep van elf met daarin negen Nederlanders de finale kleurde. De sprint in Meerssen werd gewonnen door Arie den Hertog, voor landgenoten Cees Lute en Harry Steevens. Niet alleen het hele podium kleurde rood-wit-blauw; maar liefst twaalf van de eerste vijftien renners aan de aankomst waren Nederlands.

KENT U DEZE NOG?

Vespa 150 Sprint

10 JAN 1967
Prinses Margriet en Pieter van Vollenhoven geven elkaar het jawoord.

FEB 1967
Robert Oppenheimer, 'vader van de atoombom', overlijdt op 62-jarige leeftijd.

6 MRT 1967
Curieus: Stalins dochter vraagt politiek asiel aan bij de Amerikaanse ambassade.

Zwarte Wielerdag

13 juli 1967 In de Tour de France was Tom Simpson op de bloedhete 13e juli op de flanken van de Mont Ventoux op weg naar ritwinst in de Koninginnenrit toen het licht bij hem letterlijk uitging. Vlak onder de top van de mythische kale berg viel de voormalig wereldkampioen van zijn fiets. Zijn ploegleider probeerde hem daarop te stoppen, maar Simpson wilde verder. Enkele meters verder ging het weer mis: Simpson begon te zwalken en viel weer omver, bewusteloos dit keer. Mond-op-mondbeademing mocht niet meer baten; de wielerkampioen overleed in de helikopter op weg naar het ziekenhuis. In zijn achterzakje werden meerdere aangebroken ampullen met amfetamines gevonden. Die doping, in combinatie met de hitte en uitdrogingsverschijnselen, werden hem fataal. Zo werd Simpson het eerste bekende dopingslachtoffer en de aanleiding voor verscherpte dopingcontroles. De gedenksteen die ter ere van Simpson vlak onder de top van de Ventoux werd geplaatst, werd een waar bedevaartsoord voor wielertoeristen.

Ruska

11 augustus 1967 Drie jaar na de sensationele Olympische titel van Anton Geesink stond er in Nederland een nieuwe judokampioen op. In Salt Lake City versloeg Amsterdammer Wim Ruska alle Japanners met een gemak dat zelfs hemzelf verbaasde. Op de Amerikaanse tatami ontdekte hij pas door de gouden medaille om zijn nek hoe goed hij eigenlijk was. In zijn schaduw haalden Martin Poglajen en Ernst Eugster zilver en brons in de gewichtsklassen tot 80 en tot 93 kilo.

KNVB beker | Kampioen Eredivisie

Topscoorder: Johan Cruijff (Ajax)

15 APR 1967

De Amstel Gold Race wordt voor het eerst gewonnen door een Nederlander: Arie den Hartog.

22 MEI 1967

Bij een zware brand in het Brusselse warenhuis Innovation komen 323 mensen om.

25 JUN 1967

Een windhoos in zuidelijk Nederland eist in Tricht vijf slachtoffers.

BINNENLANDS NIEUWS

Tv-reclame
2 januari 1967 'Zeven seconden geleden begon de reclame in de televisie. U wist het uit uw krant.' Zo begon de allereerste televisiereclame op 2 januari 1967. De televisie was inmiddels in zeven op de tien Nederlandse huishoudens doorgedrongen. Met zo'n miljoenenpubliek werd het voor bedrijven buitengewoon interessant om hun spullen via de kijkbuis aan te bieden. Om dat in goede banen te leiden richtte het ministerie van CRM al in 1965 de Stichting tot Uitzending van Reclame (later STER) op. Op 2 januari 1967 werd daadwerkelijk de eerste reclame uitgezonden, een spotje voor de krant. Er was echter veel weerstand. De Consumentenbond en de Vereniging van Huisvrouwen vonden reclame geen goed idee, en de kranten en tijdschriften vreesden voor hun eigen advertentie-inkomsten. In 1965 struikelde het kabinet-Marijnen zelfs over de inrichting van de omroepen...

Reclame
1 maart 1967 Het vorige kabinet was erover gevallen, maar in januari lukte het minister Marga Klompé om de Omroepwet succesvol door de kamer te loodsen. De wet hakte eindelijk de knoop door over twee heikele thema's. Vanaf 1 maart mochten omroepen die genoeg leden hadden toetreden tot het omroepbestel én werd het formeel toegestaan om reclame uit te zenden.

D

Oranje muisjes
27 april 1967 In heel Nederland heerste een euforische stemming toen om drie minuten voor acht in het Utrechts Academisch Ziekenhuis een prinsje geboren werd. Kroonprinses Beatrix was bevallen van een 'flinke zoon'. Nederland was zo blij dat er voor het eerst in 116 jaar weer eens een prins geboren was dat de straten in de grote steden volliepen, het verkeer vastliep en het leger de politie moest komen helpen om de uitzinnige menigte bij het ziekenhuis in bedwang te houden. Bij de bakkers gingen miljoenen beschuiten met oranje muisjes over de toonbank, terwijl Nederlanders allerhande gehaakte en gebreide cadeaus naar Kasteel Drakensteyn brachten. De naam van hun prinsje werd pas vier dagen later bekend, toen de trotse vader prins Claus zijn zoon aangaf op het Utrechtse stadhuis. 'We hebben hem de volgende namen gegeven: Willem-Alexander Claus George Ferdinand. We noemen hem Alexander.'

28 JUL 1967
Prins Claus is een van de duizenden wandelaars bij de Nijmeegse Vierdaagse.

6 AUG 1967
De Noord-Ierse sterrenkundige Jocelyn Bell ontdekt de eerste pulsar.

27 SEP 1967
De AVRO zendt de eerste afleveringen van de Amerikaanse soap *Peyton Place* uit.

1967

Drive-In Shows

30 april 1967 'De radio komt naar je toe.' Het begon per ongeluk. Een gat in het schema van een groot muziekfeest in het Krasnapolsky tijdens Koninginnedag werd opgevuld door Veronica-dj Jan van Veen. Net als op de radio draaide hij plaatjes en praatte hij er in zijn microfoon doorheen. Het was een groot succes en kreeg een spectaculair vervolg. Binnen de kortste keren toerden Veronica-dj's als Jan van Veen, Joost den Draaijer en Lex Harding met hun Veronica Drive-In Shows door het hele land. Op de radio, in de papieren Top 40 die je gratis afhaalde bij de lokale platenzaak en in krantenadvertenties werd aangekondigd waar de Veronica Drive-In Shows die week allemaal plaatsvonden, waarna een speciale bus met geluidsinstallaties en een lichtshow een discotheek of zaal werd binnengereden en de dj's voor het massaal toegestroomde publiek plaatjes draaiden.

SRV-wagen

Ook de boodschappen kwamen naar de mensen toe. Vanaf halfverwege de jaren zestig reden er in Nederland supermarkten op wielen. Deze SRV-wagens (SRV stond voor Samen Rationeel Verkopen) waren een idee van de groothandels en waren een logische ontwikkeling op de melk- en groenteboer. Mensen die niet naar de winkel konden komen of die iets waren vergeten, konden nu terecht bij een van de tweeduizend SRV-wagens in Nederland.

De perfecte stad

God schiep de aarde, maar de Nederlanders schiepen Flevoland. Op dat door mensenhanden geschapen stukje land moest Lelystad eind jaren zestig als 'de perfecte stad' verrijzen: een stad gebouwd voor de auto, met betaalbare woningen en hoogbouw in het centrum. Op 2 oktober 1967 kregen de eerste bewoners van Lelystad de sleutel van hun nieuwe huis. Met verhalen over goedkope huizen, en de rust de ruimte in het uitgestrekte, kale Flevoland lokte Lelystad algauw duizenden nieuwe bewoners.

Culinair niveau

Het niveau van de Nederlandse keuken moest wat worden opgekrikt, en daarom richtten Nederlandse en Vlaamse restaurants de Alliance Gastronomique Néerlandaise op. Er moesten meer hoogwaardigere ingrediënten komen. De Alliance zorgde voor een kettingreactie in de Nederlandse keuken.

10 OKT 1967

Bijna alle landen ter wereld spreken af dat de ruimte van iedereen en niemand is.

22 NOV 1967

De VN vordert Israël om alle bezette gebieden terug te geven.

10 DEC 1967

Vlak voordat 'The Dock of the Bay' uitkomt, komt Otis Redding om bij een vliegtuigongeluk.

G

Verhuizing
Schiphol verhuisde in 1967 naar haar nieuwe gebouw. De verhuizing was nodig omdat vliegreizen en -vakanties voor steeds meer mensen mogelijk werden en de drukte daardoor enorm toenam.

De nieuwe luchthaven en de infrastructuur daaromheen was baanbrekend. Over elk detail was nagedacht. Vooral de bewegwijzering op het nieuwe vliegveld kon internationaal op grote bewondering rekenen, en zo werd de Amsterdamse luchthaven de blauwdruk voor het moderne grote vliegveld.
Met de ingebruikname van de Buitenveldertbaan, waar de snelweg van Amsterdam naar Den Haag in een dubbele tunnel onderdoor liep, kreeg het vliegveld er ook een vierde startbaan bij. In korte tijd verdubbelde het aantal vertrekkende en aankomende passagiers naar Schiphol tot meer dan drie miljoen reizigers per jaar, en die snelle groei zou voorlopig nog wel even aanhouden.

POLITIEK

Protestpartij
15 februari 1967 In een beroemd geworden politiek spotje kroop D'66-leider Hans van Mierlo diep in zijn kraag terwijl hij wandelend door Amsterdam zijn zorgen uitte over de staat van de democratie in Nederland. Die zorgen werden gedeeld door een paar honderdduizend stemmers, en bij de Tweede Kamerverkiezingen won de 'protestpartij van intellectuelen' zeven zetels. De enorme verkiezingswinst en de daverende politieke entree van Van Mierlo haalden zelfs de voorpagina van *The New York Times:* 'Star rises in Dutch politics'.

ll the News
s Fit to Print"
The New York Time
INTERNATIONAL EDITION
PARIS, FRIDAY, FEBRUARY 17, 1967
NT URGES FEGUARDS CONSUMER
Star Rises in Dutch Politics
MISSILE DEFENSE CALLED ADEQUATE IN LIMITED ATTACK
WILSON ARMS B PEACEF

H

Politieke verschuiving
De opkomst van D'66 en de Boerenpartij zorgden voor een behoorlijke verschuiving in de Tweede Kamer. De KVP en de PvdA werden tamelijk afgestraft voor het geruzie van de afgelopen jaren. De ARP van de populaire Jelle Zijlstra (foto links), demissionair premier sinds de Nacht van Schmelzer,was de enige regeringspartij die wel zetels wist te winnen en dus verzocht de koningin hem een nieuw kabinet te vormen. Een poging om zijn partijleider Barend Biesheuvel (foto rechts) naar voren te schuiven als nieuwe premier mislukte, waarna KVP'er Piet de Jong, gewezen onderzeebootcommandant en minister van Defensie, een kabinet formeerde met de christelijke partijen en de VVD.

1967

Boer Koekoek
15 februari 1967 Niet alleen D'66 deed het verrassend goed, ook de Boerenpartij won zeven zetels bij de Tweede Kamerverkiezingen. Dat was misschien zelfs nog wel een tegenvaller, want bij de lokale verkiezingen een jaar eerder was de partij van Hendrik Koekoek doorgedrongen tot de gemeenteraad van de grote steden. Boer Koekoek was niet meer alleen de leider van het boerenprotest, maar ook de hoop van mensen die zich niet gehoord voelden, voornamelijk in de achterstandswijken in de grote stad.

BUITENLANDS NIEUWS

Onvergeeflijk
23 januari 1967 Tot ver na het eind van de Tweede Wereldoorlog werden oorlogsmisdadigers opgespoord, berecht en bestraft. Dat gold ook voor Wilhelm Harster. Harster was in de oorlog commandant van de Sicherheitspolizei en de SD in Nederland en in die hoedanigheid de tweede man bij de Jodenvervolging in Nederland. Tijdens zijn driejarige dienstverband in Nederland was hij schuldig aan de moord op ruim 82.000 Joden, onder wie Anne Frank. Voor die oorlogsmisdaden werd Harster tot vijftien jaar cel veroordeeld. Twee jaar en een berouwbetoning later stond hij echter alweer op vrije voeten.

Lavalamp
De lavalamp was een van de typische en meest iconische eyecatchers in het interieur eind jaren zestig. In de langwerpige lamp zat een klomp was die bij het aanzetten van de lamp langzaam vloeibaar werd en op en neer ging bubbelen in de lamp, wat een bijzonder sfeervol en psychedelisch effect gaf.

Transplantatie
Louis Washkansky, een 55-jarige Poolse immigrant in Zuid-Afrika, kreeg op 3 december als eerste patiënt ter wereld het hart van iemand anders getransplanteerd. Het hart was afkomstig van een vrouw die kort voor de transplantatie bij een auto-ongeluk om het leven was gekomen. Hartchirurg Christiaan Barnard deed ruim vijf uur over de operatie. Washkansky overleed achttien dagen later alsnog aan een longontsteking, vanwege een aangetast immuunsysteem.

Twiggy
Nadat ze in juli op de cover van *Vogue* had gestaan werd Twiggy wereldberoemd. Met haar 'twijgdunne' postuur, haar jongensachtige trekken, haar korte haar en grote ogen werd ze hét gezicht van de Swinging Sixties die zich vanuit Londen over de hele wereld verspreidden.

Nederlands landschap
Het publiek van het Internationale Filmfestival in Cannes barstte tijdens het zien van de korte film *Sky over Holland* van John Fernhout tot tien keer toe uit in een applaus. Voor de documentaire, die werd gemaakt in opdracht van de Wereldtentoonstelling in Montreal, werd een 70mm-camera gemonteerd op een straaljager die over Nederland vloog. Het resultaat was een serie verbluffende beelden van het leven in Nederland, Nederlandse landschappen en het wolkendek erboven, die in de montage van de film werden verbonden met beroemde landschappen van beroemde Nederlandse schilders. Fernhout werd ervoor beloond met een Gouden Palm.

Grootheidswaanzin
9 december 1967 Nicolae Ceauşescu werd officieel staatshoofd van communistisch Roemenië. Aanvankelijk leek zijn regime liberaal en mild, een trendbreuk met de rest van het Oostblok, maar dat veranderde in de jaren '70 drastisch. Ceauşescu ontpopte zich tot de strengste stalinistische dictator met het meest repressieve regime van Oost-Europa. Hij liet zijn bevolking creperen en vooral zichzelf verheerlijken, met de bouw van een exorbitant paleis in de hoofdstad als krankzinnig hoogtepunt van zijn grootheidswaanzin.

Rechtse coup
Een staatsgreep in Europa. In de nacht van 20 op 21 april grepen legerofficieren in Griekenland de macht, uit angst dat de vrije verkiezingen zouden uitdraaien in een procommunistische regering. Het leger bezette het parlement, de nationale televisie en het koninklijk paleis, en installeerde een kolonelsregime dat werd gesteund door de CIA. Mensen met linkse of communistische sympathieën werden in de gevangenis gezet of naar strafkampen gestuurd.

ENTERTAINMENT

Kleurentelevisie
21 september 1967
Op de elektronicabeurs Firato in de RAI werd de kleurentelevisie in Nederland geïntroduceerd. Nederland was er dankzij Philips al vroeg bij met de kleurenbuis. Een van de eerste programma's die vanaf 1968 in kleur werden uitgezonden was het NCRV-spelprogramma *Zeskamp*, gepresenteerd door Dick Passchier en Barend Barendse. Daarin namen verschillende dorpen en steden het in sportieve spelletjes tegen elkaar op. Zo'n hypermoderne kleurentelevisie was overigens nog lang niet voor iedereen weggelegd, want het eerste model van Philips kostte 2950 gulden. Gratis kleurentelevisie was er uiteraard in de etalage van de plaatselijke elektronicazaak.

De Summer of Love
De Summer of Love was losgebarsten, en hippies hielden over de hele wereld happenings, Sit-In's, Be-In's en Love-In's. Op de achtergrond klonken nummers van het nieuwe Beatles-album *Sgt. Pepper's Lonely Hearts Club Band*, en dan vooral de single 'All You Need is Love' als dé soundtrack van een radicaal vrije en vreedzame generatie.

Hoepla!
9 oktober 1967 Rode oortjes, boze mannetjes en een heleboel commotie: dat veroorzaakte het nieuwe televisieprogramma *Hoepla!* Al in de eerste aflevering kwam fotomodel Phil Bloom in beeld terwijl haar naakte lijf slechts bedekt werd met een paar plastic bloemen op 'strategische plaatsen'. In de tweede aflevering ging het provocerende VPRO-programma nog veel verder en was er voor het eerst echt een blote vrouw op de Nederlandse televisie te zien.
In die uitzending las Bloom naakt, met haar benen gekruist, vanuit een rieten stoel een krantenartikel voor.
In dat artikel werd gesteld dat Phil Bloom niet naakt in het programma *Hoepla!* zou verschijnen. Ze deed dat dus wel, om te provoceren, en dat zou Nederland weten, want toen ze het artikel had uitgelezen en de krant dubbelvouwde, zag televisiekijkend Nederland haar blote borsten...

Zeg, kennen jullie Paulus al?
1 oktober 1967 Het eerste Nederlandse televisieprogramma in kleur was de poppenserie *Paulus de Boskabouter*, gebaseerd op de gelijknamige strips en boeken. Jean Dulieu, geestelijk vader van Paulus, heette eigenlijk Jan van Oort. Hij koos een pseudoniem om bij een mogelijk fiasco zijn goede naam in de muziekwereld niet te schaden. Maar het werd een groot succes. Aan de serie werkten ook zijn vrouw en dochter mee. Alle stemmen werden door Dulieu zelf ingesproken op een geluidsband, en hierna werd iedere scène synchroon met de band opgenomen, met assistentie van de familie. Een waar meesterstuk. De serie was mateloos populair, en niet alleen bij de kleintjes.

Moeder van alle soaps
De Amerikaanse serie *Peyton Place* was de moeder van alle soapseries. De serie (514 afleveringen) werd tussen 1967 en 1973 laat op de avond uitgezonden door de AVRO en ging over jaloezie, lust, moord, incestcomplotten en overspel in het stadje Peyton Place. De serie had alle ingrediënten om het publiek aan de buis gekluisterd te houden. De volgende dag was het de gespreksstof van velen.

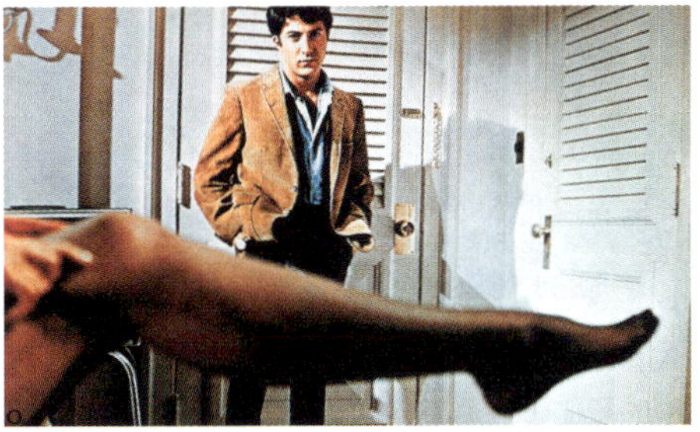

Mrs. Robinson
De filmhit van het jaar was de romantische drama-comedy *The Graduate*, die zich afspeelt te midden van de seksuele revolutie van de jaren '60. Hoofdpersoon Benjamin is net afgestudeerd en weet niet wat hij wil met zijn leven. Wat hij in ieder geval niet wil, is nog langer de ideale schoonzoon zijn voor de vrienden van zijn ouders. Maar dan trekt een van die vrienden, Mrs. Robinson, plots haar kleren voor hem uit, waarna hij met haar mag doen wat hij wil. Dat gebeurt, maar om het nog ingewikkelder te maken krijgt Benjamin ook een relatie met haar dochter... De soundtrack 'Mrs. Robinson' van Simon & Garfunkel werd een grote hit, en de film betekende de doorbraak van hoofdrolspeler Dustin Hoffman.

Poessie mauw
18 november 1967 Een hilarisch en vertederend televisiefragment in het kinderprogramma *Bij Dorus op schoot*. De tweejarige Corrina Konijnenburg zat op schoot bij Dorus (een typetje van Tom Manders) en werd gevraagd om samen met hem een liedje te zingen. Een van de kinderen uit het publiek stelde 'Poesje Mauw' voor, waarop Dorus het meisje vroeg of ze dat kende. Kleine Corinna zei 'ja', maar het was 'nee', waarop ze een geheel eigen versie van 'Poesje mauw' ten gehore bracht.

MUZIEK

Ring-dinge-ding
8 april 1967 Het Songfestival van 1967 vond plaats in Oostenrijk. De Engelse Sandie Shaw won met overmacht met het nummer 'Puppet on a String'. Het nummer zou later dat jaar meerdere weken op nummer 1 in de Nederlandse hitlijsten staan. Nederland eindigde op een gedeelde op één na laatste plaats met het nummer 'Ring-dinge-ding' van Thérèse Steinmetz (foto).

Cuby + Blizzards
De Drentse band Cuby + Blizzards stond aan de wieg van de Nederlandse blues. Het album *Groeten uit Grollo* uit 1967 is een van de bekendste en belangrijkste bluesplaten van Nederlandse bodem. Op dat album speelde toetsenist Herman Brood voor het eerst mee met de band van zanger Harry Muskee. In 1968 en 1969 scoorde Cuby + Blizzards met 'Window of My Eyes' en 'Appleknockers Flophouse' hun grootste hits.

Flower Power

Het broeide al een tijdje onder de jeugd. Het vooruitzicht van een even saai, burgerlijk en braaf leven als dat van hun ouders zinde hen helemaal niet. De jongeren wilden vrij zijn. Ze waren idealistisch, wilden eigen gemeenschappen beginnen, seks hebben met wie ze wilden, experimenteren met geestverruimende drugs en spiritualiteit, en vreedzaam samenleven. Ze waren tegen kapitalisme, tegen materialisme en tegen oorlog, vooral als het om de oorlog in Vietnam ging. Ze werden 'hippies' genoemd en droegen haarbanden in hun lange haar. De mannen hadden baarden, en vrouwen droegen vaak geen bh's; dat hoorde immers bij de vrije moraal. Ze droegen lange, losse kleding, stinkende Afghaanse jassen, kleurige T-shirts en katoenen hemden uit de tweedehandswinkel. Kapsels werden versierd met kleurige bloemen, want bloemen waren hét teken van het vreedzame Flower Power-verzet tegen oorlog. De hippies reden in felgekleurde Volkswagenbusjes van de ene happening naar de andere.

R

Rock-'n-roll

15 april 1967

S

Het was groot nieuws dat de politie bij het concert van The Rolling Stones in de Houtrusthallen in Den Haag 'slechts' veertien mensen hoefde op te pakken. Dat dat inderdaad nieuws was, sprak boekdelen over hoe het er ook aan toe kon gaan in de wereld van de rock-'n-roll. Stones-boegbeelden Mick Jagger en Keith Richards werden twee maanden eerder bij een lsd-feestje bij Richards thuis gearresteerd, terwijl de rebelse Doors-frontman Jim Morrison in november tijdens een optreden van het podium werd geplukt en gearresteerd werd wegens opruiing. Elders haalden Jimi Hendrix (foto) en The Who-drummer Keith Moon het nieuws met het slopen of zelfs opblazen van hun eigen instrumenten op het podium.

TOP 40

TOP 10 1967

1. **Waarom heb jij me laten staan?** De Heikrekels
2. **San Francisco** Scott McKenzie
3. **This is my song** Petula Clark
4. **Het Land van Maas en Waal** Boudewijn de Groot
5. **I'm a believer** The Monkees
6. **Let's spend the night together** The Rolling Stones
7. **Release me** Engelbert Humperdinck
8. **Green green grass of home** Tom Jones
9. **Ha! Ha! Said the clown** Manfred Mann
10. **Spicks and specks** Bee Gees

Open | Search | Scan

SPORT

Oranje Podium
28 januari 1968 Fenomenale weelde op het WK Schaatsen in Helsinki: bij de vrouwen kleurde het hele podium oranje! Naast de ongenaakbare Stien Kaiser, die haar tweede titel op rij mocht vieren, stonden ook langeafstandsspecialiste Ans Schut en Carry Geijssen (foto) op het podium. Het bleek een voorbode voor een bijzonder succesvolle Olympische exercitie twee weken later.

A

Nederlands Olympisch goud
6 februari 1968 Nederland beleefde de succesvolste Olympische Winterspelen tot dan toe, en dat was geheel te danken aan de schaatsploeg. Dat kon ook eigenlijk niet anders met zoveel getalenteerde schaatsers en schaatssters. In het Franse Grenoble schaatste Carry Geijssen op 11 februari op de 1000 meter naar het eerste Nederlandse Olympische schaatsgoud. Een dag later won Ans Schut de 3000 meter in 4.56'20, een nieuw Olympisch record. Bij de mannen ging de strijd om het goud op de 1500 meter tussen de populaire rivalen Ard & Keessie. Ditmaal besloot Cornelis Verkerk dat duel in zijn voordeel met een gouden medaille. Het zilver was voor Ard Schenk.

Hockenheim '68
7 april 1968 Gentleman racer Jim Clark werd in zijn Lotus twee keer wereldkampioen en stond te boek als de beste coureur van de jaren '60. Op 7 april 1968 kwam er plotseling een eind aan zijn leven toen een van zijn achterbanden tijdens de Formule 2-race op het circuit van Hockenheim lek raakte en zijn auto onbestuurbaar tegen een boom knalde.

1949 TT Assen
Motorcoureur Paul Lodewijkx werd in 1968 wereldberoemd in Nederland. Hij won namelijk als eerste Nederlander sinds de invoering van het wereldkampioenschap in 1949 de TT Assen. Lodewijkx deed dat bovendien op een Nederlandse motor. In de wedstrijd met de 50cc-motoren kwam Lodewijkx op zijn Jamathi sneller uit de laatste bocht dan koploper Hans George Anscheidt, en toen de West-Duitser vlak voor de finish rechts over zijn schouder keek, haalde Lodewijkx hem links in. Lodewijkx greep zo totaal onverwacht een sensationele thuisoverwinning.

C

13 JAN 1968
Johnny Cash neemt een beroemd livealbum op in de Folsom State Prison.

11 FEB 1968
Tonny Ferwerda schaatst in een uur 34.205,15 meter, een werelduurrecord.

MRT 1968
Hans Hartog koopt een souvenirshop op de Wallen en maakt er een seksshop van, het latere Christine le Duc.

D

Dolle stier
21 juli 1968 De Tour de France werd voor het eerst op de Nederlandse televisie uitgezonden. De timing kon niet beter. De Ronde van Frankrijk stevende namelijk af op de spannendste ontknoping in haar 55-jarig bestaan. Op de slotdag verdedigde de Belgische geletruidrager Herman Van Springel een voorsprong van zestien luttele seconden op de Nederlander Jan Janssen (foto), met alleen nog een tijdrit over ruim 54 kilometer voor de boeg. Die race tegen de klok leek een kolfje naar de hand voor Van Springel, een notoire hardrijder die als een betere tijdrijder werd ingeschat dan Janssen, die nog nooit een belangrijke tijdrit had gewonnen. Weinig mensen gaven de Nederlander dan ook een kans om de Belg nog in te halen. Desondanks geloofde Janssen zelf heilig in een Tourzege. Hij was zo dicht bij het verwezenlijken van zijn wielerdroom dat hij als een 'dolle stier' tekeerging in de tijdrit. Hij reed de rit van zijn leven en kwam in een extatisch Parc des Princes in Parijs als snelste over de finish. Toen was het wachten op Van Springel, die als laatste gestart was. Maar de Belg beet zich stuk op de tijd van Janssen. Hij gaf 54 seconden toe, waardoor de Nederlander op het allerlaatste moment de gele trui van hem afpakte, met een marge van zestien seconden.
Zo werd Jan Janssen de eerste Nederlandse winnaar van de Ronde van Frankrijk. Huilend van vreugde ging Janssen op de schouders door het stadion. De enige woorden die hij kon uitbrengen richtte hij aan zijn vrouw en dochter: 'Cora, kind, ik heb 'm!', en 'Karin, papa heeft de Tour gewonnen!' Bij terugkomst in Nederland werd Janssen in zijn woonplaats Ossendrecht uitbundig gehuldigd. Hij had zichzelf definitief in het rijtje van Nederlandse sporticonen van de jaren '60 gefietst, naast Anton Geesink, Ada Kok, Sjoukje Dijkstra, Kees Verkerk, Ard Schenk, Coen Moulijn en Johan Cruijff.

De Tom Okker-prijs
8 september 1968 Voor het eerst opende de US Open haar deuren voor proftennissers over de wereld. Een van hen was de als achtste geplaatste Nederlander Tom Okker. Okker haalde zelfs de finale, waarin hem een halt werd toegeroepen door Arthur Ashe. Ashe stond echter nog geregistreerd als amateur, waardoor zijn geldprijs, $14.000, aan Okker toekwam.

E

Met overmacht de snelste
31 augustus 1968 Keetie Hage was pas tien dagen negentien jaar toen ze op het Autodromo Enzo e Dino Ferrari bij Imola als eerste Nederlandse vrouw wereldkampioen wielrennen werd. Na net geen anderhalf uur fietsen en 55 kilometer was Hage - die slechts een paar dagen eerder ook al de eerste Nederlandse medaillewinnares op het WK baanwielrennen was geworden - met overmacht de snelste in de eindsprint.

20 APR 1968
In Chicago gaat de eerste editie van de Special Olympics van start.

28 MEI 1968
Kees van Dongen, schilder, overlijdt op 91-jarige leeftijd in Monaco.

7 JUN 1968
In het Deense Billund wordt attractiepark Legoland geopend.

2x Gold
21 september 1968 Voor de tweede keer op rij werd de Amstel Gold Race door een Nederlander gewonnen. In de wedstrijd, die voor een keer niet in april, maar in september werd gereden en niet in Maastricht, maar in Elsloo finishte, koos Harrie Steevens op de finalelus over de Snijdersberg al vroeg het hazenpad. De geboren Elsloër kreeg gezelschap van Roger Rosiers, die weigerde de kop van de Nederlander over te nemen. In de laatste ronde probeerde de wieltjeszuigende Belg nog bij Steevens weg te rijden, maar dat lukte niet, waarna Steevens in zijn geboortedorp de sprint won.

Olympische Spelen Mexico en Black Power
Net als op de Winterspelen was de Nederlandse equipe op de Zomerspelen in Mexico-Stad goed voor drie gouden medailles. Soloroeier Jan Wienese leverde een huzarenstukje met een verbluffende inhaalrace, in het wielrennen verdedigde Nederland zijn Olympische titel op de ploegentijdrit met verve en in het zwembad zwom Ada Kok naar het hoogtepunt van haar carrière met goud op de 200 meter vlinderslag. De Spelen werden echter overschaduwd door andere zaken. Afrikaanse landen bleven weg uit protest tegen de apartheid in Zuid-Afrika. Daarnaast voerden de nummers een en drie van de 200 meter atletiek een legendarische protestactie uit. Tijdens het volkslied bogen de zwarte Amerikanen Tommie Smith en John Carlos hun hoofd en staken hun gehandschoende vuist in de lucht, het teken van Black Power, uit protest tegen de positie van Afro-Amerikanen in de Verenigde Staten.

Keizer Post
Peter Post was de keizer van het velodroom en dat mocht iedereen weten ook. In februari fietste hij met de Italiaan Gianni Motta aan zijn zijde naar zijn 41e overwinning in een zesdaagse, en daarmee passeerde hij de Belgische wielerheld Rik Van Steenbergen als succesvolste zesdaagserenner aller tijden. De meeste overwinningen behaalde Post samen met de Zwitser Fritz Pfenninger en met die andere grote Belgische Rik: Rik Van Looy. Bij terugkomst op Schiphol werd Post symbolisch door zijn sponsor tot Keizer van de Zesdaagse gekroond.

KNVB beker	Kampioen Eredivisie

Topscoorder: Bengt Ove Kindvall (Feyenoord)

JUL 1968
Dichter, essayist en redenaar W.J.M.A. Asselbergs overlijdt op 65-jarige leeftijd.

29 AUG 1968
De Noorse kroonprins Harald trouwt zijn geliefde Sonja.

7 SEP 1968
Na zeven jaar geweldige televisie was het moment van de laatste *Rudi Carrell Show* aangebroken.

BINNENLANDS NIEUWS

Eemshaven
8 februari 1968 De economie groeide in de jaren '50 en '60 zo hard dat er dringend behoefte was aan een grote nieuwe haven waar de industrie vrijuit de ruimte kreeg en waar mega-schepen met grondstoffen af en aan konden varen. Als locatie werd Noord-Nederland gekozen. Er werd een diepe geul gevonden die diepzeeschepen konden gebruiken om de nieuwe Eemshaven te bereiken. In die haven zouden vervolgens ook veel arbeiders, die voorheen in de landbouw werkten, een nieuwe baan kunnen vinden.

Koninklijk ritje
9 februari 1968 Met de intensieve wederopbouw en de onuitputtelijke inzet van de Rotterdammers werd Rotterdam in razend tempo herbouwd tot moderne stad. De nieuwe bedrijvigheid zorgde daarnaast voor enorme verkeersinfarcten in de nieuwe binnenstad. Om dat probleem op te lossen werd in 1961 begonnen met de bouw van de eerste metrolijn van Nederland. Het net herbouwde centrum veranderde daardoor bij het Weena, het Hofplein, de Coolsingel en de Schiedamsedijk opnieuw jarenlang in een bouwput. 'Na acht jaar praten, zwoegen, heien, scheppen en vloeken' kon in februari 1968 'eindelijk de kroon op het werk', zo schreef *Het Vrije Volk* op 9 februari. Op die dag waren prinses Beatrix en prins Claus de eerste passagiers van de Rotterdamse metro, het kortste metrolijntje ter wereld, maar volgens de krant wel 'buiten kijf één van de grootste momenten uit de naoorlogse geschiedenis van de stad.'

Poptempel
30 maart 1968 Bloemenveilingen, hotels, evenementenhallen, voetbalkantines, feestschuren: alle locaties die een paar duizend uitzinnige muziekfans konden huisvesten, deden in het begin van de jaren '60 dienst als concertzaal. Maar de Nederlandse hippiejeugd schreeuwde om een eigen plek. In 1967 zette een groepje hippies een Love-In die werd gehouden in het Vondelpark voort in een pas gekraakte kerk aan de Weteringschans. De politie maakte al snel een einde aan de kraak, maar de gemeente begreep de vraag van de jongeren, richtte de stichting Vrijetijdscentra Amsterdam op en maakte van de leegstaande kerk het 'Kosmisch Ontspanningscentrum' Paradiso. In de eerste maanden na de opening traden populaire bands als Pink Floyd en The Pretty Things, op en daarmee kreeg Paradiso al snel naam als 'poptempel'.

14 OKT 1968
De Amerikaan Jim Hines loopt de 100 meter als eerste onder de tien seconden: 9,95.

27 NOV 1968
Nederland krijgt een minimumloon: 100 gulden per week.

23 DEC 1968
De man van La Mancha (Don Quichot) ging in Nederland in première.

Fris geel

Groen, blauw, rood of grijs: jarenlang reden de Nederlandse treinen in een heel palet aan kleuren door Nederland. In 1968 wordt de eerste stap gezet richting de uniforme kleur geel die we nu kennen.

Onderwijs

1 augustus 1968 De inwerkingtreding van de Mammoetwet betekende een enorme verandering in het Nederlandse onderwijs. De huishoudschool werd afgeschaft en het meer uitgebreid lager onderwijs (mulo), de middelbare meisjesschool (mms) en de hogere burgerschool (hbs) werden vervangen door mavo, havo en vwo. Het idee was dat iedereen zo eerst een algemene opleiding en daarna nog een beroepsopleiding ging volgen.

Heerlijk helder

26 augustus 1968 De twee bekendste biertjes van Nederland kwamen vanaf 26 augustus uit dezelfde tap. Bierbrouwer Heineken nam die dag zijn grootste concurrent Amstel over en wapende zich zo tegen buitenlandse partijen die in korte tijd met overnames van d'Oranjeboom en De Drie Hoefijzers een behoorlijk glaasje meetapten op de Nederlandse biermarkt.

De IJtunnel

30 oktober 1968 Niet alleen in Rotterdam werd onder het stadscentrum gegraven, dat gebeurde ook in Amsterdam. De reden? De IJtunnel. Die tunnel moest het centrum van de stad verbinden met Amsterdam-Noord, dat voor die tijd alleen bereikt kon worden door het vervloekte en veel te drukke pontje over het IJ.

Studentenopstand

Grote studentenprotesten tegen de gevestigde orde, conservatieve opvattingen, kapitalisme en ouderwetse onderwijsstructuren gingen in 1968 als een golf over de hele wereld. In Tsjechoslowakije was er de Praagse Lente. In Leuven probeerden Vlaamse studenten met de slogan 'Leuven Vlaams, Walen Buiten' het Waalse gedeelte van de Katholieke Universiteit Leuven de stad uit te jagen. In de VS besloot president Johnson zijn kandidatuur voor herverkiezing in te trekken na grootschalige studentenprotesten door het hele land. In Tokio groeide een studentenprotest, dat begonnen was als verzet tegen onbetaalde stages, uit tot een opstand van nationale omvang. In Parijs werd een revolutie ternauwernood voorkomen nadat een studentenrevolte tegen de oude moraal uitmondde in een gigantische nationale stakingsgolf en een demonstratie op 13 mei waarin meer dan een miljoen mensen meeliepen en die eindigde in een veldslag met de politie. Ook in Rome en Berlijn schopten studenten herrie. In het najaar waaide de studentenopstand over naar Nederland, naar de Katholieke Universiteit Nijmegen om precies te zijn. Daar was het aantal studenten in korte tijd verviervoudigd. Naast katholieke studenten studeerde er op de universiteit ook ineens een grote groep marxisten. Zij sprongen op de barricade toen ze vonden dat met de hervormingsplannen van de universiteit het onderwijs daar in dienst kwam te staan van de kapitalistische economie en dat ze zelf veel te weinig inspraak in die nieuwe plannen hadden gehad. Uit protest werd besloten om de aula van de universiteit voor een dag te bezetten. Het was de eerste studentenbezetting in Nederland en nog lang niet zo grootschalig en fanatiek als in Leuven en Parijs, maar daar zou een jaar later verandering in komen.

1968

POLITIEK

Politieke Partij Radicalen
27 april 1968 Een conflict binnen de Katholieke Volkspartij leverde op 27 april een nieuwe politieke partij op. Een groep radicalen vond de richting die de brede KVP opging niet progressief genoeg en richtte een eigen partij op: de Politieke Partij Radicalen (PPR). Met die nieuwe partij wilden de oprichters een brug slaan tussen het christendemocratische gedachtegoed en de nog linksere CPN en PSP. Aanvankelijk was circa tachtig procent van de leden katholiek, maar dat veranderde en het milieubeleid werd een centraal thema binnen de partij. Later ging de PPR op in GroenLinks.

BUITENLANDS NIEUWS

De Praagse Lente
4 januari 1968 De hele wereld keek naar het communistische Tsjechoslowakije. Daar stuurde de nieuwe partijsecretaris aan op 'socialisme met een menselijk gezicht'. Het zinderde in Praag. De bevolking voelde zich bevrijd van de onderdrukking en ging massaal de straat op om feest te vieren of te demonstreren voor betere arbeidsomstandigheden. Westerse jeugdcultuur werd met volle teugen geïmporteerd. Popmuziek klonk uit de luidsprekers en de straten stroomden vol met hippies. De toestand in Tsjechoslowakije was tegen het zere been van de Sovjet-Unie, en Breznjev greep in augustus hard in. Russische tanks vielen het land binnen in de nacht van 20 op 21 augustus. De Tsjechoslowaken verzetten zich zonder wapens: ze schreven op alle muren dat de Russen rechtsomkeert moesten maken. Dat gebeurde echter niet. De Praagse Lente was ten einde, en het Sovjetregime verstevigde zijn ijzeren greep op het land.

Kernwapens
1 juni 1968 In het non-proliferatieverdrag (NVP) besloten de vijf landen die kernwapens hadden ontwikkeld, de VS, het Verenigd Koninkrijk, Frankrijk, China en de Sovjet-Unie, dat ze hun kennis over kernwapens niet met andere landen zouden delen, dat ze nooit kernwapens zouden gebruiken als hun land niet met kernwapens werd aangevallen én dat ze hun voorraad aan kernwapens zouden afbouwen. Tientallen landen sloten zich bij het verdrag aan en beloofden plechtig kernenergie alleen voor vreedzame doeleinden te gebruiken.
Inmiddels hebben 190 landen het verdrag ondertekend, waaronder Nederland. Alleen India, Israël, Pakistan, Noord-Korea en Zuid-Soedan hebben het verdrag niet ondertekend.

Hongersnood
Niet eerder drong het leed van Afrika zo beeldend door in de Nederlandse huiskamer. De provincie Biafra had zich in 1967 van Nigeria afgesplitst, waarna een burgeroorlog uitbrak tussen de opstandige Biafranen en het centrale gezag. In die oorlog liet Nigeria de Biafranen massaal verhongeren. Via het *Polygoon Wereldnieuws* werden de Nederlanders deelgenoot gemaakt van de vreselijke hongersnood. Het nieuws toonde beelden van kinderen met opgeblazen bolle buikjes, stervend van de honger. Mocht een Nederlands kind het in die tijd wagen te klagen tijdens het avondeten, dan kreeg dat van zijn ouders vaak de uitbrander: 'Eet je bord leeg en gauw een beetje. Denk aan die arme kindertjes in Biafra!'

1968 een moorddadig jaar in de VS
Het verkiezingsjaar in Amerika verliep dramatisch. Op 4 april werd Martin Luther King Jr. in Memphis vermoord. De moord op de bekendste en geliefdste figuur van de burgerrechtenbeweging en het protest tegen de Vietnamoorlog veroorzaakte onlusten in tientallen grote steden. In een van die steden, Indianapolis, deelde de New Yorkse senator Robert Kennedy het nieuws over Kings dood met de zwarte bevolking. Robert Kennedy, de broer van de vermoorde president John F. Kennedy, was daar in het kader van zijn campagne om te worden verkozen als democratische presidentskandidaat. In zijn beroemde toespraak kalmeerde hij het publiek met liefdevolle woorden over dr. King en een oproep tot vrede tussen zwarten en blanken. Wonderbaarlijk genoeg bleef het die nacht rustig in de stad. Twee maanden later werd het land echter opnieuw opgeschrikt door een moord, dit keer was Robert Kennedy zelf het slachtoffer. Bij het verlaten van de balzaal van het hotel in Los Angeles waar hij net een dankrede had gehouden na het winnen van de democratische voorverkiezing in Californië, werd hij door de Palestijnse immigrant Sirhan Sirhan neergeschoten. Kennedy overleed de volgende dag in het ziekenhuis. Opnieuw braken rellen uit, die de zomer en de presidentsverkiezingen overschaduwden. Uiteindelijk namen de republikeinse advocaat Richard Nixon en de democratische vicepremier Hubert Humphrey, beiden voorstanders van de oorlog in Vietnam, het tegen elkaar op.

Met een campagne om de 'law and order' te herstellen behaalde Nixon genoeg kiesmannen voor het presidentschap, al kreeg hij maar een paar honderdduizend stemmen meer dan Humphrey.

Ruimtevaart
17 mei was een belangrijke mijlpaal voor van de Europese ruimtevaart. Op die dag lanceerden tien samenwerkende Europese landen, waaronder Nederland, op de raketlanceerbasis Vandenberg in Amerika met succes de allereerste Europese satelliet. De ESRO-2B of Iris ging onderzoek doen naar kosmische straling en röntgenstraling.

Kerstboodschap
14 oktober 1968 De Apollo 8 was het eerste ruimtevaartuig dat succesvol in een baan om de maan werd gebracht. Op Eerste Kerstdag zat een kwart van de wereldbevolking, het grootste televisiepubliek ooit, aan de buis gekluisterd toen de drie astronauten van vlakbij de maan een kerstboodschap overbrachten aan de wereld. Op televisie waren beelden te zien vanuit de capsule en van de aarde vanuit de ruimte. Tijdens de missie zocht de Apollo 8 naar plekken waar toekomstige missies op de maan zouden kunnen landen. Met het succes van Apollo 8 werd de belofte van president Kennedy, voor het eind van het decennium een mens op de maan, na de nodige tegenslagen tóch weer realistisch.

ENTERTAINMENT

Hippiehaar

29 april 1968 Liefde, vrede en seks: dat waren de onderwerpen van de hippiemusical *Hair*, die in april op Broadway debuteerde. Niet veel later kon de hele wereld meezingen met de musicalhits 'Aquarius', 'I got life' en 'Let the Sunshine In'.

Frame voor frame

Op 21 augustus 1968 zond de AVRO de eerste aflevering uit van het stop-motion peuterprogramma *Beertje Colargol.* Na de herhalingen van de VPRO vanaf 1972 werd het programma pas echt populair bij ouders en kinderen, voor wie dit hét programma was vlak voor bedtijd. Door het lieflijke karakter, de schattige poppen en de leuke liedjes werd de serie razend populair. De legendarische begintune met de tekst: 'Ik ben Beertje Colargol. Beertje dat kan zingen' is velen zelfs nu nog bijgebleven.

Stuif-es-in

Vanaf 8 juni 1968 tot 1985 zond de AVRO op zaterdagmiddag het kinderprogramma *Stuif-es-in* uit, waarin kinderen over hun hobby's vertelden of iets demonstreerden waar ze goed in waren. Ria Bremer, die de presentatie vlak voor de eerste opname had overgenomen van Annabet Tausk, nadat zij een ongelukje met een paard had gekregen, presenteerde alle 176 afleveringen. Aan het einde van elke *Stuif-es-in*-aflevering bepaalde een kinderjury de meest interessante hobby, uitvoering of demonstratie. Deze won dan een soort gouden medaille.

Oogjes dicht en snaveltjes toe

'Dag, lieve kijkbuiskinderen', groette Meneer de Uil Nederland op 29 september 1968 voor het eerst. Vanaf die dag mochten kinderen vlak voor het slapengaan nog even kijken naar de avonturen van de dieren uit het Grote Dierenbos in Fabeltjesland. *De Fabeltjeskrant*, met de vergeetachtige verteller Meneer de Uil, de emotionele café-uitbater Bor de Wolf, de bazige Juffrouw Ooievaar, Gerrit de Postduif en de sleutelende broers Ed en Willem Bever, werd dagelijks door bijna twee miljoen mensen bekeken, en dat waren lang niet allemaal kinderen. Meneer de Uil sloot het programma steevast af met een welterustenwens voor de kinderen: 'Denk erom: oogjes dicht en snaveltjes toe. Slaap lekker!'

Filmgeweld
In 1968 komen er vele films uit die later klassiekers zouden worden. Een greep uit de releases per genre: Science-fiction: *2001 A Space Odyssey, Planet of the Apes (foto)*; Romantiek: *Romeo and Juliet;* Horror: *Night of the Living Dead, Rosemary's Baby;* Drama: *Oliver!;* Humor: *Inspector Clouseau;* Muziekfilm: *Yellow Submarine;* Western: *Once Upon a Time in the West.*

MUZIEK

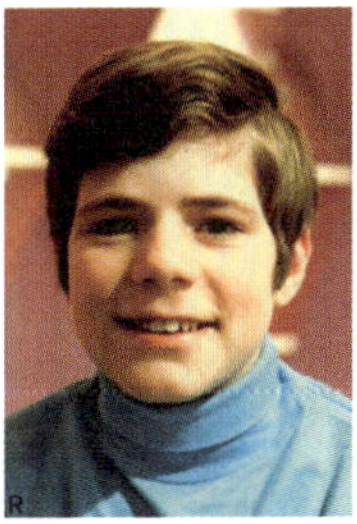

Duitse hits
Het aandoenlijk zoete nummer 'Ich bau' dir ein Schloss' van de in Kerkrade geboren Hendrik Simons, beter bekend als Heintje, is het best verkochte nummer van 1968 in Nederland. Andere grote hits van Heintje zijn: 'Mama', 'Heidschi Bumbeidschi' en 'I'm your Little Boy'.

Palingsound
Het eerste nummer dat door een lid van de Volendamse band The Cats zelf werd geschreven, ging over een vrouwelijke fan die The Cats achterna reisde en overleed bij een verkeersongeval. Deze gebeurtenis greep basgitarist Arnold Mühren zo aan dat hij het nummer 'Lea' schreef. Dit nummer kwam in Nederland op nummer 1 te staan en was hun eerste grote succes. Er zouden nog vele hits volgen.

Het heintjedavidseffect
13 februari 1968 Revuezangeres en grappenmaakster Heintje Davids werd bekend met liedjes als 'Draaien', en 'Omdat ik zoveel van je hou', en met duetten met haar broer Louis, zoals 'Zandvoort bij de zee'. In 1954 nam ze officieel afscheid met een groot concert in Tuschinski, maar al snel daarna maakte ze een comeback, om vervolgens tot ver in de jaren '60 op de planken te blijven staan, vaak verkondigend dat ze die avond haar laatste optreden gaf. Het 'heintjedavidseffect' werd zelfs synoniem voor een artiest of sporter die telkens afscheid neemt en toch weer terugkomt en werd opgenomen in de Van Dale. Op 13 februari 1968 werd Davids tachtig, maar nog altijd wist ze van geen ophouden. Ze bracht een nieuwe plaat uit, met de toepasselijke naam *Mijn laatste plaat*. Wat toen nog niemand wist, was dat zeven jaar later ook nog *Haar allerlaatste plaat* zou verschijnen.

Zingen in kleur
6 april 1968
Het Eurovisie Songfestival werd in 1968 in Nederland voor het eerst in kleur uitgezonden. De Spaanse Massiel won de wedstrijd met het lied 'La, la, la', Nederland werd met het nummer 'Morgen' van Ronnie Tober (foto) gedeeld laatste, samen met Finland.

Toontje zachter

Buiten de zuidelijke provincies wisten ze inmiddels ook dat er geld te verdienen viel met carnavalsnummers, en in 1968 klonk er een aanstekelijk refrein door de speakers: 'Mien, waar is mijn feestneus, waar is mijn feestneus gebleven?' Toon Hermans verkocht meer dan 120.000 singles van het nummer en behaalde hiermee goud (foto: gouden plaat overhandigd door Paul van Vliet). Een jaar later probeerde hij het nog eens met 'Kiele, kiele, kiele', maar met een stuk minder succes.

V

TOP 40

TOP 10 1968

1. **Ich bau' dir ein Schloss** Heintje
2. **Delilah** Tom Jones
3. **Times were when** The Cats
4. **Hey Jude** The Beatles
5. **Those were the days** Mary Hopkins
6. **Cinderella rockefella** Esther & Abi Ofarim
7. **Congratulations** Cliff Richard
8. **Only one woman** The Marbles
9. **Young girl** Gary Puckett & The Union Gap
10. **If I only had time** John Rowles

Open | Search | Scan

The Doors-karavaan

15 september 1968 De immer leren broeken dragende Jim Morrison was een fenomeen. Tijdens zijn eerste tournee door Europa zou het Nederlandse publiek in het Concertgebouw voor het eerst kennismaken met de controversiële rockster en zanger van The Doors. Zou, want niemand zou hem ooit in Nederland zien optreden. Vanaf het moment dat hij in Amsterdam aankwam, maakte hij de stad onveilig. Van allerhande hippies kreeg de The Doors-karavaan drugs aangeboden, die Morrison direct uitprobeerde, waarna hij ook het aanbod op de Wallen uitvoerig testte. Morrison werd met een overdosis drank en drugs naar het ziekenhuis afgevoerd. Bij aanvang van het concert de volgende dag ontbrak van hem ieder spoor.
Toen hij na het openingsoptreden van Jefferson Airplane ineens toch opdook op het podium, was hij nog altijd laveloos. Hij ging uit zijn plaat op één nummer en stortte opnieuw volledig in. The Doors zouden die avond zonder hun zanger afmaken. Terwijl Morrison in zijn kleedkamer het bewustzijn verloor, werd het concert alsnog een enorm succes.

SPORT

De grote finale
De Europese opmars van Ajax ging door. De Amsterdammers lieten Europa versteld staan met magisch totaalvoetbal uit de koker van trainer Rinus Michels (foto). Ajax ging als eerste Nederlandse club door naar de finale! In het Madrileense stadion Santiago Bernabéu bleek de Italiaanse grootmacht AC Milan nog wel een maatje te groot voor Ajax, maar de ploeg met Suurbier, Swart, Cruijff en Keizer in de basis had voor het eerst van het succes geproefd. Dat smaakte naar meer. Veel meer.

Keessie
26 januari 1969 Kees Verkerk bleef onverminderd populair en vooral onverminderd goed in schaatsen. Zijn spectaculaire wereldrecord in Inzell, waar hij de toptijd op de 10.000 meter met meer dan twaalf seconden aanscherpte, deed de monden van miljoenen televisiekijkers openvallen.

Allesverslinder
20 juli 1969 Eddy Merckx deed voor de eerste keer mee aan de Tour de France en won direct. De Belg maakte zijn bijnaam 'De Kannibaal' - omdat hij zo onverzadigbaar was - sowieso helemaal waar, want in het voorjaar won hij Milaan-San Remo, De Ronde van Vlaanderen én Luik-Bastenaken-Luik. In de Ronde van Frankrijk wist hij naast de gele trui ook beslag te leggen op niet minder dan zes ritten (waarvan een met een solo van meer dan honderd kilometer door de Pyreneeën), het bergklassement én het puntenklassement. In het najaar kwam Merckx op de baan hard ten val, waardoor hij in de rest van zijn carrière altijd met pijn fietste. Het zou zijn prestaties er niet minder op maken.

KNVB beker | Kampioen Eredivisie

Topscoorders: Dick van Dijk (FC Twente) en Ove Kindvall (Feyenoord)

1 JAN 1969
In België worden zowel het rijbewijs als de postcode ingevoerd.

11 FEB 1969
In Utrecht begint het proces tegen seriemoordenaar Hans van Zon.

17 MRT 1969
Golda Meir wordt premier van Israël.

Een zware last
10 augustus 1969 Het WK wielrennen van 1969 leverde een wel heel onverwachte winnaar op. Iedereen verwachtte dat Rik Van Looy of Eddy Merckx de titel in eigen land zou winnen, maar de twee Belgische thuisfavorieten gunden elkaar het licht in de ogen niet en gingen ten onder in hun onderlinge strijd. Het kampioenschap eindigde in een sprint, met de Nederlander Harm Ottenbros als verrassende winnaar.

c

De regenboogtrui bleek echter algauw een zware last voor de jonge Zeeuw. In Nederland werd hij een held, en daar kon hij maar moeilijk mee omgaan. In het buitenland was het echter nog veel erger: daar reed het hele peloton tegen hem en werd hij als onbekende kampioen voortdurend uitgejouwd. Prestaties bleven uit. Ottenbros had er helemaal genoeg van en gooide zijn racefiets voor de camera's van het AVRO-televisieprogramma *Het gat van Nederland* demonstratief over de reling van de Zeelandbrug in de Oosterschelde.

BINNENLANDS
NIEUWS

Toegevoegde waarde
1 januari 1969 In Nederland werd een nieuwe soort belasting ingevoerd: belasting over toegevoegde waarde, oftewel btw. Die btw verving het zogeheten 'cumulatief cascadestelsel' en zorgde ervoor dat ondernemers nog maar één keer per jaar belasting hoefden te betalen in plaats van over elk afzonderlijk onderdeel. Zo sloot het Nederlandse belastingsysteem ook een stuk beter aan op dat van andere landen in Europa. Er kwamen twee tarieven: 4% voor eerste levensbehoeften en 12% voor de rest. In de praktijk betekende het wel dat alles iets duurder werd.

Politionele acties
17 januari 1969 In het baanbrekende reportageprogramma *Achter het nieuws* van de VARA sprak de Amsterdamse psycholoog Joop Hueting in een interview met presentator Hans Jacobs over de oorlogsmisdaden die Nederlandse militairen tijdens de politionele acties in Indonesië hadden begaan. De uitlatingen van Hueting veroorzaakten een enorme maatschappelijke storm. Waar oud-premiers Schermerhorn en Drees bekenden dat de politionele acties een misgreep waren geweest, hield de huidige premier Piet de Jong vol dat de krijgsmacht zich destijds correct had gedragen. Oppositieleider Joop den Uyl eiste een parlementaire enquête, maar die kwam er niet. Dat de tijden veranderden en dat de publieke opinie over de rol van Nederland in 'de Oost' meeveranderde, was wel duidelijk geworden.

28 APR 1969
De Nederlandse bisschop Johannes Willebrands wordt door paus Paulus VI tot kardinaal benoemd.

30 MEI 1969
Op Curaçao vindt een grote arbeidersopstand plaats bij de olieraffinaderij van Shell.

23 JUN 1969
Een lozing van het bestrijdingsmiddel Endosulfan zorgt voor massale vissterfte in de Rijn.

D

Bed-in

25 maart 1969 Op 20 maart trouwde John Lennon met de avant-gardistische kunstenares Yoko Ono. Het kersverse echtpaar streek voor hun huwelijksreis neer in Amsterdam. Als beroemdste showbizzkoppel wilden ze de publiciteit die hun huwelijk genereerde inzetten ter bevordering van de wereldvrede, want Lennon werd onder invloed van Ono veel radicaler op dat gebied. In Amsterdam volgde een geweldloze experimentele actie, te organiseren als een pacifistisch protest tegen de Vietnamoorlog. Van 25 tot en met 31 maart verbleven Lennon en Ono in de presidentiële suite van het Hilton Hotel. Overdag was internationale pers welkom. Waar journalisten misschien hadden verwacht getuige te zijn van de eerste echtelijke vrijpartij, zaten Lennon en Ono al die tijd in hun pyjama in bed. Als engelen, zoals Lennon het beeld van de twee vredig naast elkaar onder de dekens van het kingsize bed omschreef, praatten Lennon en Ono onder begeleiding van flitsende camera's voortdurend over vrede.

Onderdeel van het geheel

23 mei 1969 Zevenendertig jaar na de afsluiting van de Zuiderzee raakte Nederland opnieuw een zee kwijt, een kleintje dit keer. Als onderdeel van het Deltaplan werd de Lauwerszee afgesloten en ontstond het Lauwersmeer.

Dodewaard

26 maart 1969 Met een druk op de knop nam koningin Juliana in Dodewaard de eerste Nederlandse kerncentrale in gebruik. Na lang onderzoek besloot de overheid dat in de toekomst een derde van de Nederlandse energie van kerncentrales moest komen. De kerncentrale in Dodewaard was daarvoor de eerste stap en kon een stad ter grootte van Arnhem van energie voorzien. Een paar dagen na de opening werd bekend dat ook in het Zeeuwse Borssele een kerncentrale zou komen. Toch was de komst van kernenergie redelijk omstreden. Protesten en demonstraties tegen kernenergie zouden de volgende vijftien jaar steeds grotere vormen aannemen.

Werken in Nederland

14 mei 1969 Na afspraken met Turkije sloot minister Joseph Luns van Buitenlandse Zaken in 1969 ook overeenkomsten met de Marokkaanse ambassadeur over de werving van arbeidsmigranten. De zware industrie in Nederland stond te springen om extra werknemers, en dus werd in beide landen actief gezocht naar gastarbeiders. De meesten van hen kregen in Nederland een verblijfplaats in een bedrijfspension of op een woonoord. In 1973 werd met de werving gestopt.

14 JUL 1969

Bij een busongeluk met een Nederlandse bus in Dinant komen twintig mensen om het leven.

18 AUG 1969

Lex Goudsmit maakt met *Fiddler on the Roof* zijn debuut in Nederland en Londen .

2 SEP 1969

Hồ Chí Minh, Vietcongleider en president van Noord-Vietnam, overlijdt op 69-jarige leeftijd.

Studentenprotesten
16 mei 1969 Het begon met een relatief kleinschalige bezetting van de aula van de Radboud Universiteit in Nijmegen een jaar eerder, maar in 1969 explodeerde het studentenprotest in Nederland. Studenten eisten veranderingen en vooral inspraak in het bestuur van de universiteiten en in de democratie als geheel. Grootschalige bezettingen van de Katholieke Hogeschool Tilburg en het Maagdenhuis van de Universiteit van Amsterdam waren het gevolg. Op de KHT waren de protesterende studenten de baas van 28 april tot 6 mei. Ze doopten hun school om tot de 'Karl Marx Universiteit'. Tien dagen later werd het Maagdenhuis het epicentrum van de studentenprotesten. Een paar honderd boze studenten bezetten het bestuurscentrum van hun universiteit. Op 21 mei maakte de politie met een inval een einde aan de Maagdenhuisbezetting.

POLITIEK

Homo-emancipatie
28 juni 1969 De bezoekers van de homobar Stonewall Inn in Greenwich Village, New York, kwamen op 28 juni in opstand tegen de politie. De politie treiterde deze en vele andere homo-hotspots al tijden met invallen. Die avond was het weer zover, en na de arrestatie van een lesbische vrouw sloeg de vlam in de pan. Homo's uit de wijk bekogelden de politie met glazen, flessen en stenen. De oproerpolitie probeerde met geweld terug te slaan, maar de groep groeide en de rellen hielden tot 3 juli aan. De Stonewall-rellen werden een mijlpaal van grote betekenis voor de homo-emancipatie wereldwijd en waren de aanleiding voor grote samenkomsten. In november werd voor het eerst een herdenkingstocht gehouden, gevolgd door Gay Prides in grote steden over de hele wereld. In 1979 was er voor het eerst ook een Gay Pride in Amsterdam, de Roze Zaterdag.

Tienertoer
De NS voerde voor veertig gulden al de achtdaagse Kriskraskaart, maar voor twintig gulden kon je vanaf 1969 ook op Tienertoer. Met deze kaart met pasfoto mocht elke twaalf- tot negentienjarige in de maanden juni tot en met augustus acht dagen aaneengesloten onbeperkt 2e klas reizen door heel Nederland. Daarnaast mocht je ook gebruikmaken van de NS-busdienst, en op alle andere busdiensten kreeg je 50% korting. Honderdduizenden tieners hebben gebruikgemaakt van deze kaarten om met vrienden en vriendinnen Nederland te ontdekken. Later veranderde dit in vier reisdagen binnen tien dagen waarna Tienertoer in 1994 kwam te vervallen. Andere variaties op de kaart waren Jongerentoer en Tourtime.

21 OKT 1969
Willy Brandt wordt de nieuwe bondskanselier van West-Duitsland.

22 NOV 1969
Eén van de Acht was hét programma dat Mies Bouwman bij alle *'lieve, lieve mensen'* geliefd maakte.

12 DEC 1969
Charles Foulkes, die de capitulatie van Duitsland in Nederland ontving, overlijdt op 66-jarige leeftijd.

Nieuw Links
De PvdA beleefde roerige dagen. De vernieuwingsbeweging Nieuw Links kreeg met de verkiezing van André van der Louw en zes andere Nieuw Links-leden in het partijbestuur de overhand. Nieuw Links wilde de partij een zwiep naar links geven en wilde af van de volgens hen veel te conservatieve koers. De beweging wilde erkenning van de DDR en de Vietcong, was positief over communistisch China en Cuba, sceptisch over de NAVO en de monarchie. Ze pleitte ook voor inkomensgelijkheid, meer invloed voor arbeiders op het bestuur en meer ontwikkelingshulp.

BUITENLANDS NIEUWS

G

De Jumbo
9 februari 1969 De Amerikaanse Boeing 747 zou de passagiersluchtvaart vanaf zijn eerste testvlucht op 9 februari voorgoed veranderen. De 'Jumbo Jet', zoals de Boeing genoemd werd, was decennia lang het grootste vliegtuig ter wereld. Het was ook het eerste vliegtuig met een brede romp, waardoor er wel vierhonderd passagiers in pasten, ruim twee keer zoveel als in andere grote vliegtuigen tot dan toe. Door die enorme capaciteitstoename werd vliegen ineens een veel aantrekkelijkere en goedkopere reismethode voor miljoenen mensen over de hele wereld.

Frisse wind
De kleine frisse mintsnoepjes, Tic Tacs, zijn vanaf 1969 te verkrijgen, zeer herkenbaar in het doorzichtige doosje met de opening bovenop!

Bouwen
Lego Duplo komt voor het eerst in de handel. Het is ontworpen voor kinderen van 1,5 tot 5 jaar.

J

De maanlanding

H

De tijd was aangebroken. Alle stormachtige ontwikkelingen in de ruimtevaart leidden allemaal tot dat ene moment op 21 juli. In de media, op het werk en op school; wekenlang ging het nergens anders over. De hele zomer stond in het teken van de maanlanding. Op televisie presenteerden Henk Terlingen en Chriet Titulaer live-uitzendingen waarin alle vorderingen van de Apollo 11-missie op de voet gevolgd werden.
De Columbia, met daarin de uitverkoren astronauten Neil Armstrong, Buzz Aldrin en Michael Collins, werd op 16 juli gelanceerd en vloog in vier dagen tijd naar de maan. Op honderd kilometer van de maan werd de maanlander Eagle ontkoppeld. Even daarna bevestigde Armstrong: 'The Eagle has landed'.
Een luid applaus steeg op in het commandocentrum in Florida en in miljoenen huiskamers over de hele wereld. Na de landing lieten Armstrong en Aldrin lucht uit de cabine van de Eagle weglopen waarna het luik open kon. Kort daarna begon Armstrong af te dalen naar het maanoppervlak. Onder aan de ladder draaide hij zich om en stapte met zijn linkervoet op de maan. Om 03:56 Nederlandse tijd was Neil Armstrong de eerste mens op de maan. Zijn beroemde woorden luidden: 'That's one small step for a man, one giant leap for mankind'. Het was een historische prestatie. Honderden miljoenen mensen hadden aan de buis gekluisterd gezeten en voelden met Armstrongs woorden mee: dit is het begin van een nieuw tijdperk.

ENTERTAINMENT

Succesfilms
Twee iconische boeken lagen in 1969 voor het eerst in de boekenwinkel. In *The Godfather* schreef de Amerikaanse auteur Mario Puzo over de Siciliaanse maffiafamilie Corleone. In Nederland was het met seksavonturen doorspekte boek *Turks fruit* van Jan Wolkers (foto), over de tragische liefde tussen de ik-persoon en Olga, een groot succes. Beide boeken zouden binnen enkele jaren met waanzinnig succes worden verfilmd.

Slapstick
De Britse komiek Benny Hill werd met zijn fantastische slapstickserie *The Benny Hill Show*, waarin hij meestal op stuntelachtige wijze het hart van een vrouw probeerde te veroveren, een van de beroemdste televisiegrappenmakers ter wereld. Het programma, dat in Groot-Brittanië alleen al door twintig miljoen mensen werd bekeken, bleef 34 jaar op de buis.

Skippybal
Een grote opgeblazen pvc-ballon vernoemd naar een kangoeroe: de skippybal werd vanaf eind jaren '60 een enorme rage in Nederland. Jong en oud stuiterde in het rond of verplaatste zich op de skippybal al hupsend voort.

Culthelden
De film *Butch Cassidy and The Sundance Kid* was het grootste kassucces van het jaar. Het was een verhaal over twee van de beruchtste rovers van de negentiende eeuw, die zo werden geromantiseerd dat ze uitgroeiden tot ware culthelden.

Avontuurlijke motorreis
In de baanbrekende cultfilm *Easy Rider* gingen acteurs annex makers Dennis Hopper en Peter Fonda op chopper-motorfietsen dwars door de Verenigde Staten op zoek naar vrijheid. Die zoektocht resulteerde in een avontuurlijke reis vol seks, drugs en rock-'n-roll. De film werd omlijst met populaire hippiemuziek van Steppenwolf ('Born to Be Wild'), The Band ('The Weight') en Jimi Hendrix en brak vele records.

Poets
Fred Oster presenteerde met *Poets* het allereerste verborgencameraprogramma van Nederland. Beroemde grappen uit het programma waren die keer dat Gerard van Lennep in een slagerij net deed of hij een vis uit de vissenkom opat en de scéne waarin voorbijgangers op straat beweerden het verschil te proeven tussen een glas gewoon water en een glas 'speciaal behandeld' water.

Doorbraak
De Nederlandse kruising tussen Ivanhoe en Robin Hood heette *Floris*. De twaalfdelige voor tv gemaakte avonturenjeugdserie betekende de doorbraak voor Paul Verhoeven en Rutger Hauer en was zo groots opgezet qua decors en budget dat de geplande draaitijd van 3,5 maand uitliep tot acht maanden en de kosten met 300% werden overschreden. Het resultaat was een geweldige serie en het meest succesvolle tv-programma van 1969. Op een gegeven moment keken 3,5 miljoen Nederlanders naar een aflevering. Verhoeven en Hauer zouden samen meer grote successen hebben, zoals de kaskrakers *Turks fruit* (1973) en *Soldaat van Oranje* (1977).

N

MUZIEK

Hilversum Top 30
23 mei 1969 Na het stoppen van het in de jaren '60 veel beluisterde radioprogramma *Tijd voor teenagers top 10* begon Hilversum 3 opnieuw met een eigen hitparade: de *Hilversum top 30*. Top 30, omdat bedenker Willem van Kooten alias Joost den Draaijer precies dertig plaatjes kon draaien in de twee uur die zijn programma duurde. De eerste nummer 1-hit was 'Israelites' van Desmond Dekker & The Aces. Na twee jaar nam Felix Meurders de presentatie over en ging de hitlijst *Daverende Dertig* heten.

Rasta Vibration
24 mei 1969 De Jamaicaan Desmond Dekker & The Aces scoorden met het aanstekelijke nummer 'Israelites' de eerste reggae nummer 1-hit in Nederland. Dekker stond bekend als de ontdekker van Bob Marley.

Geluidsoverlast
30 januari 1969 Plotseling stonden The Beatles op klaarlichte dag net na het middaguur op het dak van hun eigen platenmaatschappij Apple Records te spelen. Het onaangekondigde concert moest de spectaculaire slotscène vormen voor de documentaire *Let It Be*. Op straat ontstond verbazing onder de mensen die hun lunchpauze hielden, maar al snel had men door dat de bekendste band ter wereld op wel heel unieke wijze stond op te treden en dus stroomde een grote menigte toe. McCartney, Lennon, Harrison en Starr, aangevuld met toetsenist Billy Preston, speelden vijf nieuwe liedjes. Na bijna drie kwartier maakte de politie een eind aan het optreden, bang voor geluidsoverlast en verkeerschaos. Het zou het laatste openbare optreden van The Beatles zijn.

P

De troubadour

29 maart 1969 Niet één, niet twee, niet drie, maar vier winnaars op het Eurovisie Songfestival in Madrid. Een van die winnaars was de negentienjarige Lenny Kuhr, die optrad met het liedje 'De Troubadour', waarvoor ze zelf de muziek had geschreven. De Eindhovense moest de aandacht en de medailles wel delen met Spanje, Frankrijk én het Verenigd Koninkrijk. Alle vier die inzendingen kregen namelijk achttien punten toebedeeld van de jury. Gelukkig had de organisatie vier medailles klaarliggen. Door middel van loting werd bepaald dat het volgende festival in Nederland zou worden gehouden.

Sex, drugs and rock-'n-roll

15 augustus 1969 Op de weide van zuivelboer Max Yasgur in het plaatsje Bethel, New York vond van 15 tot en met 18 augustus het hoogtepunt van de hippiecultuur en popmuziek plaats. Onder het motto '3 Days of Peace & Music' organiseerden twee mannen uit de muziekbusiness en twee zakenlieden een enorm openluchtconcert van drie dagen. Het festival werd vernoemd naar het kunstenaarsdorpje Woodstock, dat enkele tientallen kilometers van het boerenfestivalterrein lag en één van de epicentra van de hippiecultuur was. 186.000 kaartjes à $8 per dag werden verkocht, maar op de eerste dag werd het festival al overspoeld met meer dan 400.000 hippies.

Op de wegen rond de boerderij probeerden nog eens een miljoen mensen het Woodstockfestival te bereiken. Iedereen voelde dat er iets magisch gaande was. Op het podium speelden Joe Cocker (foto), Santana, Canned Heat, Janis Joplin, The Who, Sly & The Family Stone, Crosby, Stills, Nash & Young, Jimi Hendrix en nog ruim twintig andere grote artiesten. Wie het geluk had vooraan te staan was getuige van enkele van de meest legendarische concerten uit de popgeschiedenis. Stond je verder naar achteren, dan zag je van de optredens bijna niets. Grote schermen en ingewikkelde geluidsinstallaties waren er nog niet. Maar wat gaf dat? De hippies maakten er met elkaar en met *sex, drugs and rock-'n-roll* een waanzinnig feest van. Er werd gezongen, naakt gedanst, gevreeën, geblowd en luidkeels geprotesteerd tegen alles wat tegen *peace and love* indruiste. Ondanks dat de voorzieningen lang niet toereikend waren voor de enorme menigte die op Woodstock afkwam, ondanks het natte weer en ondanks dat er twee slachtoffers vielen, verliep het festival zonder noemenswaardige incidenten; een wonder.

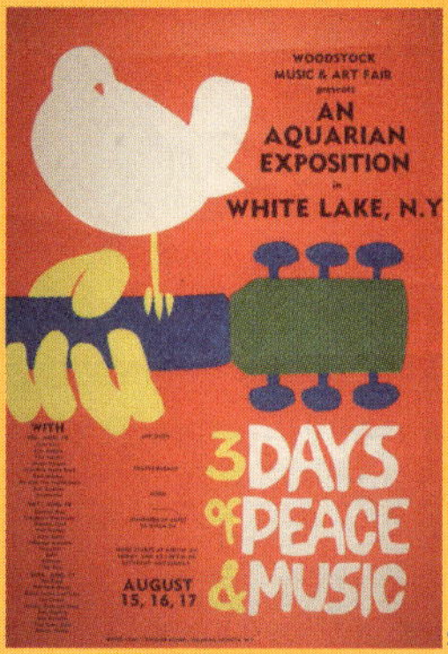

Op de slotdag sprak boer Yasgur de menigte toe: 'I'm a farmer. I don't know how to speak to twenty people at one time, let alone a crowd like this... But I think you people have proven something to the world. This is the largest group of people ever assembled in one place... The important thing that you've proven to the world is that a half a million kids can get together and have three days of fun and music and have nothing but fun and music, and I -God bless you for it!'

Here comes the night
George Kooymans, gitarist van de band Golden Earring, was geïnspireerd geraakt door de lange tournees van de band door de VS, waarover hij het lied 'Another 45 Miles' schreef. Het lied gaat over een man die nog 45 miles (62 kilometer) moet rijden voordat hij weer thuis herenigd is met zijn gezin. In 1992 verscheen het nummer, dat inmiddels een Earring-klassieker was, ook op het album *The Naked Truth*.

Het meesterwerk
29 september 1969 Een muzikale primeur van wereldformaat in Amsterdam: rockband The Who begaf zich op een totaal nieuw muzikaal vlak door de eerste rockopera ter wereld te maken. Voor de wereldpremière streek de Engelse band neer in het Amsterdamse Concertgebouw. De kritieken waren lyrisch. Het was een van de beste concerten ooit in Nederland. *Tommy* was een meesterwerk en het eerste werk van een populaire rockband dat zich kon meten met de grote componisten van wie muziek normaal gesproken in het Concertgebouw klonk. *Tommy* zou daarna in alle grote operahuizen te zien zijn.

De laatste van the Fab Four
Nog één meesterwerk stuurden The Beatles de wereld in voordat de populairste band ter wereld uit elkaar viel. Dat laatste album werd *Abbey Road*. Voor *Abbey Road*, genoemd naar de straat waaraan de studio lag waarin de muziek werd opgenomen, zetten McCartney, Lennon, Harisson en Starr hun onderlinge ruzies nog één keer opzij. Het resultaat was een waanzinnig album van een band op zijn hoogtepunt, met wereldwijde hits als 'Come Together', 'Something' en 'Here Comes the Sun'.

In de Nederlandse Top 40 kwam *Abbey Road* zelfs binnen op nummer 1 in de albumhitlijst. De legendarische coverfoto van de plaat, waarop The Beatles het zebrapad voor de muziekstudio in Londen oversteken, werd bijna net zo wereldberoemd als de muziek zelf. Vandaag de dag komen er nog altijd jaarlijks duizenden toeristen naar *Abbey Road* om de foto na te maken. Ook al werd het album in alle landen grijsgedraaid, het succes van *Abbey Road* kon het onvermijdelijke niet voorkomen. Geruzie over hoe het verder moest met de band na het overlijden van manager Brian Epstein en Lennons steeds intensiever wordende relatie met Yoko Ono veroorzaakten een breuk in de groep die niet te lijmen bleek. Zes dagen voordat het album uitkwam, vertelde John Lennon dat hij de groep wilde verlaten. Dat werd nog even geheimgehouden, maar de definitieve breuk zou niet lang op zich laten wachten.

W

Het einde van de onschuld

De onbekommerde vrijheid-blijheid-mentaliteit die de jaren ’60 zo’n fleurige blos had gegeven, kreeg een dreun door een aantal heftige gebeurtenissen. De Summer of Love ging ten onder toen bleek dat vrije seks en geëxperimenteer met drugs ook gevaarlijke gevolgen hadden. Daarbij overleden drie smaakmakers van de hippiemuziek kort na elkaar. Rolling Stones-oprichter Brian Jones, gitaarvirtuoos Jimi Hendrix en podiumbeest Janis Joplin (foto boven) werden alle drie niet ouder dan 27. In de zomer kreeg sekteleider Charles Manson (foto onder) zijn ‘Manson Family’ zo ver om de zwangere Sharon Tate en nog vier huisgenoten te vermoorden. Vooral de weerzinwekkende wijze waarop dit gebeurde was schokkend. Een paar maanden later liep een gratis concert van The Rolling Stones volledig uit de hand. De Hells Angels, die als beveiligers waren ingehuurd, vermoordden een concertbezoeker. Gratis concerten waar de hippies hun beste tijden beleefden, waren nadien nooit meer hetzelfde. Intussen radicaliseerden verschillende linkse jongeren en groeperingen. De vreedzame strijd die de hippies voerden, kreeg steeds meer een gewelddadig karakter. In Europa begonnen de Rote Armee Fraktion, de Brigate Rosse, de ETA en de IRA grof geweld te gebruiken om hun idealen kracht bij te zetten. Terroristische acties, zoals die van de PLO, gingen het nieuws beheersen. Gijzelingen, vliegtuigkapingen en bomaanslagen waren aan de orde van de dag. De flowerpower van de jaren ’60 kwam op een hardhandige manier ten einde.

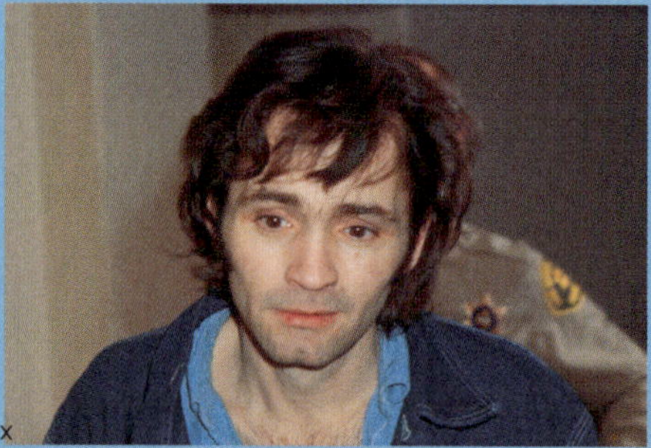
X

TOP 40

TOP 10 1969

1. **Je t’aime moi non plus** Serge Gainsbourg, Jane Birkin
2. **My special prayer** Percy Sledge
3. **Big bamboo** The Merrymen
4. **Gina Lollobrigida** Tony Bass
5. **Saved by the bell** Robin Gibb
6. **Ain’t got no, I got life** Nina Simone
7. **Hair** Zen
8. **In the year 2525** Zager & Evans
9. **Air** Ekseption
10. **In the ghetto** Elvis Presley

Open | Search | Scan

Bloody Mary

Tom Poederbach en Dick Swaneveld waren filmcutter en geluidstechnicus bij de NOS toen ze samen een hit scoorden met het liedje ‘Bloody Mary’, over een pirate die niet kon zwemmen. Het nummer stond drie weken op 1, maar kostte Tom en Dick wel hun baan.

SPORT

Feyenoord wint de Cup!
Feyenoord won in seizoen 1968/1969 voor de negende keer de landstitel. De ploeg van de Oostenrijkse wondertrainer Ernst Happel mocht zich daarom het seizoen erop mengen in de strijd om het meest prestigieuze voetbaltoernooi van Europa. De Rotterdammers hadden een wereldteam, met het bikkelharde duo Rinus Israël en Theo Laseroms, het droommiddenveld bestaande uit clubicoon Wim Jansen, Franz Hasil en de geweldenaar Willem van Hanegem, en de voorhoede met Ove Kindvall, Coen Moulijn, Ruud Geels en Henk Wery. De eerste ronde werd dan ook een eitje, en in de tweede ronde versloeg Feyenoord thuis het grote AC Milan. De Kuip ontplofte.
Feyenoord versloeg de wereldkampioen! De weg naar Europees succes vervolgde over slechte velden in Duitsland en Polen, maar in de eigen Kuip en met het bloedfanatieke Legioen schoten Kindvall en Van Hanegem Feyenoord naar de finale. Drie treinen met daarin 25.000 uitzinnige Rotterdamse fans trokken begin mei naar Milaan, waar Feyenoord op 6 mei de finale speelde tegen Celtic.
In de zinderende finale scoorde publiekslieveling Ove Kindval vier minuten voor tijd de beslissende treffer (2-1) en werd Feyenoord de eerste Nederlandse winnaar van de Europacup I. Een dag later werd op de Coolsingel een volksfeest gevierd. Het sprookje was echter nog niet uit.
In september versloeg Feyenoord het Argentijnse Estudiantes de la Plata en mocht zich daarmee ook wereldkampioen noemen.

A

De GOAT
19 juli 1970 Wielerfenomeen Eddy Merckx ging al in de proloog van de Tour de France verder met waar hij het vorige jaar in Parijs geëindigd was: winnen. De Belg greep de gele trui en zou die voor de tweede opeenvolgende keer met grote overmacht naar Parijs brengen. Op geruime afstand achter de Belg werd de jonge Hagenaar Joop Zoetemelk (foto) tweede.

Calendar Slam
Tennisster Margaret Court schreef geschiedenis door als eerste speelster in het 'Open Era' alle vier de grote grandslamtoernooien (de Australian Open, Roland Garros, Wimbledon en de US Open) in één jaar te winnen.

1 JAN 1970
De eerste reclames in kleur komen op televisie.

19 FEB 1970
De Tweede Kamer wil de opkomstplicht bij verkiezingen afschaffen.

4 MRT 1970
De Franse onderzeeër Erydice vergaat in de Middellandse Zee: 52 doden.

1970

Goddelijke Kanaries
Voetbalwonder Pelé bracht Brazilië op het WK bijna in zijn eentje naar de wereldtitel. Het was de derde keer dat hij met de 'Goddelijke Kanaries' de beste van de wereld was. Op het toernooi in Mexico werden ook voor het eerst gele en rode kaarten uitgedeeld en mochten bondscoaches voor het eerst spelers wisselen.

Ard & Keessie
Het IJsselstadion in Deventer veranderde tijdens het WK Schaatsen weer in een kolkende Ard & Keessie-menigte. Ard Schenk zou zich er eindelijk uit de schaduw van Kees Verkerk schaatsen. De prachtig schaatsende Noord-Hollander nam al op de 500 meter een voorsprong, die hij de rest van het toernooi niet meer uit handen gaf. Na het Nederlands en het Europees kampioenschap mocht hij zich nu voor het eerst ook wereldkampioen noemen. Verkerk werd tweede. De Drentse langeafstandsspecialist Jan Bols maakte het Nederlandse feestje compleet door de 5 en 10 kilometer te winnen. Twee weken later was het aan de overkant van de grote plas, in Wisconsin, ook oranje wat de klok sloeg. Atje Keulen-Deelstra won als debutante het WK bij de vrouwen, vlak voor Stien Kaiser. Nederland was zonder twijfel schaatsnatie nummer één geworden.

KNVB beker | Kampioen Eredivisie

Topscoorder: Willy van der Kuijlen (PSV)

Draaischijftelefoon

Postuum wereldkampioen
Na vijf overwinningen ging de Oostenrijkse Jochen Rindt ruimschoots aan de leiding in het F1-kampioenschap. Tijdens de training op Monza ging het mis. Rindt crashte en overleed onderweg naar het ziekenhuis. In het restant van het kampioenschap lukte het echter niemand zijn puntenaantal nog in te halen, en zo werd de Oostenrijker postuum wereldkampioen.

29 APR 1970
Na Vietnam vallen de Amerikanen ook Cambodja binnen in jacht op de Vietcong.

8 MEI 1970
Het laatste album van de Beatles komt uit: *Let It Be*.

21 JUN 1970
Soekarno, Vader des Vaderlands van Indonesië, overlijdt op 69-jarige leeftijd.

BINNENLANDS
NIEUWS

Plasrecht
14 maart 1970 De Dolle Mina's lieten voor het eerst van zich horen. De radicaal feministische actiegroep, vernoemd naar oerfeministe Wilhelmina Drucker, haalde meermaals het nieuws met stevige, ludieke en soms pikante acties die zij voerden uit onvrede over de positie van de vrouw in de maatschappij. Op 23 januari bezetten ze de Business School in Kasteel Nijenrode, die geen vrouwen op de opleiding wilde toelaten. Een dag later bonden Dolle Mina's openbare mannen-wc's in Amsterdam dicht met roze linten, om zo ook 'plasrecht' voor de vrouw te eisen. De bekendste actie volgde op 23 maart. Dolle Mina's vielen een gynaecologencongres binnen en trokken daar hun truitjes omhoog, waarna op hun blote buik te lezen viel: 'Baas in eigen buik!' De Tweede Feministische Golf was losgebarsten.

Pinksterconferentie
15 mei 1970 Evangelist Peter Vlug organiseerde tijdens het pinksterweekend in mei een familiekamp in Bennekom. Hij wilde het pinksterfeest vieren en zich tegelijkertijd bezinnen op de 'verloren gaande wereld' Het kamp werd met 250 deelnemers een groot succes en zou jaarlijks terugkeren.
Algauw moest de conferentie naar een grotere locatie verhuizen. Op de Paasheuvel in Vierhouten zou de pinksterconferentie Opwekking uitgroeien tot een massaal evenement waar tienduizenden mensen tijdens Pinksteren samenkomen, kamperen, diensten houden en zingen.

Een Meijer
14 mei 1970 Er kwam een nieuw honderdguldenbriefje in omloop, met daarop een afbeelding van de zeeheld Michiel Adriaenszoon de Ruyter. Al zestien jaar later zal het kunstige bruine briefje vervangen worden door de snip.

Leegstand
5 mei 1970 De Nederlandse kraakbeweging kwam in een stroomversnelling. In 1969 bracht kunstenaar Tjebbe van Tijen onder het motto 'Redt un pandje, bezet un pandje' de *Handleiding voor Krakers* uit. Op 5 mei werden op de eerste Nationale Kraakdag tientallen panden gekraakt. Een jaar later kregen krakers steun uit onverwachte hoek toen de rechter besloot dat het binnendringen van niet in gebruik zijnde panden was toegestaan.

19 JUL 1970
Joop Zoetemelk wordt tweede in zijn eerste Tour de France.

31 AUG 1970
Bezetting van de Indonesische ambassade in Wassenaar: eerste Molukse terroristische actie in Nederland.

4 SEP 1970
Salvador Allende wordt president van Chili.

1970

Vuurdoop

Tijdens het pinksterweekend beleefde in het zuiden van Nederland nog een ander festival haar vuurdoop. Als alternatief voor het concert van internationale ster Melanie besloten Jan Smeets en een aantal andere Limburgers in Geleen een festival te organiseren waar populaire Nederlandse bands kwamen optreden. Het festival werd Pinkpop genoemd. Op een zonovergoten tweede pinksterdag zag een gezellig chaotische schare van tienduizend hippies voor 2,50 gulden weergaloze optredens van Golden Earring (net terug van hun eerste tour in Amerika), Opus, de George Baker Selection, Dream, Livin' Blues en Mr. Albert Show. Door het succes van het eerste jaar kon Pinkpop in de jaren erna uitgroeien tot hét Nederlandse muziekfestival en grote internationale artiesten naar Nederland halen.

Monumentschennis

25 augustus 1970 Tientallen tot soms wel honderden hippies gebruikten de Dam in Amsterdam als ontmoetingsplek. Ze kwamen uit alle uithoeken van het land om er samen te discussiëren over politiek, te filosoferen, te spacen en samen te eten. Veel van hen bleven er ook slapen. De 'Damslapers' waren een begrip. Aan het eind van de zomer besloot burgemeester Ivo Samkalden dat het afgelopen moest zijn. Die gekke hippies verstoorden de openbare orde, pleegden monumentschennis en het was ook gewoon vies. Een dag na het ingestelde verbod namen mariniers en matrozen het heft in eigen hand en begonnen de Dam hardhandig schoon te vegen. Hippies die niet snel genoeg hun biezen pakten, werden met knuppels van de Dam geslagen. Het merkwaardige optreden leidde tot rellen, waarbij tientallen mensen gewond raakten. De korpsleiding, premier De Jong en veel Nederlanders spraken hun verbolgenheid uit over de 'terreur in wapenrok'.

Amsterdam en Rotterdam

1 oktober 1970 Een nieuwe krant in het schap bij de krantenkiosken en tabakswinkels. Hoge kosten voor drukwerk, hogere lonen en teruglopende lezersaantallen als gevolg van de opkomst van radio en tv dreven het *Algemeen Handelsblad* en de *Nieuwe Rotterdamse Courant* in elkaars armen. De Amsterdamse en Rotterdamse krant gingen samen verder als *NRC Handelsblad*.

1 OKT 1970

De eerste editie van de fusiekrant *NRC Handelsblad* valt op de deurmat.

15 NOV 1970

Tijdens de derby Sparta-Feyenoord schiet Eddy Treijtel een meeuw uit de lucht.

5 DEC 1970

Jaap van Meekren houdt een spraakmakend interview met nazi-minister Albert Speer.

De Exota -affaire

Vanaf 1948 ging de Dongense limonadegazeusefabriek De Kroon onder de merknaam Exota limonade bottelen in gezinsflessen. Dit bleek een enorm goede zet: begin jaren '50 werd het merk marktleider in Nederland. De fabriek ging later failliet door de zogenaamde Exota -affaire. Tijdens het programma *Geachte Ombudsman* behandelde de presentator een item over ontploffende limonadeflessen waardoor mensen gewond raakten. Tijdens dit item kwamen exploderende flessen spectaculair in beeld, waarbij gerefereerd werd aan Exota. Ook al waren de vertraagde beelden van de ontploffende flessen in scène gezet en was het een sherryfles die ontplofte en geen Exota-fles, de verkopen van Exota kelderden daags na deze uitzending en in 1972 werd het faillissement van de fabriek aangevraagd. Vele rechtszaken volgden en in 1998 bevestigde de Hoge Raad dat er een schadeclaim moest worden betaald aan de belanghebbenden in de Exota-zaak.

Soldaat van Oranje

Erik Hazelhoff Roelfzema schreef in het boek *Het hol van de ratelslang* over zijn daden als verzetsstrijder en Engelandvaarder, en over zijn tientallen missies als RAF-piloot boven Duitsland tijdens de Tweede Wereldoorlog. Het boek flopte, maar toen hij het in 1971 zelf opnieuw uitgaf, ditmaal onder de titel *Soldaat van Oranje* en met een voorwoord van prins Bernhard, werd het een bestseller. *Soldaat van Oranje* werd in 1977 bijzonder succesvol verfilmd en is vanaf 2010 de langstlopende musical ooit in Nederland (op de foto vlnr: Peter Tazelaar, Rie Stokvis, Erik Hazelhoff Roelfzema).

BUITENLANDS NIEUWS

Knieval

19 maart 1970 Voor het eerst sinds de deling van Duitsland na de Tweede Wereldoorlog ontmoetten West- en Oost-Duitse leiders elkaar in levenden lijve. De West-Duitse bondskanselier Willy Brandt werd in Oost-Duitsland met groot gejuich ontvangen. Zijn gesprekken met de Oost-Duitse vicepremier Willi Stoph waren het begin van de normalisering van de relatie tussen Oost en West.

Het gejuich voor Brandt kreeg internationaal weerklank toen hij in december onverwachts een knieval maakte bij het monument ter herinnering aan de opstand in het getto van Warschau.

1970

Houston, we have a problem
13 april 1970 In april zou Project Apollo voor de derde keer mensen naar de maan brengen. De missie mislukte echter toen twee dagen na de lancering de zuurstoftank van de capsule ontplofte.
Gezagvoerder Jim Lovell gaf het probleem door aan het commandocentrum op aarde met de legendarische woorden: 'Okay, Houston, we've had a problem here'. Voor de film *Apollo 13* werd die zin later ingekort tot 'Houston, we have a problem.' De maanlanding moest worden afgebroken. Met de maanlander als 'reddingsboot' konden de drie astronauten toch veilig op aarde terugkeren.

Cycloon Bhola
Oost-Pakistan, het huidige Bangladesh, werd op 11 november getroffen door een van de grootste natuurrampen aller tijden. Cycloon Bhola trok vanaf de Indische Oceaan in noordelijke richting over het land en liet een onwaarschijnlijk spoor van vernieling achter. Door de orkaan en de stormvloed die volgde, kwamen circa een half miljoen mensen om het leven.

De eerste muis
17 november 1970 Een houten kistje met een metalen wieltje erin, een rood knopje erop en een lang snoer eraan. Uitvinder Douglas Engelbart en techneut Bill English noemden het de 'X-Y Positie-indicator voor Beeldschermsystemen'. Deze 'muis', waarop het tweetal in november patent kreeg, werd gezien als het meest efficiënte middel om met de informatiesystemen op het scherm te communiceren, beter dan een touchpen of een joystick.

ENTERTAINMENT

Al is de leugen nog zo snel
Willeke Alberti speelt in de dramaserie *De kleine waarheid* een jonge vrouw die het saaie, burgerlijke leven wil ontvluchten op zoek naar vrijheid en onafhankelijkheid. Als blijkt dat ze met haar echtgenoot geen kinderen kan krijgen, vraagt ze de dokter dit nieuws verborgen te houden en fluistert ze haar man de kleine waarheid toe: 'Wij gaan samen kinderen krijgen.' Haar verhouding houdt ze voor hem verborgen en haar latere zwangerschap zorgt voor twijfels, leugens en intriges.

Vakman
Jos Brink was een uniek theatertalent, acteur én zanger met een fantastische stem en articulatie. Zijn vakmanschap en energie bezorgden hem in 1970 zijn eerste grote programma, *De Jos Brink show*. Later zou hij nog vele topprogramma's mogen presenteren en was hij jarenlang een van Nederlands beste presentatoren.

Het alledaagse leven
12 december 1970 De belevenissen van vader en moeder Jan en Jans Tromp en hun kinderen Karlijn en Catootje werden voor het eerst uit de doeken gedaan in de strip 'Jan, Jans en de Kinderen' in de *Libelle*. De grappige verhaaltjes uit het alledaagse leven van de familie Tromp baseerde tekenaar Jan Kruis op zijn eigen gezinsleven. De term 'je-weet-welkater' (een kater die zich schaamt omdat hij gecastreerd is) haalde de Dikke Van Dale, en ook 'hoi pipeloi' burgerde helemaal in.

Spelshow
'Licht uit, spot aan.' *Eén van de acht* werd een van de eerste grote spelshows op de Nederlandse tv. Eens per maand namen acht krantenlezers (later vier keer twee familieleden) het in een rechtstreekse spelshow tegen elkaar op. De twee spelers die de spellen het beste uitvoerden, werden vervolgens in een witte stoel aan de tand gevoeld door presentatrice Mies Bouwman. De speler die de meeste kennisvragen goed beantwoordde, mocht door naar de finale, waarin hij of zij zo veel mogelijk artikelen moest onthouden die op de lopende band voorbijkwamen. Elk voorwerp dat de finalist zich kon herinneren mocht hij of zij mee naar huis nemen.

Snotteren
De zakdoekjesfabrikanten deden goede zaken toen *Love Story* in de bioscoop verscheen. Het bioscooppubliek raakte in vervoering van het romantische verhaal over Harvard-student Oliver Barrett IV en muziekstudente Jennifer Cavalleri. De twee werden smoorverliefd en trouwden, tot afkeuring van Olivers rijke vader. Toen ze een kind probeerden te krijgen en dat niet lukte, omdat Jennifer terminaal ziek was, was het voor het filmpubliek flink snotteren geblazen.

Meezingers
De eerste serie van de komische KRO-serie *'t Schaep met de 5 pooten* van Eli Asser werd bekroond met de Gouden Televizier-Ring. Zo'n zes miljoen kijkers lachten zich iedere uitzending een kriek om de stamgasten van de volkse bruine kroeg, gespeeld door Adèle Bloemendaal, Piet Römer, Leen Jongewaard en Willeke van Ammelrooy. De liedjes 'We benne op de wereld om mekaar te helpen, niewaar?' en 'Het zal je kind maar wezen' van Harrie Bannink werden uit volle borst meegezongen.

MUZIEK

The Kid op Pop

31 januari 1970 The Jackson 5, het bandje van de vijf kinderen van Joe Jackson, scoorde in januari hun eerste grote hit 'I Want You Back'. De leadvocals werden gezongen door het kleinste broertje van het stel, de elfjarige Michael Jackson.

M

Holland Pop Festival

26 juni 1970 Nederland kreeg in juni zijn eigen 'Woodstock aan de Maas'. In het Kralingse Bos vermengde de bosgeur zich drie dagen lang met zweet- en wietlucht. Het bos bij Rotterdam was op 26, 27 en 28 juni het decor van een geweldig muziekfestijn van niet eerder vertoonde omvang in Nederland. In een optimale hippiesfeer van 'love & peace' beleefden honderdduizend mensen een uniek hoogtepunt in de Nederlandse muziek- en cultuurgeschiedenis. Drie dagen lang werd er gefeest op de muziek van Jefferson Airplane, Canned Heat, Country Joe, Soft Machine, Pink Floyd, Focus en drive-in shows van dj Lex Harding en de KRO. Het hoogtepunt was een twee uur durend optreden van The Byrds op zaterdag. Ondanks het bij vlagen kletsnatte weer en het feit dat ruim de helft van de bezoekers zonder kaartje binnen was gekomen viel er het hele festival lang geen onvertogen woord. Voor de kinderen was een crèche en een kinderboerderij geregeld, en voor de hippies waren er waterpijpen, joints, lsd en voorbehoedsmiddelen in overvloed.

En voor iedereen gold: je mocht gratis op het festivalterrein kamperen. Het is niet zo vreemd dat het magische 'Holland Pop Festival' het begin markeerde van het gedoogbeleid van verdovende middelen in Nederland.

Nummer 1-positie

Het Haagse Nederbeatbandje Shocking Blue van componist annex gitarist Robbie van Leeuwen stond in februari helemaal aan de top van de Amerikaanse hitlijst! Het nummer 'Venus', gezongen door Mariska Veres, bereikte als eerste Nederlandse single de nummer 1-positie in de Billboard Hot 100. Het nummer stond in negen landen bovenaan in de hitparade en werd daarna gebruikt in ontelbaar veel films, commercials en shows, en werd zo mogelijk nog vaker gecoverd. Gek genoeg kwam 'Venus' in twee pogingen in de Nederlandse hitlijst niet verder dan de derde plaats.

Douze Points
21 maart 1970 Het Songfestival was in Nederland en werd gepresenteerd door omroepster Willy Dobbe. De Scandinavische landen - om wie bij de vorige editie zo gelachen was omdat ze elkaar wel heel opvallend punten toespeelden - waren er niet bij, uit protest tegen de vreemde uitslag het jaar ervoor waarbij vier winnaars werden aangewezen. Het Ierse meisje Dana wist met haar liedje 'All kinds of everything' verrassend te winnen van de bekende Engelse zangeres Mary Hopkin en de toekomstige wereldster Julio Iglesias (foto). Nederland werd met het liedje 'Waterman' van Hearts of Soul zevende.

Vader van de Hits
Pierre Kartner schreef het nummer 'Huilen is voor jou te laat' voor zangeres Corry Konings. Het ging over de band tussen Konings en haar moeder, of beter gezegd het ontbreken daarvan, want Konings was door haar oom en tante opgevoed en had haar moeder al lang niet meer gezien. Bij de opnames liepen de emoties zo hoog op dat Konings Kartner vroeg de tekst aan te passen. Dat deed hij, en de rest is geschiedenis. De single werd een doorslaand succes en betekende de doorbraak van Corry en de Rekels. 'Huilen is voor jou te laat' werd dé hit van het jaar en stond 41 weken in de Top 40, een record dat pas in 2014 zou worden gebroken.

Mr. Toppop
22 september 1970 Presentator Ad Visser (foto) slingerde in zijn programma *Toppop* voor het eerst de grootste hits van het land de huiskamer binnen. Vanaf dat moment scoorde het popprogramma iedere week een miljoenenpubliek. Vooral jongeren hingen aan de lippen van 'Mr. *Toppop*' als hij vertelde over de nieuwste hits en de nummer 1 van de week. Toppop haalde internationale sterren naar Nederland. Al in de eerste uitzending traden Golden Earring en Black Sabbath op, later gevolgd door onder meer Queen, The Police, Boney M, Iggy Pop, Dire Straits, Blondie en The Jackson 5. Hun optredens gingen vaak gepaard met hippe dansmoves van Penney de Jager, die ervoor zorgde dat menig meisje ook danseres wilde worden. Het publiek bepaalde de nummers in de show zelf, door hun Top 5 in te vullen op het stemformulier in de *Avrobode* of de *Televizier*.

Black Sabbath
Met het uitkomen van de eerste albums van de Britse band Black Sabbath was de heavy metal geboren. De duistere muziek en occulte teksten stonden haaks op de hippiemuziek die daarvoor zoveel succes had gehad. Vooral met het tweede album, en de gelijknamige single maakten Ozzy 'Prince of Darkness' Osbourne en zijn band een onuitwisbare indruk.

TOP 40

TOP 10 1970

1. **Huilen is voor jou te laat** Corry en de Rekels
2. **Back home** Golden Earring
3. **El condor pasa** Simon & Garfunkel
4. **In the summertime** Mungo Jerry
5. **Lola** The Kinks
6. **To my father's house** Les Humphries Singers
7. **Mijn gebed** D.C. Lewis
8. **Mighty Joe** Shocking Blue
9. **Paranoid** Black Sabbath
10. **I don't believe in if anymore** Roger Whittaker

Open | Search | Scan

Nederbietbands
Golden Earring had een hit met 'Back home', en Tee Set (foto) bracht een nummer over onkruid genaamd 'She Likes Weeds' uit, dat ook nog lang in 1971 te horen was. De inmiddels beroemde Volendamse band The Cats bracht twee geweldige nummers uit: 'Marian' en 'Where have I been wrong'. 1970 was wederom een goed jaar voor Nederlandse bands.

KENT U DEZE NOG?

Bandrecorder

SPORT

Persona non grata

4 april 1971 In het grote geweld van de Nederlandse wielerkanonnen van zijn tijd liep Eef Dolman sowieso al het gevaar ondergesneeuwd te raken. De man die in 1964 Olympisch kampioen op de ploegentijdrit werd, in 1966 wereldkampioen was bij de amateurs en drievoudig Nederlands kampioen werd op de weg, werd al helemaal persona non grata toen hij op het NK werd betrapt op doping en daarna een boekje opendeed over dopinggebruik in het peloton. In 1971 revancheerde Dolman zich op miraculeuze wijze door de Ronde van Vlaanderen te winnen.

Not the greatest

Muhammad Ali was met zijn dienstplichtweigering een publieke held geworden voor veel Amerikanen, maar het deed niets af aan zijn schorsing van drie jaar. In 1970 keerde hij terug in de ring, en al snel was hij de grote uitdager van de ongeslagen wereldkampioen Joe Frazier. In een enorm gehypet gevecht over vijftien ronden, dat de geschiedenis zou ingaan als 'The Fight of the Century', kreeg Ali zijn eerste nederlaag als profbokser te verduren.

Voetbal is oorlog

De hele voetbalwereld keek vol verwondering naar het Nederlandse voetbal. Na de daverende cupwinst van Feyenoord was het in 1971 de beurt aan Ajax. De Amsterdammers hadden hun lesje van de verloren finale twee jaar eerder geleerd, en Michels wist: 'Voetbal is oorlog.' Om die oorlog te winnen was strijd en discipline nodig. Op het middenveld ruimde 'De Generaal' daarom plaats in voor de robuuste Johan Neeskens en balafpakker Nico Rijnders. Het was het laatste zetje voor het Amsterdamse 'totaalvoetbal' op weg naar ongekende Europese successen. Europese tegenstanders werden stuk voor stuk overrompeld door Ajax' tactiek met van positie wisselende, multifunctionele spelers en de technische klasse van Johan Cruijff. Ajax denderde door naar de finale, waarin Panathinakos (2-0) op Wembley werd geklopt. Johan Cruijff werd aan het eind van het jaar als eerste Nederlander uitgeroepen tot beste voetballer van Europa.

10 JAN 1971

Coco Chanel overlijdt in Parijs op 87-jarige leeftijd.

8 FEB 1971

Er wordt voor het eerst handel bedreven op de NASDAQ.

23 MRT 1971

Boeren komen in actie tegen het landbouwbeleid van Eurocommissaris Mansholt.

1971

Kilometervreters
13 juni 1971 Gijs van Lennep schreef samen met de Oostenrijker Helmut Marko autosporthistorie. De twee startten in de 24 Uur van Le Mans met de iconische Martini-Porsche 917 op de vijfde plaats. In tegenstelling tot de grote favorieten reden Van Lennep en Marko in een 'Kurzheck' met een frame van magnesium. Hun auto was daardoor superlicht, maar ook korter en haalde daarom een minder hoge topsnelheid. Tóch wisten ze de wedstrijd te winnen. Na 24 uur hadden Van Lennep en Marko met een gemiddelde snelheid van 222,3 km/u 5335 kilometer afgelegd, een nieuw snelheids- en afstandsrecord dat 39 jaar stand zou houden.

De Eeuwige Tweede
18 juli 1971 Weer ging Joop Zoetemelk de strijd aan met Eddy Merckx in de Tour de France, en weer moest hij genoegen nemen met een plaats als 'best of the rest' achter de Belg. Nederland deed het met etappeoverwinningen van Gerben Karstens, Rini Wagtmans, Jan Krekels en de tweede plaats van Zoetemelk in het algemeen klassement én het bergklassement wel ontzettend goed. De Vuelta kleurde nog veel meer rood-wit-blauw. René Pijnen won twee tijdritten en een massasprint, en droeg acht dagen de leiderstrui. Ook Ger Harings, Gerard Vianen, Gerben Karstens en Joop Zoetemelk wonnen een etappe. Zoetemelk mocht als winnaar van de bergtrui ook in Madrid naar het eindpodium.

KNVB beker | Kampioen Eredivisie
Topscoorder: Ove Kindvall (Feyenoord)

BINNENLANDS NIEUWS

Big Brother
28 februari 1971 De Veertiende Algemene Volkstelling in Nederland liep uit op een rel. Dat kwam doordat men niet meer alleen wilde weten hoeveel mensen er in Nederland waren, maar ook waar men werkte, hoe men daarheen reisde, waar de auto 's nachts geparkeerd werd, naar welke kerk men 's zondags ging en zo meer. De vragenlijst was bovendien niet anoniem en werd via een ingenieus systeem in de computer opgeslagen. Dat pikte men niet. Nederland kwam dan ook voor het eerst in het verweer voor haar privacy. Op grote schaal werd opgeroepen de invullijsten te saboteren. De volkstelling draaide uit op een mislukking en werd daarna nooit meer herhaald. Het experiment had wel als onbedoeld effect dat er voor het eerst over privacywetgeving werd nagedacht.

10 APR 1971
Ramses Shaffy's 'Zing, vecht, huil, bid, lach, werk en bewonder' komt uit.

3 MEI 1971
Erich Honecker wordt de nieuwe leider van Oost-Duitsland.

4 JUN 1971
Joseph Luns wordt secretaris-generaal van de NAVO.

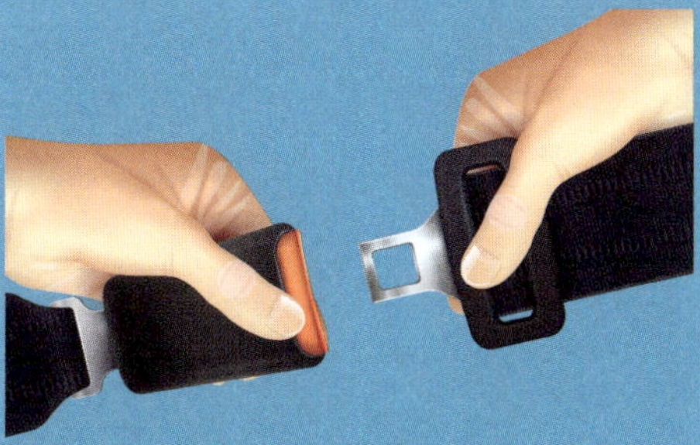

De stille ramp
1 januari 1971 Het aantal slachtoffers in het verkeer was een stille ramp in Nederland. De wegen waren niet overal bijster goed, net als de auto's zelf. Ook was de infrastructuur niet gemaakt voor het enorm toegenomen aantal auto's, en van een maximumsnelheid was nog geen sprake. Aan het begin van de jaren '70 vielen jaarlijks meer dan drieduizend verkeersslachtoffers en tienduizenden gewonden. Inmiddels was een rapport uitgekomen waaruit bleek dat autogordels het aantal slachtoffers met 30 tot 40% konden terugdringen. De autogordels werden langzaam maar zeker ook een beetje comfortabeler, dankzij de uitvinding van de gordelspanner door Mercedez-Benz. Deze zorgde ervoor dat los gedragen gordels bij een onverhoopte botsing toch strak getrokken werden. In Nederland moesten nieuwe auto's verplicht gordels hebben op de voorstoelen. Dragen hoefde nog niet; de gordelplicht zou nog een paar jaar op zich laten wachten.

McKroket
21 augustus 1971 Aan de Vermiljoenweg in Zaandam werd de eerste McDonald's van Nederland en Europa geopend. Speciaal voor de Nederlanders kwam McDonalds met een typisch Nederlandse snack: de McKroket.

Gedoogbeleid
27 februari 1971 Abortus werd een heikel onderwerp van gesprek. In Nederland was het strafbaar, maar de Dolle Mina's maakten met hun acties duidelijk dat die wet niet meer van deze tijd was. Abortus was iets waarover de vrouw zelf moest kunnen beslissen. In Engeland kwam het ook zover. In 1967 werd daar een wet aangenomen die abortus legaal maakte. Veel Nederlandse vrouwen die ongewenst zwanger waren, weken uit naar Engeland voor een behandeling. Een aantal progressieve Nederlandse huisartsen kon dat niet aanzien en startte met steun van de VARA in Arnhem zelf een illegale abortuskliniek: het Mildredhuis. Vanaf 1971 konden vrouwen daar terecht om hun zwangerschap te laten afbreken. Het mocht wettelijk niet, maar de overheid greep niet in. Sterker nog, tal van vrouwen uit andere Europese landen, waar abortus niet werd gedoogd, kwamen naar het Mildredhuis voor een abortusbehandeling.

6 JUL 1971
Louis Armstrong, legendarisch jazztrompettist en -zanger, overlijdt op 69-jarige leeftijd.

1 AUG 1971
George Harrison en Ravi Shankar organiseren het legendarische Concert for Bangladesh.

21 SEP 1971
Qatar wordt onafhankelijk van Groot-Brittannië.

1971

Haargrens

27 mei 1971 Rinus Wehrmann weigerde als dienstplichtig soldaat zijn dierbare lange haren tot het verplichte bloempotkapsel te laten verknippen. Die beslissing kwam hem duur te staan: de krijgsraad veroordeelde hem tot 21 maanden cel. Dat besluit leidde tot nationale verontwaardiging. De zaak werd een mediahype, met grote protesten op het Malieveld en handtekeningenacties tot gevolg. Andere soldaten knipten hun haar af en stuurden de lokken naar de defensieminister. Er kwamen Kamervragen, maar premier De Jong, ex-marineofficier, steunde de krijgsraad. Een dag later draaide hij alsnog bij en mochten soldaten zelf weten hoe ze hun haar droegen. Wehrmann werd in ere hersteld en de held van het vrije haar.

Oorlogsmisdadiger

8 augustus 1971 Het aangekondigde bezoek dat keizer Hirohito van Japan in oktober aan Nederland bracht, lag tamelijk gevoelig. Onder zijn bewind had Japan tijdens de Tweede Wereld-oorlog grove oorlogsmisdaden begaan in Nederlands-Indië, waarbij ook veel Nederlanders in Jappenkampen werden gestopt of omkwamen bij dwangarbeid aan de Birma-spoorlijn. Om die keizer nu binnen te halen als bevriend staatshoofd schoot bij veel Nederlanders in het verkeerde keelgat. Er kwamen grote protesten, waarbij Wim Kan (foto), die zelf in een Jappenkamp had gezeten, zijn stem luid liet horen: 'Hirohito is een oorlogsmisdadiger, zo brutaal als de beul die hij wist te ontlopen.' De keizer kwam toch, maar werd lang niet met zoveel egards ontvangen als vooraf de bedoeling was geweest.

Een laatste reis

8 november 1971 Met de laatste afvaart van het passagiersschip 'Nieuw Amsterdam' kwam er een einde aan een tijdperk. De Holland-Amerika Lijn voer vanaf 1873 vanuit Rotterdam naar New York, en sinds die tijd bracht het miljoenen Europese gelukszoekers vanuit Europa naar Amerika om daar te proeven van de 'American Dream'. Met de opkomst van het veel snellere vliegtuig waren de grote stoomschepen niet langer rendabel en focuste de Holland-Amerika Lijn zich op de vakantievaart.

27 OKT 1971

Congo verandert zijn naam in Zaïre.

4 NOV 1971

In het Huis van Bewaring in Groningen komen gevangenen in opstand.

18 DEC 1971

De populaire Duitse krimi *Tatort* verschijnt voor het eerst op de Nederlandse televisie.

POLITIEK

H

Den Uyl, Nieuw Links en de Progressieve Partij
Het kabinet-De Jong zat de rit uit. In die tijd was Piet de Jong als premier de populairste politicus van het land geworden. Zijn relativeringsvermogen, zijn bekende uitspraak 'Wij passen slechts op de winkel' en zijn humor maakten hem bij velen geliefd. Toch werd hij voor het KVP-lijsttrekkerschap gepasseerd, en de KVP verloor zeven zetels. Winnaars waren er ook: de gedreven econoom Joop den Uyl (foto) maakte van de PvdA de grootste partij. Een nog grotere winnaar was de nieuwkomer Democratische Socialisten '70. Die groepering had zich onder leiding van Willem Drees jr. afgesplitst van de PvdA, uit onvrede over de steeds groter worden invloed van Nieuw Links binnen die partij. DS'70 won zeven zetels en sloot bij het kabinet aan in de nieuwe coalitie van premier Barend Biesheuvel. Ook D'66 deed het goed bij de verkiezingen. Na de verkiezingen kwam Hans van Mierlo met het ambitieuze plan om één grote Progressieve Partij op links te formeren.

Bangladesh
De ellende in Bangladesh was nog lang niet voorbij. Vier maanden na de verwoestende orkaan Bhola verklaarde Bangladesh, dat tot die tijd Oost-Pakistan heette, zich onafhankelijk. Pakistan reageerde met een genocide in Bangladesh. India schoot Bangladesh te hulp, wat resulteerde in een oorlog tussen India en Pakistan. Na dertien dagen gaf West-Pakistan zich over.

KENT U DEZE NOG?

27 MC-bakkie

I

Niet de ware
VVD-minister Carel Polak van Justitie blonk in een kabinet gevuld met merendeels conservatieve partijen uit in progressieve vernieuwingen. Dankzij zijn wetgeving werden homoseksuele handelingen gelijkgesteld aan heteroseksuele handelingen, werd het verbod op de verkoop van voorbehoedsmiddelen afgeschaft en werd de echtscheidingswet gemoderniseerd. Dat laatste betekende dat echtparen niet meer alleen mochten scheiden bij overspel, mishandeling, het onder curatele staan van de partner of als de partner tot een lange gevangenisstraf was veroordeeld, maar ook gewoon als de partner na een tijdje toch niet de ware bleek te zijn.

BUITENLANDS NIEUWS

Idi de wrede

25 januari 1971 Toen de Oegandese president Obote een reis maakte in het buitenland, greep legerbevelhebber Idi Amin de macht. De voormalig bokskampioen van Afrika werd aanvankelijk toegejuicht, maar vestigde al gauw een vernietigende dictatuur, die hem de bijnaam 'Slachter van Afrika' opleverde. Tijdens het bewind van Amin werden circa 300.000 van zijn tegenstanders uit de weg geruimd.

Schießbefehl

3 mei 1971 De DDR kreeg een nieuwe leider. Walter Ulbricht werd opgevolgd door partijjuweel Erich Honecker. De nieuwe Oost-Duitse secretaris-generaal zocht in tegenstelling tot Ulbricht wél toenadering tot West-Duitsland en oogstte daarvoor internationaal lof. In de DDR zelf was er weinig reden voor optimisme. Honecker liet de bevolking elkaar bespioneren en bij de geringste misstap aangeven bij de Stasi. Over misstappen gesproken, Honecker gaf met het *Schießbefehl* grensbewakers de opdracht, iedereen die de grens naar het Westen probeerde over te steken, neer te schieten. Ook werden kunstenaars vervolgd en noodzakelijke investeringen uitgesteld.

Medische hulp

20 december 1971 Hulpverleners van het Rode Kruis werden in hun werk tijdens de bloedige oorlog in Biafra behoorlijk belemmerd. Zonder toestemming van de Nigeriaanse overheid konden ze niets doen. Voor twee Franse artsen, die niet langer hulpeloos aan de zijlijn wilden toekijken hoe duizenden mensen aan oorlogsgeweld en honger stierven, was dat de aanleiding om een eigen hulporganisatie op te zetten die, waar ook ter wereld, medische hulp bood aan ieder mens, ongeacht ras, geloof of overtuiging en desnoods tegen de wil van de plaatselijke regering in. Ze noemden hun organisatie 'Médecins Sans Frontières', Artsen Zonder Grenzen.

Milieuactivisme

In Canada was er protest tegen het besluit van de VS om in Alaska atoomproeven te houden. Gesponsord door een concert van Joni Mitchell en James Taylor richtten activisten de organisatie Greenpeace op en voeren ze met een boot naar het bewuste eiland om de proef te voorkomen. De boot werd onderschept, maar Amerika stopte met de atoomproef. Greenpeace kreeg ook in Europa veel aandacht toen het lukte de Fransen te laten stoppen met hun kernproeven. Greenpeace verlegde de focus naar de strijd tegen grootschalige walvis- en zeehondenjacht en het dumpen van kernafval in zee.

Apenstaart
In Amerika lukte het om 23 computers aan te sluiten op het ARPANET, een voorloper van het internet. Het netwerk werd ontwikkeld in opdracht van het ministerie van Defensie, dat geïnteresseerd was in een netwerk dat computers op afstand met elkaar verbond, zodat militaire processen beter gestructureerd konden worden én zodat het systeem niet met één bombardement kon worden platgelegd. De computers stonden op verschillende universiteiten. Nog voor het eind van het jaar verstuurde computerprogrammeur Ray Tomlinson de eerste mail over het netwerk naar een andere computer. Hij bedacht het @-teken om het domein en de ontvanger van elkaar te onderscheiden.

Minimoderage
Wie dacht dat het na de minirok niet nóg korter kon, had het helemaal mis, want 1971 was het jaar van de hotpants. De superkorte broekjes in allerlei kleuren werden een rage, vooral in de grote steden. Ook sommige mannen waagden zich eraan, maar al snel verdwenen ze weer uit het straatbeeld en werd kort weer ouderwets taboe en ordinair.

Schoolwerk
Voor de jeugd was er het programma *Klassewerk*. Daarin namen twee schoolklassen het in de spelonderdelen muziekwerk, gekkenwerk, kunst- en vliegwerk, werk in uitvoering, denkwerk en, later, computerwerk tegen elkaar op. De school die de meeste punten verzamelde in de spellen won een reis naar het buitenland, waarover aparte afleveringen verschenen.

ENTERTAINMENT

Ouderwets dagje uit
21 mei 1971 'Beleef de dag van je leven in de Flevohof!' In de polder van Flevoland opende prinses Beatrix het leerzame pretpark Flevohof. De bedoeling van het park was om kinderen spelenderwijs kennis te laten maken met het werken en leven in de landbouw. Het was een populair dagje uit, tot er in de jaren '80 concurrentie kwam van 'echte' attractieparken.

The last Bond
23 december 1971 James Bond kwam naar Nederland. Letterlijk, want een aantal scènes van de film *Diamonds are Forever* werden in Amsterdam opgenomen. Vanaf rondvaartbootjes was men in de hoofdstad getuige van de laatste acties van Sean Connery als geheim agent 007. Twee dagen voor kerst ging de film in Nederland in première.

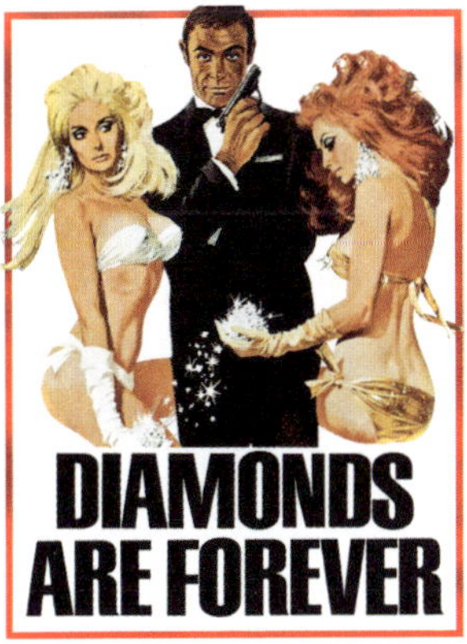

Deelnemers klaar? Start!

Ook *Te land, ter zee en in de lucht* was nieuw. In het allereerste onderdeel, 'Vlieg er eens uit', moesten deelnemers van het tv-programma in een zelfgemaakt vliegtuigje van een verhoging van acht meter springen en dan zo lang mogelijk in de lucht proberen te blijven. Later volgden nog tal van iconische disciplines, waaronder de 'Badkuiprace', 'Blij dat ik glij', 'Fiets 'm d'r in', 'Snel naar de bel' en het dolkomische 'Achteruitrijden' op Circuitpark Zandvoort, waarin de DAF'jes (foto) met hun Variomatic uitblonken. Het hilarische livecommentaar van André van Duin maakte het helemaal af.

De moeilijkste quiz

Joop Koopman presenteerde voor het eerst 'de moeilijkste quiz van de Nederlandse televisie'. In *Twee voor twaalf* moesten twee teams bestaande uit twee knappe koppen om de beurt op zoek naar een verborgen twaalfletterwoord. Door antwoord te geven op lastige kennisvragen konden ze letters voor het woord winnen. Wisten ze het antwoord op de vraag niet, dan mocht het worden opgezocht in een encyclopedie.

Klikklakballen

Het was een van de grote rages in de jaren '70: een koordje met aan beide uiteinden een plastic bal en in het midden een lipje waaraan je het geheel tussen duim en wijsvinger kon vasthouden. De bedoeling was om het lipje zo hard en snel als je kon op en neer te bewegen, zodat de plastic ballen boven en onder tegen elkaar aan ketsten en een klikklakgeluid ontstond. Deed je het echter verkeerd, dan knalden de ballen tegen je knokkels, en dat deed vreselijk pijn.

Zwartgeklede held

In Amerika was de televisieserie *Zorro* eind jaren '50 al een ongekende hit. Nederland volgde begin jaren '70. Naar aanleiding van de serie over edelman Don Diego de la Vega, die zich, vermomd met een zwart masker, een zwarte hoed en een cape, als Zorro inzet voor de onderdrukte bevolking, waren Zorro-maskers, -capes en -zwaarden en ander Zorro-speelgoed niet aan te slepen.

Hollands glorie
Naast *Toppop*, waarin vooral aandacht was voor internationale popmuziek, kwam er met *Op losse groeven* een televisiepodium voor Nederlandse muziek in de breedste zin van het woord. In het TROS-programma van bedenker Chiel Montagne (foto) was ruim baan voor artiesten van Vader Abraham en Heintje tot Ramses Shaffy en Liesbeth List en van Jacques Herb en Frans Halsema tot de Zangeres Zonder Naam. Door de populariteit van het programma beleefde de Nederlandstalige muziek hoogtij.

Boekenwurmen
De avonturen van Pluk van de Petteflet begonnen als kinderfeuilleton in de *Margriet*. In 1971 maakten schrijfster Annie M.G. Schmidt en tekenares Fiep Westendorp een eerste boekje over het jochie in zijn kleine rode kraanwagentje. Voor de kinderen die al zelf konden lezen kwam het kersverse D'66-Tweede Kamerlid Jan Terlouw in 1971 met het avontuurlijke boek *Koning van Katoren*. Hij won hiermee diverse kinderliteratuurprijzen.

De club van 27
3 juli 1971 Jim Morrison stapte in maart uit zijn band The Doors. De rol die hem tot een van de meest mythische iconen van de hippie-rebellie had gemaakt, drukte te zwaar op hem. Hij verhuisde naar Parijs, waar hij gedichten en toneel wilde gaan schrijven. Dat duurde niet lang. Op 3 juli werd Morrison dood gevonden in zijn badkuip. De precieze toedracht van zijn dood is nog steeds een groot mysterie. Morrison was na Brian Jones, Janis Joplin, Jimi Hendrix en Alan Wilson de vijfde beroemde muzikant, in korte tijd, die op zijn 27e overleed. Dat zoveel grote muziekhelden op die leeftijd doodgingen, werd voer voor complottheorieën over de 'Club van 27'. Morrisons laatste rustplaats op de Parijse begraafplaats Père-Lachaise werd een van de meest bezochte graven ter wereld, met nog lange tijd continue beveiliging.

MUZIEK

Bladmuziek
1 april 1971 In navolging van de grote muziekbladen *Melody Maker* uit Engeland en *Rolling Stone* uit Amerika kreeg Nederland in april zijn eigen muziekkrant: *OOR*. In het blad stonden interviews, recensies en artikelen over pop-, jazz- en zelfs klassieke muziek.

Grootste muziekketen
15 oktober 1971 In een veredelde pijpenla aan het Broersveld in Schiedam opende Hans Breukhoven een winkel in grammofoonplaten. Omdat zijn winkeltje, 'de kleinste platenzaak van Europa', niet was aangesloten bij de branchevereniging van grammofoonplaathandelaren, noemde Breukhoven zijn zaak de Free Record Shop. Je vond er beat- en rockplaten die nergens anders in Nederland te koop waren, en ook nog eens voor een fraaie prijs. De Free Record Shop groeide uit tot de grootste muziekketen van Nederland.

Paul en Art

Ook Simon & Garfunkel scoorden buitengewoon goed in Nederland. Hun album *Bridge over Troubled Water*, waarop eigenlijk alleen maar hits stonden, werd het best verkochte album van het jaar in Nederland. De grootste hit kwam op naam van de Franse boyband Les Poppys. Hun 'Non, non, rien n'a changé' stond meer dan twintig weken in de hitlijsten. Van eigen bodem werd er vooral geluisterd naar 'Manuela' van Jacques Herb en 'Waarheen, waarvoor…' van Mieke Telkamp. Dat laatste liedje werd later een van de meest gedraaide nummers op begrafenissen.

Smoke on the Water

4 december 1971 Een concert van muziekkunstenaar Frank Zappa in het casino van Montreux liep helemaal mis toen een toeschouwer met aangestoken lucifers begon te gooien. Een lucifer bleef in de kerstverlichting aan het plafond hangen en zette het hele pand in lichterlaaie. Deep Purple, dat het casino na het optreden van Zappa had gehuurd als opnamelocatie, zag de rook uit het gebouw door de wind over het meer worden geblazen en schreef over de brand het nummer 'Smoke on the Water'. Het nummer werd een van hun grootste hits.

Frankrijk wint voor Monaco

Op 3 april 1971 werd in Dublin (Ierland) het zestiende Eurovisie Songfestival gehouden. Monaco won de liedjeswedstrijd met het liedje 'Un banc, un arbre, une rue', uitgevoerd door Séverine. Deze Franse zangeres bekende later dat ze nog nooit in haar leven in Monaco was geweest, maar dit was toentertijd voor de organisatie geen probleem. Nederland werd dat jaar zesde met het lied 'Tijd…', gezongen door Saskia en Serge.

Dé zomerhit

'Borriquito como tú. TU-RU-RÚ!' Met een liedje over een klein dommerikje (ezeltje) dat de letter 'u' niet eens kent, scoorde de Catalaanse zigeunerzanger Peret (foto) dé zomerhit van Europa, al had hij geduchte concurrentie van het al bijna even aanstekelijke liefdesliedje 'Pour un flirt' van de knappe Franse zanger Michel Delpech.

TOP 40

TOP 10 1971

1. **Manuela** Jacques Herb
2. **Waarheen, waarvoor** Mieke Telkamp
3. **Non non rien n'a changé** Les Poppys
4. **Du** Peter Maffay
5. **Soley soley** Middle of the Road
6. **Soldiers who want to be heroes** Rod McKuen
7. **Zou het erg zijn, lieve opa** Wilma, Vader Abraham
8. **Soldiers prayer** Oscar Harris
9. **Proud Mary** Ike & Tina Turner
10. **Borriquito** Peret

Open | Search | Scan

SPORT

Schaats-medailles

A

3 februari 1972 Op de Olympische Winterspelen in het Japanse Sapporo grossierde Ard Schenk (foto) in gouden medailles. Schenk heerste op het slechte ijs en in een hevige sneeuwbui op de 5000 meter. Zijn Noorse rivaal zei dat 'deze Schenk zelfs op schuurpapier had gewonnen'. Ook op de 1500 meter was Schenk een klasse apart, en op de 10.000 meter versloeg hij Kees Verkerk op weg naar zijn derde gouden plak. Misschien hadden er zelfs vier gouden medailles ingezeten, maar Schenk ging net als op het EK van 1967 en de WK in 1972 onderuit op de 500 meter. Bij de vrouwen schaatste Stien Kaiser in een Olympisch record op de 3000 meter naar het vierde Nederlandse schaatsgoud. In totaal haalde Nederland negen schaatsmedailles, meer dan het dubbele van nummer twee Amerika.

Dammen

22 mei 1972 Zoals Anton Geesink en Wim Ruska de hegemonie van de Japanners in het judo doorbraken, zo doorbraken Ton Sijbrands en Harm Wiersma de heerschappij van de Russische dammers. Na elf toernooien waarin de Sovjetdammers oppermachtig waren geweest, werd Sijbrands in Hengelo wereldkampioen, voor Wiersma.

De cup met de grote oren

31 mei 1972 In de Rotterdamse Kuip wonnen de Amsterdammers de Europacupfinale van FC Internazionale Milano. De Italianen wisten met hun verdedigende catenaccio geen raad met het Amsterdamse offensieve spel. Johan Cruijff, 's werelds beste voetballer, schonk Ajax de tweede opeenvolgende Europacup I-winst met twee doelpunten in de tweede helft.

B

Schaakkoning

10 juli 1972 Een jaar na de 'Match of the Century' in de boksring vochten Bobby Fischer (foto) en Boris Spassky in juli hun 'Match of the Century' uit op een schaakbord in het IJslandse Reykjavik. Fischer, evenzeer wonderkind als enfant terrible, won de wedstrijd en daarmee de wereldtitel na 21 partijen. Na de laatste wedstrijd verdween Fischer mysterieus van het schaaktoneel. Hij speelde twintig jaar lang geen enkele officiële wedstrijd meer.

Plateauzolen

27 JAN 1972
Mahalia Jackson, Queen of Gospel, overlijdt in Chicago op zestigjarige leeftijd.

1 FEB 1972
David Bowie treedt voor het eerst op als Ziggy Stardust.

27 MRT 1972
Maurits Cornelis Escher, maker van beroemde prenten, overlijdt op 73-jarige leeftijd.

1972

C

Gijzeling
5 september 1972 De Olympische Spelen in München werden ontsierd door een gruwelijke gijzeling van acht leden van de Palestijnse terreurgroep 'Zwarte September'. De terroristen gijzelden elf Israëlische atleten en officials in hun appartement in het Olympisch dorp. Beelden van de gijzelnemers met bivakmuts op het balkon van het appartement gingen de wereld over. Ze eisten de vrijlating van ruim tweehonderd landgenoten uit Israëlische gevangenschap en ook de vrijlating van de leiders van de Rote Armee Fraktion. De Israëlische president Golda Meir ging niet op de eisen in, waarop de Duitse autoriteiten niets anders restte dan een gewapende aanval om de gijzelaars te bevrijden. Die reddingsoperatie ging volledig mis: alle Israëliërs werden vermoord. Ook vijf van de acht gijzelnemers vonden de dood.

Judolegende
31 augustus 1972 Volkomen ondergesneeuwd door het bloedbad tijdens de Spelen leverde judoka Wim Ruska een unieke prestatie. Vijf dagen voor de aanslag op de Israëlische equipe won de Amsterdammer goud in de zwaargewichtklasse. Er zat nog meer in het vat voor Ruska, want er was ook nog de open gewichtsklasse. Om die titel werd op 9 september gestreden. Veel Olympische atleten hadden de Spelen toen al verlaten, uit afschuw over de zo vreselijk afgelopen Palestijnse gijzeling. Ruska bleef wel in München en kreeg daarover behoorlijk wat kritiek. Hij vond echter dat je politiek en sport moest scheiden en had bovendien jaren voor dat moment getraind. Ruska won zijn tweede gouden medaille met een houdgreep en werd de eerste en enige judoka met twee gouden medailles op de Olympische Spelen.

KNVB beker — Kampioen Eredivisie

Topscoorder: Johan Cruijff (Ajax)

D

Goudkoorts
4 september 1972 De Amerikaanse zwemmer Mark Spitz kwam van de Olympische Spelen terug met een kromme rug. Om zijn nek hingen namelijk zeven(!) gouden medailles, die hij allemaal behaalde met een wereldrecord.

13 APR 1972
Na de langste ovatie ooit krijgt Charlie Chaplin een oeuvre-Oscar.

19 MEI 1972
Ajax wint thuis met 12-1 van Vitesse. Het is lange tijd de grootste uitslag in de Eredivisie.

3 JUN 1972
Mouth & MacNeal hebben na 'How Do You Do' met 'Hello-a' hun tweede nummer 1-hit in een jaar.

Gouden Kuipertje
7 september 1972 Goud was er ook voor wielrenner Hennie Kuiper. Hij ontsnapte in de wegwedstrijd met nog 40 kilometer te rijden uit een omvangrijke kopgroep, en wat zijn concurrenten daarachter ook probeerden, ze kregen de jonge Nederlander in de laatste ronde niet meer te pakken. Kuiper werd Olympisch kampioen en leverde daarmee zijn belangrijkste adelbrieven af op weg naar een grootse carrière als profwielrenner.

Kannibalistisch
25 oktober 1972 Eddy Merckx bleef maar winnen. In juli won De Kannibaal alweer voor de vierde keer de Tour de France, en ook in vijf klassiekers was hij ongenaakbaar. Op 25 oktober toonde de Belg zijn ongeëvenaarde niveau toen hij op de wielerbaan van Mexico-Stad naar een fenomenaal werelduurrecord fietste. Merckx legde in zestig minuten 49,431 kilometer af, bijna een kilometer meer dan het staande record. Pas in 2000 fietste de Brit Chris Boardman op een vergelijkbare fiets verder in een uur, tien meter om precies te zijn.

Hoofdzaak
1 juni 1972 'Moet dat nou écht, zo'n bloempot op mijn hoofd?' Ja, per 1 juni moest dat echt. Tenminste, als je op een scooter of motorfiets reed, want voor die voertuigen gold vanaf dat moment een helmplicht. Het overgrote deel van de motorrijders droeg toen al een helm, en dat was maar goed ook, want het aantal verkeersslachtoffers bereikte in 1972 zijn historische piek: 3264.

Naaktstrand
22 augustus 1972 'Het is verrukkelijk. U zou het zelf eens moeten proberen!', riep Nel Molenkamp-Quist in 1971 tegen de rechter. Zij had zich met een vriend expres laten oppakken toen ze naakt aan het zonnen waren op het strand bij Callantsoog, om zo een proces uit te lokken. Dat kwam er, en de rechter besloot ook na hoger beroep in hun voordeel: naakt zonnen was niet in strijd met de openbare orde. Naaktrecreatie was niet meer strafbaar, en dat was te zien ook, want in de zomer van 1972 was het een drukke boel met mensen die in hun blootje van de zon kwamen genieten.

BINNENLANDS NIEUWS

Terrorisme
6 februari 1972 Een bomaanslag op het terrein van de Gasunie in Ravenstein werd groot nieuws. Op 6 februari rond de klok van vier uur 's nachts, waren er verschillende explosies te horen bij het Brabantse verdeelstation. Er ontstond brand en een gasleiding ontplofte. Even later bleek dat er ook bommen waren geplaatst bij een compressorstation in Ommen, die niet waren ontploft. Een speurtocht naar de daders en hun motief volgde. Pas aan het eind van het jaar bleek dat de vermoedelijke daders waren opgepakt en dat ze handelden in naam van de Palestijnse terreurbeweging 'Zwarte September', dezelfde groep die later de Olympische Spelen in München volledig zouden ontregelen.

7 JUL 1972
Het gebruik van softdrugs in Nederland wordt voortaan gedoogd.

11 AUG 1972
Een windhoos maakt van camping Duinoord op Ameland een enorme ravage.

25 SEP 1972
Nederlandse Starfighters verjagen boven de Noordzee een Russische bommenwerper.

Overwinning voor de vakbonden
18 september 1972 De wereldpers verzamelde zich op 18 september aan de poorten van de ENKA-vestiging in Breda. Daar speelde zich een nieuw fenomeen af: de eerste bedrijfsbezetting in Nederland. De 1700 medewerkers van de fabriek in kunstvezel waren woedend over de voorgenomen sluiting, die voortvloeide uit een herstructureringsplan van moederbedrijf AKZO. Alle werknemers zouden daarbij zonder pardon de laan uit worden gestuurd. Samen met de vakbonden NVV en NKV bezetten de werknemers de fabriek en legden het bedrijf dagenlang plat. Door de commotie ging het moederbedrijf overstag en werd de sluiting geschrapt: een enorme overwinning voor de stakers. Tien jaar later werd de fabriek alsnog gesloten, maar niemand werd gedwongen ontslagen. De bedrijfsbezetting in de ENKA-fabriek liet bestuurders in heel Nederland inzien dat je grote besluiten niet langer kon nemen zonder de werknemers daarbij te betrekken.

Boerenbank
De Coöperatieve Centrale Raiffeisen-Bank en de Coöperatieve Centrale Boerenleenbank, twee banken die lokaal spaargeld inzetten om in de lokale kredietbehoefte te voorzien, in beginsel vooral van boeren, fuseerden tot de Coöperatieve Centrale Raiffeisen-Boerenleenbank. Omdat die naam veel te lang en ingewikkeld was, werd de handelsnaam 'Rabobank'.

Een Geeltje
Het nieuwe briefje van 25 gulden werd in de volksmond Geeltje genoemd, maar het was rood. De naam kwam van een geel bankbiljet van 25 gulden dat in 1861 werd ingevoerd. Alle biljetten van 25 gulden hierna, die allemaal niet geel waren, bleven Geeltje genoemd worden. Een later biljet van 50 gulden dat daadwerkelijk geel was, kreeg geen bijnaam.

Chaos op straat
13 november 1972 Heel Noordwest-Europa werd in de nacht van 12 op 13 november geteisterd door een extreme herfststorm uit het westen. De woeste zee spuugde een aantal schepen op het strand, en de wind blies met windstoten tot 150 kilometer per uur circa zeven miljoen Nederlandse bomen omver. Alles wat los kon waaien waaide los en zorgde voor chaos op straat, in het verkeer en in de havens. De storm kostte aan 54 mensen het leven.

Seventies hippie-look
Het modebeeld van eind jaren '60 vloeide over naar dat van begin jaren '70. De hippielook bestond nog steeds, maar was wat minder uitbundig. Zowel mannen als vrouwen droegen strakke bonte bovenkleding, vaak ook mouwloos, met broeken met wijde pijpen of sterk uitlopende broekspijpen vanaf de knie.

A

6 OKT 1972
De eerste aflevering van de komische serie *Citroentje met suiker* wordt uitgezonden door de KRO.

7 NOV 1972
Joe Biden wordt verkozen in zijn eerste politieke functie: senator van Delaware.

14 DEC 1972
Na Eugene Cernan zal niemand meer voet op de maan zetten.

Joris Driepinter
Met drie glazen melk per dag was je tot sterke staaltjes in staat. Dat was tenminste wat het Zuivelbureau de kinderen wilde laten geloven met de stoere Joris Driepinter. Hij was namelijk met drie pinten melk op een dag in staat om een olifant of een brandweerwagen met één arm op te tillen...

Onverwoestbaar

In 1964 werd hij voor het eerst geproduceerd, de onverwoestbare speelgoedauto van het Amerikaanse merk Tonka - wat 'groot' betekent in het Sioux. Vanaf begin jaren '70 was hij ook in Nederland te koop. kinderen waren gek op de gele kiepwagen, de 'mighty dump'. Ook was er een zeer herkenbare tv-reclame, waarin een olifant de sterkte van de auto test door er met zijn voorpoten op te gaan staan.

POLITIEK

Linkse sociaaldemocratie
De Kommunistiese Partij Nederland/ Marxisties Leninisties (KPN/ML) veranderde haar naam op haar partijcongres in oktober in Socialistische Partij (SP). Oprichters van de partij waren Hans van Hooft, Koos van Zomeren, Jan Marijnissen en de Rotterdamse pijpfitter Daan Monjé, die in China was uitgeroepen tot erelid van de Rode Garde. De partij werd beroemd met haar zelfbedruipende publiciteits- en ledenwervingsacties. Halverwege de jaren '70 verruilde de partij haar maoïstische ideologie voor die van een bredere linkse sociaaldemocratie.

De val van kabinet-Biesheuvel
Uit onvrede over de loonpolitiek en bezuinigingen op de gezondheidszorg en het openbaar vervoer stapte DS'70 tijdens de besprekingen over de nieuwe begroting uit het kabinet. Het kabinet-Biesheuvel raakte zijn meerderheid kwijt en viel. Zonder DS'70 moest het rompkabinet-Biesheuvel II nieuwe verkiezingen voorbereiden.

Keerpunt '72
De samenwerking op links rond de PvdA leek steeds hechter te worden. PvdA, D'66 en PPR gingen zelfs met een gezamenlijk programma de verkiezingscampagne in. Keerpunt '72, zoals het plan heette, was een conceptregeerakkoord waarin een verdere spreiding van inkomen, kennis en macht was opgenomen. De campagne had succes, want het progressieve blok werd bij de verkiezingen van 29 november groter dan het blok van christelijke partijen.

Van Agt en de 3
Justitieminister Dries van Agt (foto) haalde zich de woede van vele Nederlanders op zijn nek toen hij openbaarde welwillend te staan tegenover een gratieverzoek van 'De Drie van Breda'. De drie Duitse kopstukken van de Jodenvervolging in Nederland tijdens de Tweede Wereldoorlog zaten sinds 1952 gevangen in de Koepelgevangenis in Breda, en dat moest zo blijven, vonden de Nederlandse oorlogsslachtoffers, die nog dagelijks door fysieke en mentale littekens aan de oorlog werden herinnerd. Er kwam een ongekend emotioneel Kamerdebat, waarin het kabinet werd gedwongen bij te draaien na een aangenomen motie die de gratieverlening blokkeerde.

BUITENLANDS NIEUWS

Sunday bloody Sunday

30 januari 1972 In het Noord-Ierse Londonderry demonstreerden 15.000 mensen tegen 'Operation Demetrius', waarbij de Britten bijna tweeduizend mensen die ze verdachten van betrokkenheid bij de IRA zonder proces oppakten en opsloten. Het protest verliep aanvankelijk vreedzaam, maar was vooraf verboden. De Britten traden keihard op. Het leger gebruikte rubberkogels en wapenstokken en schoot zelfs met scherp. Veertien ongewapende jongemannen werden doodgeschoten. Geen van de militairen werd bestraft. 'Bloody Sunday' zou tot een grootschalige escalatie van het conflict leiden.

Tricky Dicky

21 februari 1972 In februari bezocht Richard Nixon (foto rechts) als eerste Amerikaanse president de Volksrepubliek China. Na 25 jaar waarin de twee landen elkaar volkomen genegeerd hadden, had Nixon een historische ontmoeting met Mao, die uiteindelijk zou leiden tot diplomatieke betrekkingen tussen de VS en China. In mei bracht Nixon een al even historisch bezoek aan de Sovjet-Unie, waar hij ook als eerste Amerikaanse president kwam. In een serie verdragen sprak hij met Brezjnev (foto links) af dat beide landen het aantal kernwapens drastisch zouden verminderen. In eigen land moest Nixon zijn herverkiezing veiligstellen tegenover de Democratische presidentskandidaat George McGovern. De Republikeinse Partij van Nixon ging daarbij echter veel te ver. Op 17 juni werden vijf mannen opgepakt toen ze probeerden in te breken bij het hoofdkantoor van de Democratische Partij in het Watergate-complex in Washington. Het doel van de inbraak was het plaatsen van afluisterapparatuur en mogelijk ook het stelen van belastende papieren tegen McGovern. De *Washington Post* legde de link tussen de inbrekers en het campagneteam van Nixon en openbaarde een veel grootschaliger plan van Nixon om de Democratische campagne te dwarsbomen. Nixon ontkende, maar het kwaad was al geschied. Het Watergateschandaal betekende zijn ondergang, en in 1974 zou hij aftreden.

Hartverscheurend

8 juni 1972 Na een verwoestend Amerikaans napalmbombardement op het Vietnamese dorpje Trảng Bàng maakte Nick Ut de beroemdste oorlogsfoto uit de geschiedenis. Door de brandbommen hadden de kleren van het negenjarige meisje Phan Thị Kim Phúc vlam gevat. Ze trok ze uit en vluchtte over de hoofdweg weg bij haar gebombardeerde dorp, net als vele andere huilende kinderen. Dat hartverscheurend wanhopige moment werd vastgelegd door de fotograaf; die haar daarna naar het ziekenhuis bracht. De foto stond de volgende dag op de voorpagina van de *New York Times* en veroorzaakte een golf van afschuw in de Amerikaanse samenleving.

Andesvliegramp
13 oktober 1972 Een Uruguayaans vliegtuig crashte op een gletsjer in de Andes op de grens tussen Argentinië en Chili. Slechts zestien van de vijfenveertig inzittenden overleefden het ongeval. 72 dagen lang wisten zij onder ijskoude omstandigheden in leven te blijven, mede door het eten van het vlees van hun overleden medepassagiers. Op 22 december werden ze gered. De overlevenden werden helden en het onderwerp van boeken en films.

Legendarisch Verkiezingsdebat
20 december 1972 'Sinterklaas bestaat. Daar zit-ie, achter de tafel', zei de jonge VVD-leider Hans Wiegel en hij wees naar Joop den Uyl, die ook in beeld was. Wiegel scoorde flink met deze oneliner tijdens een verkiezingsdebat. Met de opmerking doelde hij op een kritisch artikel van een econoom op de uitgaven in het verkiezingsprogramma van PvdA en D66.

Toekomstvoorspelling
Het rapport *Grenzen aan de groei* van de Club van Rome zorgde voor wereldwijde opschudding. Onderzoekers berekenden met computermodellen dat als de wereldbevolking in hetzelfde tempo door bleef gaan met consumeren, dat binnen tientallen jaren catastrofale gevolgen zou hebben. De rek van de aarde was er bijna uit. Als er niets gedaan werd, zou de industriële groei tot stilstand komen, zouden de natuurlijke hulpbronnen in rap tempo opraken en zou de bevolkingsgroei ernstig worden verstoord. Het donkere toekomstperspectief sloeg in als een bom en had grote impact op het milieubewustzijn van miljoenen mensen.

ENTERTAINMENT

Toet toet, boing boing
In het kindertelevisieprogramma *Nogal wiedus* vanuit kindertheater Wiedus! in Rotterdam werd voor het eerst een filmpje afgespeeld over de twee komische matrozen Peppi en Kokki. De boot waarop de twee werkten was stuk, en dus moesten ze aan land om een baantje te zoeken, want ze moesten wel 'centjes verdienen'. Maar Peppi en Kokki waren zo onhandig dat het bij elk baantje hilarisch mis ging... Hollandse slapstick met Laurel & Hardy-achtige allure.

Happy Hooker
The Happy Hooker was een opwindend boek over hoe een aantrekkelijke vrouw uit een goed milieu, uit Nederland vertrekt naar New York en daar binnen korte termijn uitgroeit van dure callgirl tot beroemde hoerenmadam. Het humoristische, sexy en revolutionaire boek maakte Xaviera Hollander wereldberoemd en tot een van Nederlands best verkopende auteurs.

Tita Tovenaar
Mijn vader is een tovenaar! Vlak voor bedtijd keken de kinderen nog vijf minuutjes naar de belevenissen van Tita Tovenaar en zijn dochter Tika. Tika, die het toveren nog moest leren, kon als het mis dreigde te lopen alles stilzetten door in haar handen te klappen. Door de inmenging van heks Grobelia, de Grobbebollen en aap Tato was dat nogal eens nodig...

You are a meathead
12 januari 1972 Geen taboe-onderwerp was te gek in de Amerikaanse sitcom *All in the Family*. Racisme, antisemitisme, ontrouw, homoseksualiteit, verkrachting, miskramen, abortus, borstkanker en impotentie: allemaal kwam het voorbij in de serie over het arbeidersgezin van de behoorlijk rechtse Archie Bunker. In Nederland werd *All in the Family* uitgezonden door de VPRO.

Zij zijn groot en ik is klein...
6 januari 1972 Het kleine zwarte kippenkuikentje met op zijn kop een eierdop verscheen voor het eerst op de Nederlandse tv. Zijn naam was Calimero en hij kwam oorspronkelijk uit een Italiaanse pen. Tijdens zijn avonturen bedoelt hij het altijd goed, maar hij wordt vaak verkeerd begrepen, en door zijn geringe grootte wordt hij niet serieus genomen. Dankzij zijn beroemde uitspraak 'Zij zijn groot en ik is klein, en dat is niet eerlijk' ontstond de term calimerocomplex.

Asjemenou!
Op 24 januari 1972 kreeg Nederland er een opvallende televisiester bij. Zijn naam: Loeki de Leeuw. Vanaf die dag werd elk Ster-reclameblok op Nederland 1, 2 en later 3 geopend en gesloten door het stuntelige oranje leeuwtje. Ook tussen de reclames door trad Loeki op met zijn grapjes van vier seconden. Poppenfilmproducent Joop Geesink bedacht hem en de jaarlijkse 300 filmpjes. Vanaf 1984 nam dochter Louise Geesink het roer over. Loeki is een pop van 25 cm groot en wordt met stop-motionanimatie beeld voor beeld tot leven gebracht. Gedurende zijn lange carrière zijn meer dan 7000 filmpjes gemaakt. In 2004 stopte de Ster met Loeki, maar gelukkig zit de leeuw vanaf 2021 weer terug in het zadel. En wat zegt hij dan? *'Asjemenou!'*

Kunt u mij de weg naar Hamelen vertellen, mijnheer?
In de KRO-serie *Kunt u mij de weg naar Hamelen vertellen, mijnheer?* die gebaseerd was op het sprookje over de rattenvanger van Hamelen, probeerden vier kinderen die door de boze rattenvanger met zijn toverfluit uit Hamelen zijn weggeblazen, de weg naar Hamelen terug te vinden.

'I'm gonna make him an offer he can't refuse'

15 maart 1972 De verfilming van het boek *The Godfather* van Mario Puzo was met afstand de grootste filmhit van het jaar. De revolutionaire gangsterfilm over de maffiafamilie van Don Vito Corleone werd later zelfs beschouwd als een van de beste films aller tijden. De met een Oscar bekroonde film betekende de comeback van Marlon Brando en de doorbraak van Al Pacino en regisseur Francis Ford Coppola.

Porno in de bios

Linda Lovelace ontdekte bij de psychiater waarom ze zo gefrustreerd was over haar seksleven. De psychiater concludeerde namelijk dat Linda geen orgasme kon krijgen van gewone seks. Gelukkig had de dokter een oplossing voor Linda's probleem... *Deep Throat* deed veel stof opwaaien door de expliciete seksscènes in de film. In Nederland stond minister Dries van Agt de film alleen toe in bioscopen met minder dan vijftig stoelen en alleen voor volwassenen. *Deep Throat* groeide uit tot de beroemdste pornofilm. Veel later bekende hoofdrolspeelster Linda Boreman dat ze door haar agressieve echtgenoot was gedwongen mee te werken aan de film.

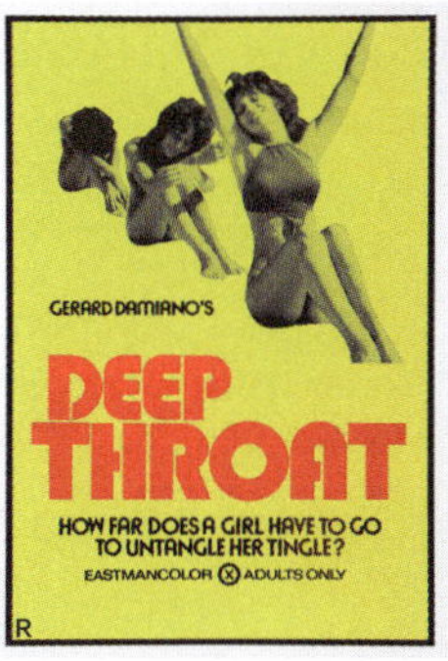

M*A*S*H

Na de succesvolle Amerikaanse film over het 'Mobile Army Surgical Hospital' ten tijde van de Korea oorlog stond het veldhospitaal vanaf 1972 elf seizoenen centraal in de serie *M*A*S*H*. De komische dramaserie was doordrenkt met zwarte humor, die de verschrikkingen van de oorlog voor het personeel van het veldhospitaal draaglijk maakte.

Drie maal drie is zes

Astrid Lindgren, die verhalen voor haar dochter verzon, besloot deze in een boekenserie te bundelen en aan te bieden aan een uitgever. De rest is geschiedenis. Villa Kakelbont wordt bewoond door een enorm sterk, rijk en zeer vrijgevochten meisje met twee horizontale rode vlechten genaamd Pippi Langkous. Samen met mijnheer Nilsson (haar aapje), Kleine Witje (haar paard), haar vriendjes Tommy en Annika beleeft ze allerlei avonturen. In 1972 kwam er een Zweedse tv-serie over de boeken. Deze kreeg uiteindelijk 21 afleveringen, die vanaf 1972 nagesynchroniseerd bij de NOS te zien waren. De serie zou vele malen worden herhaald, waardoor Pippi geliefd is bij vele generaties.

MUZIEK

TOP 40

TOP 10 1972

1. **Un canto a Galicia** Julio Iglesias
2. **Sacramento** Middle of the road
3. **Let's dance** The Cats
4. **Ich hab' die Liebe geseh'n** Vicky Leandros
5. **Pop corn** Anarchic system
6. **Après toi** Vicky Leandros
7. **Poppa Joe** Sweet
8. **I put a spell on you** Creedence Clearwater Revival
9. **Memories** Earth & Fire
10. **Hello-a** Mouth & MacNeal

Open | Search | Scan

Als het om de liefde gaat
Op 25 maart werd in Schotland het zeventiende Eurovisie Songfestival gehouden. Luxemburg won de liedjeswedstijd met het liedje 'Après toi', gezongen door de mooie Vicky Leandros. Nederland werd dat jaar vierde met het lied 'Als het om de liefde gaat', gezongen door Sandra (Reemer) en Andres (Holten).

Earth & Fire
De symfonische rock- en popmuziek van de band Earth & Fire rond zangeres Jerney Kaagman en de tweelingbroers Gerard en Chris Koerts deed het al jaren heel goed in de hitlijsten. De groep uit de Haagse voorstad Voorburg scoorde haar eerste nummer 1-hit met het liedje 'Memories', dat eveneens werd gekozen als beste single van het jaar.

Grote mond
Naast twee nummer 1-hits hadden Mouth & MacNeal ook nog vijf top 10-hits. Het duo bestond uit Willem Duyn - ook wel bekend als Big Mouth - en Maggie MacNeal, die eigenlijk Sjoukje van 't Spijker heette. Van 1971 tot 1974 waren ze zeer succesvol in Nederland en daarbuiten. In 1972 was het nummer 'Hello-a' een van de grootste Nederlandse hits van dat jaar.

SPORT

Scheepsrecht
30 mei 1973 Voor de derde keer op rij ging de winst in de Europacup I naar Ajax. De Amsterdammers versloegen topploegen als Bayern München en Real Madrid op weg naar de finale in Belgrado. Johnny Rep zette de Amsterdammers daar al na vijf minuten op voorsprong tegen Juventus, En in de rest van de finale werd niet meer gescoord. Ajax won de 'cup met de grote oren' voor de derde keer en mocht de beker daarom houden.

Tour de Scheveningen
30 juni 1973 De gemeente Den Haag was op 30 juni en 1 juli twee dagen het trotse middelpunt van het grootste wielercircus ter wereld. De stad had de Tour de France binnengehaald, en die startte op de Scheveningse boulevard met een proloog.

A

Een horde Franse politieagenten, honderden reclamewagens, fanfares, een kermis, Franse hapjes in de lokale horeca en duizenden wielerfans stonden garant voor een groot wielerfeest. Dat feest werd nog veel groter toen de Nederlandse favoriet Joop Zoetemelk de proloog won en zodoende de volgende dag met de gele trui om zijn schouders door tienduizenden Nederlanders werd uitgezwaaid. De Tour trok verder naar Rotterdam en via België naar Frankrijk. Eenmaal in Frankrijk aangekomen won Zoetemelk nog een etappe. De eindwinst moest hij echter overlaten aan de Spanjaard Luis Ocaña.

El Salvador
22 augustus 1973 FC Barcelona brak alle transferrecords om Johan Cruijff naar Camp Nou te halen. De Catalaanse club betaalde zes miljoen gulden, drie aan Ajax en drie aan Cruijff zelf, en daarmee mocht hij zich de duurste voetballer ooit noemen. Met zes landstitels, vijf bekers, drie Europacups en een wereldbeker begon Cruijff aan een nieuw avontuur in Barcelona. Hij zou er uitgroeien tot de held van de club en de 'verlosser' van het volk, dat gebukt ging onder dictator Franco. Na 1973 moest Ajax het ook doen zonder 'Mister Ajax': Sjaak Swart ging met voetbalpensioen.

B

1 JAN 1973
Het Verenigd Koningrijk, Ierland en Denemarken treden toe tot de Europese Gemeenschappen.

1 FEB 1973
De HP-35 is de eerste wetenschappelijke zakrekenmachine.

8 MRT 1973
De laatste aflevering van *Bartje*, die net als in de boeken niet voor bruine bonen bad.

Battle of the Sexes

20 september 1973 Billie Jean King won in 1973 al voor de vijfde keer het tennistoernooi van Wimbledon. Naast de beste tennisster van de wereld was King ook fervent voorvechtster van gelijke rechten voor mannen en vrouwen in de sport. Dat vrouwen niet voor mannen onder hoefden te doen, bewees ze zelf in een wedstrijdje tegen Bobby Riggs, de voormalige nummer 1 van de wereld en Wimbledon-kampioen bij de mannen. Billie Jean King won de 'Battle of the Sexes' op 20 september met 6-4, 6-3, 6-3. Drie maanden eerder richtte ze de WTA op, de wereldwijde proftennisorganisatie voor vrouwen.

KNVB beker | Kampioen Eredivisie

Topscoorders: Cas Janssens (NEC) en Willy Brokamp (MVV)

Strafballen

2 september 1973 De finale van het WK hockey tussen Nederland en India in het Wagenerstadion in Amstelveen eindigde in gelijkspel, waarna de wedstrijd met strafballen zou worden beslist. Ties Kruize en Paul Litjens scoorden en Nederland werd voor het eerst wereldkampioen.

Lubbers bleef overeind

Rudi Lubbers werd acht keer Nederlands kampioen boksen. Op 20 oktober mocht de Noord-Hollandse topbokser het in Jakarta opnemen tegen Muhammad Ali. In de Indonesische hitte bleef Lubbers twaalf ronden lang overeind tegen 'The Greatest'. De Nederlander verloor op punten. Na zijn carrière trok Lubbers als kermisexploitant door Europa.

BINNENLANDS NIEUWS

Gijzeling in Enspijk

29 januari 1973 Twee Haagse criminelen kwamen na een overval op een postagentschap in Den Bosch zonder brandstof te zitten. Toen ze met nieuwe benzine bij de auto terugkeerden, was de verkeerspolitie gearriveerd. De daders stalen een nieuwe auto en vluchtten opnieuw. Aan het eind van een doodlopende weg in Enspijk leek hun vluchtpoging te mislukken, maar de twee gaven niet op en vielen een woonhuis binnen en gijzelden de bewoners. Nederland was in rep en roer: het was de eerste gijzeling in Nederland. Journalisten belden naar de huistelefoon en kregen de gijzelnemers aan de lijn. Uiteindelijk lukte het de politie de twee met hulp van hun familie op te pakken. De politie richtte in een reactie op de gijzeling de Bijzondere Bijstandseenheid op.

4 APR 1973

In New York wordt het World Trade Center geopend, met 417 meter dan het hoogste gebouw ter wereld.

20 MEI 1973

Motortalent Jarno Saarinen overlijdt door een val tijdens de wedstrijd op Monza.

21 JUN 1973

Dik Trom krijgt een standbeeld in Hoofddorp.

Zeezender aangespoeld

18 april 1973 Door een zware storm strandde het zendschip van Radio Veronica, de *Norderney*, op 2 april op het strand van Scheveningen. De bemanning kiepte in allerijl zendapparatuur overboord, zodat de boot niet kon worden gezien als illegale piratenzender. Pas op 18 april kon de boot weer worden vlotgetrokken. Toevallig was dat ook de dag dat er in Den Haag 80.000 jongeren demonstreerden voor het legaliseren van de populaire zeezender.

25 jaar Juliana

1 september 1973 Nederland vierde in september drie dagen feest omdat Koningin Juliana 25 jaar op de troon zat. Haar zilveren regeringsjubileum werd gevierd met een groot feest in Tilburg en een rijtoer in Den Haag. In de open koets van Koningin Juliana en prins Bernhard reden zeven kleine prinsjes mee.

Van Gogh Museum

In zijn hele leven verkocht Vincent van Gogh één schilderij. Pas nadat hij in 1890 een eind aan zijn leven maakte, werd zijn werk beroemd. Veel van zijn schilderijen waren in handen van zijn broer Theo, die kunsthandelaar was. Toen Theo snel na Vincent overleed, ontfermde zijn vrouw Jo van Gogh-Bonger zich over de nalatenschap. Zij bracht het werk terug naar Nederland en vertaalde ruim 500 van Vincents brieven.

Na haar overlijden hield haar zoon Vincent Willem van Gogh de schilderijen en brieven bij elkaar. In juli 1962 droeg hij de collectie over aan de staat, met als voorwaarde dat die in een eigen museum zou worden ondergebracht. In 1973 was het zover: op het Museumplein in Amsterdam opende het Van Gogh Museum haar deuren en vanaf dat moment kwamen bezoekers uit alle uithoeken van de wereld een kijkje nemen naar de werken van een van de meest geliefde kunstenaars ooit.

11 JUL 1973

Het Vlaamse parlement kiest 'De leeuw van Vlaanderen' als volkslied.

1 AUG 1973

Militairen hoeven hogeren in rang niet meer te groeten.

2 SEP 1973

Nederland wordt ten koste van India in eigen land wereldkampioen hockey.

Kalkarheffing
Nederlanders gingen in 1973 3% extra betalen voor elektriciteit. De reden daarvoor was dat Nederland mee wilde doen met de bouw van een kweekreactor bij het plaatsje Kalkar, vlak over de grens met Duitsland. De hypermoderne kernreactor kostte 8 miljard mark en zou 327 MW stroom gaan leveren. Zou, want er werd wel gebouwd, maar de reactor werd nooit in gebruik genomen. Onbedoeld stond de Kalkarheffing wel aan de wieg van de Nederlandse antikernenergiebeweging. Het terrein van de kernreactor werd opgekocht door de Nederlandse ondernemer Hennie van der Most, die er in 1995 het pretpark Wunderland Kalkar opende.

POLITIEK

Een progressieve wind
De verkiezingen van november '72 zorgden voor een politieke aardverschuiving. De KVP verloor voor de derde keer op rij de verkiezingen fors, waardoor de partij sinds 1963 qua zetels bijna gehalveerd was. De christelijke partijen maakten definitief niet meer de dienst uit in politiek Den Haag. Er waaide een progressieve wind. Grote winnaars waren de Politieke Partij Radicalen (de linkse afsplitsing van de KVP), de VVD van de populaire jonge topdebater Hans Wiegel en de PvdA van 'ome' Joop den Uyl, die met 43 zetels de grootste partij werd. Na een maandenlange formatie waarin de verslechterde relatie tussen links en de christendemocraten een grote rol speelde, trad Joop den Uyl aan als nieuwe minister-president. Hij werd de leider van een bijzonder kabinet. Er kwam geen regeerakkoord, en hoewel de PvdA, KVP, ARP, PPR en D'66 allemaal ministers leverden, vormden de partijen geen coalitie. Alleen PvdA en D'66 beschouwden het kabinet als parlementair. De andere partijen die ministers leverden, gedoogden, zei het soms schoorvoetend, vanuit de Kamer.

Den Uyl is in den olie
De Boerenpartij scoorde bij de verkiezingen opnieuw goed, maar Boer Koekoek scoorde niet alleen in het stemhokje; hij scoorde ook in de hitparade. Samen met Vader Abraham zong hij in een reactie op de oliecrisis 'Den Uyl is in den olie, in den olie is Den Uyl'. Het carnavalsliedje maakte van Boer Koekoek de eerste en enige politicus met een nummer 1-hit. Later deed ook de oliecrisiscarnavalskraker 'Kiele kiele Koeweit' van Farce Majeure het goed.

20 OKT 1973
Het Sydney Opera House wordt geopend door koningin Elizabeth II.

18 NOV 1973
Door een gelijkspel tegen België plaatst Nederland zich voor het WK.

1 DEC 1973
David Ben-Gurion, 'Vader van Israël', overlijdt op 87-jarige leeftijd.

BUITENLANDS NIEUWS

Wapenstilstand

15 januari 1973 Terwijl Nixon in eigen land steeds verder onder vuur kwam te liggen vanwege het Watergateschandaal, zette de Amerikaanse president samen met de regeringen van Noord- en Zuid-Vietnam zijn handtekening onder de Parijse Vredesakkoorden. Dat historische akkoord was het resultaat van onderhandelingen waar Nixon door al even grote binnenlandse druk toe was aangezet. Met de Parijse akkoorden werd een tijdelijke wapenstilstand afgesproken, waarna de Amerikaanse troepen zich zouden terugtrekken.

Mobiel belletje

3 april 1972 Uitvinder Martin Cooper voerde het allereerste mobiele telefoongesprek. Hij deed dat met een prototype van de Motorola DynaTAC, een 1,1 kilo zware telefoon die draadloos was verbonden met een antenne op het dak van het hotel aan de overkant van de straat. Cooper belde overigens met de grote concurrent, om te melden dat het Motorola al gelukt was mobiel te bellen.

Meesterschilder

8 april 1973 Pablo Picasso overleed op 91-jarige leeftijd. Picasso was een van de grootste kunstenaars van de twintigste eeuw. De Spaanse schilder werd wereldberoemd als grondlegger van het kubisme en met meesterwerken als 'Les Demoiselles d'Avignon', waarop hij vijf naakte prostituees schilderde, en 'Guernica', over het Duits-Italiaanse bombardement op die stad tijdens de Spaanse Burgeroorlog.

Staatsgreep Pinochet

Op 11 september 1973 leidde legerleider Augusto Pinochet met steun van de CIA een staatsgreep tegen president Salvador Allende. De legerleiding was het niet eens met de linkse koers, en de Amerikanen waren bang dat Chili als volgende dominosteen voor het communisme zou vallen. Bij de coup werd het presidentieel paleis gebombardeerd en pleegde Allende zelfmoord. Amerika juichte de economische ontwikkelingen van Chili onder Pinochet toe, maar in de tussentijd ontpopte hij zich tot een dictator die tienduizenden tegenstanders en grote hoeveelheden geld liet verdwijnen.

Jom Kippoeroorlog
6 oktober 1973 Op Jom Kippoer, Israëls heiligste feestdag, begonnen Israëls aartsvijanden Egypte en Syrië aan een verrassingsaanval op Israël. Het doel was de gebieden die beide landen in de Zesdaagse Oorlog aan Israël waren verloren te heroveren. Terwijl de Joden in de synagoge hun Grote Verzoendag vierden, staken Egyptische troepen het Suezkanaal over en trokken de Sinaï-woestijn in en heroverde Syrië de Golanhoogten. Bekomen van de schrik lanceerde Israël, gesteund door de VS, het VK, Frankrijk en Nederland, een tegenoffensief en wist de Egyptische troepen tot over het Suezkanaal terug te dringen. Op 24 oktober naderden de Israëlische troepen de Egyptische hoofdstad Caïro tot op 100 kilometer. Egypte riep daarop haar bondgenoot de Sovjet-Unie op om militair in te grijpen. Bang dat het conflict helemaal uit de hand zou lopen dwong Amerika Israël een dag later de wapenstilstand te tekenen.

Aanslag in Spanje
Luis Carrero Blanco was de rechterhand van generaal Franco (foto) en werd onder diens vleugels premier van Spanje. Carrero Blanco was de beoogde opvolger van de fragiele Franco, maar kwam in december om bij een bomaanslag van de ETA. Omdat Franco geen vertrouweling meer had als opvolger, lag de weg naar een breuk met zijn regime ineens open.

Autoloze zondag
4 november 1973 Westerse landen die Israël hadden gesteund in de Jom Kippoeroorlog kregen te maken met zware sancties vanuit de Arabische wereld. De Organisatie van olie-exporterende landen (OPEC) verhoogde de aardolieprijs fors en draaide de oliekraan beetje bij beetje dicht.
Voor landen die Israël met meer dan alleen woorden hadden bijgestaan kwam er zelfs een olieboycot. Nederland was zo'n land. Nederland leverde in het geheim wapens aan Israël, èn op het bureau van onze premier Den Uyl stond naast een foto van diens vrouw en kinderen zelfs een foto van zijn Israëlische ambtgenote Golda Meir. Toen de Arabieren dat doorkregen, kondigden ze op 17 oktober een olie-embargo tegen Nederland af. De gevolgen waren groot. De staat liep vele accijnzen op brandstof mis en dreigde te moeten bezuinigen, de industriële productie daalde en de prijzen en de werkloosheid stegen fors. Nederland belandde in de zwaarste economische crisis sinds de oorlog. Benzine werd gerantsoeneerd. Bij de tankstations mocht je alleen nog tanken met benzinebonnen. Op tien zondagen was het zelfs helemaal verboden om met je auto de weg op te gaan. Tussen 4 november 1973 en 4 januari 1974 gold namelijk het zondagrijverbod. De jeugd maakte op die autoloze zondagen van de nood een deugd: de heerlijk glad geasfalteerde snelwegen veranderden in een rolschaatsbaan.

Kaping KLM-vliegtuig
25 november 1973 Net als vele andere luchtvaartmaatschappijen kreeg ook de KLM te maken met terroristische vliegtuigkapingen. Nadat de KLM-Boeing 747 *Mississippi* op 25 november na een tussenlanding in Beiroet was opgestegen, overmeesterden drie Palestijnse terroristen het vliegtuig. Het was een maand na het einde van de Jom Kippoeroorlog, en de Palestijnen dachten dat Nederland de KLM inzette voor wapentransporten naar Israël. Ze eisten een eind aan de pro-Israëlische politiek. Na vele bange uren en omzwervingen in de lucht werden de passagiers op Malta vrijgelaten. De bemanning vloog met de terroristen door naar Dubai, waar de kapers zich overgaven.

ENTERTAINMENT

Het spel met 1001 prijzen
De Televizierring ging naar de *Berend Boudewijn Kwis*. In die spelshow namen zeven stellen het in vijf ronden tegen elkaar op. In de laatste ronde konden de overgebleven kandidaten met hun bij elkaar gespeelde geld prijzen kopen ('En Pierre, wat hebben ze gewonnen?'), waaronder de Berend Boudewijn Kleurentelevisiestoel.

Rrrrren jehuhuhu rrrrot!
15 oktober 1973 In de spelshow *Ren je Rot* namen twee scholen het tegen elkaar op. Presentator Martin Brozius stelde de meerkeuzevragen zoals alleen hij dat kon. Nadat hij als startsein 'Ren je rot!' had geroepen, moesten de kinderen naar het juiste antwoord rennen.

Kruistocht in Spijkerbroek
Dolf deed mee aan een experiment met een tijdmachine. Als proefkonijn zou hij voor een dagje terugreizen naar de Middeleeuwen. Per ongeluk belandde de vijftienjarige jongen midden in een kinderkruistocht. Met zijn kennis uit de toekomst probeerde hij de goedgelovige kinderen te redden van het eigenlijke doel van de kruistocht: de kinderen in Afrika als slaven verkopen. *Kruistocht in Spijkerbroek* is nog steeds een van de populairste jeugdboeken uit de Nederlandse literatuur.

Rockopera
In 1973 ging de verfilming van de gelijknamige rockopera *Jesus Christ Superstar* in première. De fraai vormgegeven musical over de laatste weken van Jezus kreeg een Oscarnominatie en werd over het algemeen goed ontvangen, maar de film zorgde ook voor de nodige controverse.

1973

Niemand kan wat Kan kan

31 december 1973 Op oudejaarsavond bracht Wim Kan verzuild Nederland samen met zijn oudejaarsconference. In 1973 durfde hij het voor het eerst aan om zijn oudejaarsavondshow op televisie te doen. Vooral het lied 'Er leven haast geen mensen meer', een protestlied over keizer Hirohito en zijn bezoek aan Nederland, maakte indruk. De show brak het kijkcijferrecord en scoorde met een 8,8 nog altijd de hoogste beoordeling ooit.

Boomhuis

Nederlands beste

Nooit eerder veroorzaakte een Nederlandse film zoveel opwinding, en nooit eerder lokte een film zoveel mensen naar de Nederlandse bioscoop. In het begin werd de boekverfilming van Jan Wolkers' *Turks Fruit*, geregisseerd door Paul Verhoeven, met gemengde gevoelens ontvangen. Sommige mensen vonden de onomwonden seksscènes in de film best spannend of zelfs ongepast. Maar zo na de seksuele revolutie van eind jaren '60 en baanbrekende blootfilms als *Wat zien ik!?* en *Blue movie* smulde Nederland van de hartstochtelijke liefde tussen Eric (Rutger Hauer) en Olga (Monique van de Ven). 3,5 miljoen mensen zagen de film in de bioscoop, nog altijd een record. Bij hen en vele mensen na hen staan iconische scènes uit de film op het netvlies gebrand. De scène waarin de pasgetrouwde Eric en Olga dolblij door Amsterdam fietsen bijvoorbeeld, ondersteund door iconische muziek van Toots Thielemans. Of de scène waarin ze op de stoep naast elkaar zitten in de stromende regen. Of de seksscène waarbij Eric en Olga elkaar bekijken in de spiegel. Het huwelijk barst echter omdat Eric zich niet kan aanpassen. Pas jaren later ontmoet hij Olga weer. Hij heeft beseft dat hij niet zonder haar kan. Olga is echter ongeneeslijk ziek... *Turks Fruit* werd in 1999 uitgeroepen tot beste Nederlandse film van de twintigste eeuw.

Wie-kent-kwis
Fred Oster maakte met *AVRO's Wie-kent-kwis* zijn debuut als presentator. In die spelshow namen aanstaande of reeds gehuwde bruidsparen het tegen elkaar op. In de ronde 'Wie kent' werd getest hoe goed het stel elkaar eigenlijk kende. Ook de ronden waarin de prijs van een product geraden moest worden en die waarin de kandidaat moest kiezen welke BN'er in het panel het juiste verhaal vertelde, werden beroemd. Het meest iconische was misschien wel de 'marmottenrace' - die overigens door cavia's werd gelopen.

R

S

The Dragon
Bruce Lee was een levende legende. Met zijn iconische martial arts-films werd hij een wereldwijde filmster en sloeg de Chinees-Amerikaanse vechtkunstenaar een culturele brug tussen het Verre Oosten en het Westen, waar miljoenen mensen geen genoeg kregen van zijn populaire vechtfilms als *Enter the Dragon* en *Fist of Fury*. Op 20 juli kwam hij op mysterieuze wijze om het leven. Was het een zonnesteek, een allergische reactie of toch de Chinese maffia?

MUZIEK

Eurovisie Songfestival
7 april 1973 Het 18e Eurovisie Songfestival in Luxemburg werd gewonnen door de Franse zangeres Anne-Marie David, die uitkwam voor Luxemburg met het liedje 'Tu te reconnaîtras'. Ben Cramer werd voor Nederland 14e met het door Pierre Kartner geschreven liedje 'De oude muzikant'.

Hits
De grootste hit in Nederland kwam van een in Marokko geboren Franse Algerijn uit Brussel met de naam Sharif Dean. Zijn 'Do You Love Me?' was een mierzoet liefdesduet. Ook de Griekse zanger Demis Roussos (foto) scoorde een grote hit met 'My Friend the Wind'. The Rolling Stones zongen in 1973 het verbazingwekkend rustige 'Angie'.

T

La Divina in Nederland
11 december 1973 Maria Callas ging nog één keer langs de grote concertzalen voor een afscheidstournee. Op 11 december deed de geliefde prima donna samen met tenor Giuseppe di Stefano het Concertgebouw in Amsterdam aan. Voor velen was het de eerste en de laatste keer dat ze de operaster in levenden lijve konden zien. Het publiek barstte dan ook na elk lied in een ovatie uit die eeuwig leek te duren.

U

TOP 40

TOP 10 1973

1. **Do you love me?** Sharif Dean
2. **Angie** The Rolling Stones
3. **We were all wounded at Wounded Knee** Redbone
4. **'t Is weer voorbij die mooie zomer** Gerard Cox
5. **My friend the wind** Demis Roussos
6. **Rote Rosen** Freddy Breck
7. **Radar Love** Golden Earring
8. **One is one** Nick MacKenzie
9. **Blockbuster** Sweet
10. **Go like Elijah** Chi Coltrane

Open | **Search** | **Scan**

Focus
De Nederlandse progressieve rockband Focus was in de jaren '70 waanzinnig succesvol. De band rond de fenomenale muzikanten Thijs van Leer (toetsenist) en Jan Akkerman (gitaar) maakte vooral instrumentale muziek. Hun bekendste nummers 'Hocus Pocus' en 'Sylvia' waren hits in binnen- en buitenland. In 1973 riepen lezers van het populaire Engelse muziekblad *Melody Maker* gitaarvirtuoos Jan Akkerman zelfs uit tot beste gitarist ter wereld.

V

W

't Is weer voorbij die mooie zomer
In een nachtclub ergens in Frankrijk hoorde Gerard Cox het melancholieke liefdesliedje 'Salut les amoureux' van chansonnier Joe Dassin. De Rotterdammer werd erdoor gegrepen, en nog voordat hij terugkeerde naar Nederland schreef hij een Nederlandse tekst op de melodie. Dat werd het liedje ''t Is weer voorbij die mooie zomer'. Arrangeur Rogier van Otterloo voegde de beroemde 'na na na's' toe, en de grootste hit van het jaar was geboren.

SPORT

Strak schaatspak
9 februari 1974 Harm Kuipers werd knap tweede op het WK schaatsen. De meeste aandacht ging echter uit naar een merkwaardige verschijning uit Zwitserland. De 45-jarige Franz Krienbühl eindigde vanaf zijn debuut op de Spelen in Grenoble (hij was toen al 38) eigenlijk altijd bij de laatsten. Het Nederlandse publiek koesterde hem als een soort cultheld, maar echt serieus genomen werd hij niet. Toen hij aan de start van het WK van 1974 in Inzell verscheen in een superstrak, aerodynamisch 'skinpak' werd hij dan ook uitgelachen, maar twee jaar later reed iedereen in zo'n schaatspak.

A

De Kneet
13 april 1974 Na vijf achtereenvolgende Belgische overwinningen was er weer eens Nederlands succes in de Amstel Gold Race. Gerrie Knetemann, debutant bij de profs, liet zijn twee medevluchters achter op de tweede en laatste beklimming van de loeisteile Keutenberg, om de laatste kilometers solo naar de overwinning te rijden.

B

Werelduurrecord
12 juli 1974 De professionele stayer Cees Stam werd in augustus voor de tweede keer op rij wereldkampioen. Een maand eerder zette hij in de Utrechtse Galgenwaard een nieuw werelduurrecord: achter een gangmaker fietste hij 82,998 kilometer in een uur.

Engelse Hooligans
29 mei 1974 Het had zo'n mooie avond moeten zijn. Na de 2-2 in Londen ontving Feijenoord Tottenham Hotspur in De Kuip voor de finale van de UEFA Cup. De sfeer was vanaf het begin af aan grimmig. De Engelse supporters trokken rellend en plunderend door de binnenstad.
Het bestuur van Feijenoord besloot de Tottenham-aanhang toch het stadion binnen te laten. Toen Wim Rijsbergen de Rotterdammers op voorsprong bracht, sloeg de vlam in de pan. De Engelse aanhang gooide met alles wat los en vast zat en probeerde uit het vak te breken. In de rust ontstond een enorme knokpartij. Die avond maakte het Nederlandse publiek voor het eerst kennis met voetbalrellen. Met honderdvijftig man politie tegenover een veelvoud aan hooligans kon men niet voorkomen dat er circa tweehonderd gewonden vielen. Op het veld ging de wedstrijd verder. Vlak voor tijd maakte Peter Ressel er 2-0 van, en zo won Feijenoord als eerste Nederlandse club de UEFA Cup. De bijsmaak was wel bijzonder bitter.

21 JAN 1974
Joop van Tijn heeft het in *Open en Bloot* over 'neuken'. Ophef!

12 FEB 1974
Aleksandr Solzjenitsyn wordt Rusland uitgezet vanwege zijn boek *De Goelag Archipel.*

8 MRT 1974
Wim Sonneveld, beroemd om zijn conferences en liedjes, overlijdt op 56-jarige leeftijd.

1974

WK 1974

7 juli 1974 Waar de Nederlandse clubs in het begin van de jaren '70 in de grootste voetbaltempels van Europa de handen op elkaar kregen, viel er wat betreft de nationale ploeg bitter weinig te vieren. Daar zou snel verandering in komen. Op het WK was het er ineens: totaalvoetbal, een perfect uitgestippelde tactiek van Rinus Michels, co-trainer František Fadrhonc en sterspeler Johan Cruijff waarin alle spelers meer waren dan hun positieomschrijving deed vermoeden. Oranje speelde het beste en meest complete voetbal van het toernooi. Toen het team verder in het toernooi kwam, barstte in Nederland voor het eerst oranjegekte uit, een nieuw fenomeen waarin de Nederlander zich in het oranje uitdoste en als een blok achter de nationale voetbalhelden ging staan. Nooit eerder reisden zoveel mensen het Nederlands elftal achterna. Wie thuis bleef, zat aan de buis gekluisterd, want op het veld ging de triomftocht verder. Het grote Argentinië werd met maar liefst 4-0 afgedroogd, en ook regerend wereldkampioen Brazilië werd afgeserveerd, waarmee Nederland doorstootte naar de finale tegen West-Duitsland. Daags voor de finale probeerden de Duitsers Nederland van de wijs te brengen met een aantal foto's in *Bild Zeitung* van Nederlandse voetballers die het wel erg gezellig hadden met onbekende naakte vrouwen in het zwembad. In de finale leek het na een minuut allemaal vergeten en vergeven toen Johan Neeskens een penalty raak schoot. Toch was het niet genoeg, en Nederland liet de WK-titel door zijn vingers glippen. De Duitsers kregen ook een strafschop, en vlak voor rust zette Gerd Müller Duitsland op een 2-1 voorsprong. Nederland was daarna superieur, maar kon de gelijkmaker niet meer vinden. Een dag later werd Oranje alsnog gehuldigd door duizenden supporters in Amsterdam, Den Haag en Rotterdam.

5 x Merckx

21 juli 1974 Na afwezigheid van een jaar, waarin hij de Ronde van Spanje glansrijk won, keerde Eddy Merckx terug in de Tour de France. En hoe: 'De Kannibaal' won acht ritten en bereikte Parijs met een voorsprong van meer dan acht minuten op Raymond Poulidor. Het was de vijfde keer dat Merckx deelnam aan de Ronde van Frankrijk, en de vijfde keer dat hij won.

3 APR 1974

De ontvoerde miljonairsdochter Patty Hearst sluit zich aan bij haar ontvoerders.

18 MEI 1974

'Het Dorp', het nostalgische liedje van cabaretier Wim Sonneveld, komt voor de derde keer uit op single.

26 JUN 1974

Voor het eerst wordt een product met streepjescode gescand aan de kassa: een pakje Wrigley-kauwgom.

The Rumble in the Jungle
30 oktober 1974 In het beroemde gevecht 'The Rumble in the Jungle' in Kinshasa nam Muhammad Ali het op tegen zwaargewicht-wereldkampioen George Foreman. Ali trok zich tijdens het gevecht tot ontsteltenis van iedereen terug tegen de touwen. Hij klampte zich eraan vast, verdedigde en nodigde Foreman met de hardste stoten van het moment uit. Het publiek begreep er niets van. Journalisten vermoedden dat de wedstrijd was verkocht en dat ze naar een slecht toneelstuk zaten te kijken. Dat was niet het geval. Ali bleef zijn opponent verbaal beschimpen, en dat maakte Foreman ziedender en ziedender. Zijn stoten werden minder gecontroleerd en hij putte zichzelf in zijn woede uit. Toen Ali merkte dat Foremans energie verdampte, begon hij meer weerstand te bieden. Het publiek veerde op. In de zevende ronde raakte Foreman Ali nog een keer vol op de kaak. Ali reageerde uitdagend: 'Is dat alles wat je hebt, Georgie?' In de volgende ronde sloeg Ali Foreman met een machtige slagen-combinatie tegen het canvas. Foreman bleef liggen. Ali won. De underdog won van de ongeslagen wereldkampioen. Een miljard(!) televisiekijkers over de hele wereld hadden het zien gebeuren.

KNVB beker | Kampioen Eredivisie

Topscoorder: Willy van der Kuijlen (PSV)

BINNENLANDS NIEUWS

Meesterkraker
18 april 1974 Aage Meinesz werd wereldberoemd toen hij uit de Blokhuispoort-gevangenis in Leeuwarden ontsnapte met behulp van zijn thermische lans. Zonder geweld te gebruiken vergaarde de charmante 'Meesterkraker' een fortuin van 1,2 miljoen gulden. Zijn beruchtste kraak pleegde hij op de kluis van de Nederlandse Middenstandsbank, waar hij 600.000 gulden stal.

Dag van de Marrons
10 oktober 1974 Een historisch moment op 10 oktober in Paramaribo. Op die dag werd daar voor het eerst de Dag van de Marrons gevierd. 214 jaar eerder werd op die dag een blijvend vredesverdrag gesloten tussen het toenmalige Nederlandse bestuur en de Ndyuka-stam van de Marrons in Suriname, waarbij hun vrijheid en zelfstandigheid werd erkend.

10 JUL 1974
De olieboycot tegen Nederland wordt opgeheven.

30 AUG 1974
Nederland lanceert met de Astronomische Nederlandse Satelliet haar eerste eigen satelliet.

13 SEP 1974
Leden van de terreur-*organisatie Japanse* Rode Leger gijzelen de Franse *ambassade in* Den Haag.

1974

Gijzeling
Drie leden van het Japanse Rode Leger bezetten de Franse ambassade in Den Haag en gijzelden het personeel. Het was de eerste grote gijzeling in Nederland. Ze eisten de vrijlating van Yutaka Furuya, die in Frankrijk gevangen werd gehouden. Vanwege de gijzeling kwam de traditionele rijtoer met de Gouden Koets op Prinsjesdag te vervallen. Enkele gegijzelden werden vrijgelaten toen bleek dat een Boeing 707 klaarstond voor de gijzelnemers.
De laatste gegijzelden, inclusief de Franse ambassadeur, werden vrijgelaten in ruil voor Furuya. Uiteindelijk wisten de gijzelaars met het vliegtuig te ontsnappen naar Damascus.

POLITIEK

Glaasje op? Laat je rijden!
1 november 1974 Amerikaans onderzoek had uitgewezen dat alcohol en autorijden niet zo goed samengingen. De politie werd daarom belast met een nieuwe taak: de alcoholcontrole. Bij controle moest de automobilist in een pijpje blazen. Kleurde de gele vloeistof in het buisje groen, dan was je betrapt. Veilig Verkeer Nederland lanceerde tegelijkertijd de campagne Glaasje op? Laat je rijden!, naar het gelijknamige carnavalslied van Willem van Kooten en Sjakie Schram.

Invoering maximumsnelheid
6 februari 1974 Met de massaproductie van de auto en het feit dat bijna ieder gezin zich een auto kon permitteren was het aantal verkeersslachtoffers in Nederland fors toegenomen. Ook het verschil in rijtempo op de weg nam gevaarlijke proporties aan. Daarom werd voor het eerst een maximumsnelheid op de Nederlandse wegen ingevoerd: maximaal 100 km/u op de snelweg, op alle andere wegen buiten stad en dorp 80 km/u.

Einde piratenzenders
1 september 1974 De regering-Den Uyl vroeg in 1973 de Kamer om de anti-piratenwet uit het Verdrag van Straatsburg te ratificeren. Dat verdrag verbood medewerking aan radio- en tv-uitzendingen vanaf vaar- en vliegtuigen in internationale wateren. Op 1 september viel het doek voor de populaire zeezenders definitief. Een dag eerder zond Radio Veronica vanaf de kust bij Scheveningen haar laatste programma uit. Even voor 18.00 uur werd het Wilhelmus ingezet om het eind van een legendarisch radiotijdperk in te luiden.

KENT U DEZE NOG?

Monchhichi poppetje

OKT 1974
De Duitse krimi *Derrick* is voor het eerst op de Nederlandse televisie te zien.

16 NOV 1974
Met een radioboodschap 25.000 lichtjaar ver probeert de mens te communiceren met buitenaards leven.

3 DEC 1974
De laatste uitzending van *Monthy Python's Flying Circus* is op televisie.

F

Laatste mijn sluit de deuren

31 december 1974 Op de laatste dag van het jaar werd in de schacht van de Oranje-Nassau I-mijn in Heerlen de laatste vracht steenkolen naar boven gehaald, waarna de laatste Nederlandse steenkolenmijn zijn deuren sloot. De winning van steenkolen was niet meer rendabel en de noodzaak om kolen te winnen verdween na de vondst van gasvelden in Groningen.

G

Tachograaf

1 november 1974 Eind november stonden de vrachtwagenchauffeurs op hun achterste benen. Met de invoering van de tachograaf, een mechanisch controleapparaat ter vervanging van het fraudegevoelige werkboekje, wilde het Ministerie van Verkeer en Waterstaat de strijd aangaan met gesjoemel met verplichte rusttijden. De chauffeurs waren het niet eens met de verplichte invoering en blokkeerden grensovergangen.

BUITENLANDS NIEUWS

F-16

20 januari 1974 Op luchtmachtbasis Edwards Air Force Base vloog de F-16 zijn eerste meters door de lucht. Een vlucht die uit nood geboren werd. Tijdens de taxitest dreigde het vliegtuig door een trilling van de baan te raken. Om dat te voorkomen besloot de testpiloot om op te stijgen.

H

Grootste vliegramp

3 maart 1974 Op 3 maart werd de wereld opgeschrikt door de grootste vliegramp uit de geschiedenis. Het achterste vrachtluik van de DC-10 van Turkish Airlines-vlucht 981 was niet goed gesloten en sloeg boven het Franse Meaux open. Door het plotselinge drukverschil barstte de romp. Niet veel later stortte het vliegtuig met 800 km/u tegen de grond. Alle 340 passagiers waren op slag dood.

De Golf

29 maart 1974 In de Volkswagenfabriek in Wolfsburg rolde een waardige opvolger van de immens populaire, maar sterk verouderde Kever van de band. Met de Golf introduceerde het Duitse automerk een betaalbare kleine gezinswagen met voorwielaandrijving en de motor voorin. Van de eerste Golf en al zijn nakomelingen werden er zo'n dertig miljoen verkocht.

1974

Vier miljard
1 april 1974 In april berekende het Amerikaanse Census Bureau dat er voor het eerst meer dan vier miljard mensen op de aardbol rondliepen. Dat cijfer betekende een verdubbeling van de wereldbevolking in 44 jaar.

Pompidou overleden
2 april 1974 Na een geheim ziekbed overleed de Franse president Georges Pompidou op 62-jarige leeftijd aan de ziekte van Waldenström. Als president volgde Pompidou generaal Charles de Gaulle op en voer hij een pragmatischere koers. Hij faciliteerde de Britse toetreding tot de EEG. Onder zijn bewind werd gestart met een grootschalig industrialisatieplan, reden de eerste TGV's, werd fors ingezet op kernenergie en kreeg Parijs iets van zijn oude grandeur terug.

Anjerrevolutie
25 april 1974 In Portugal wist men eindelijk een vuist te maken tegen het bewind van de Estado Novo. Linkse officiers en militairen pleegden op 25 april een geweldloze staatsgreep, om zo na veertig jaar een eind te maken aan het autoritaire regime van dictator Salazar en zijn opvolger Caetano. Op straat begon iemand met het uitdelen van rode anjers aan de opstandige soldaten, die ze in de loop van hun geweer staken.

Brandt aan de kant
6 mei 1974 Met zijn beroemde ontspanningspolitiek in Europa en zijn gevleugelde uitspraak 'Wir wollen mehr Demokratie wagen' was Willy Brandt uiterst populair geworden. Toch trad hij terug als bondskanselier van West-Duitsland. Duitsland stond economisch op de rand van de afgrond. Er was ontdekt dat een van Brandts persoonlijke assistenten een Oost-Duitse spion was. Ook geruchten over zijn overspel, alcoholgebruik en vermeende depressies werden hardnekkiger.

J+K

Rubiks kubus
19 mei 1974
Professor Ernő Rubik begon met de vraag: 'Hoe kan ik een deel van een object laten bewegen zonder dat het hele object uit elkaar valt?' De kubus die hij bouwde om die vraag te beantwoorden en die hij op 19 mei voor het eerst aan zijn studenten liet zien, groeide uit tot een van de grootste rages van de jaren '70 en vooral '80: de Rubiks kubus. Van de kleinste kinderen tot de meest geleerde wiskundigen, iedereen speelde ermee.

Cassette-opbergsysteem

Péron dood
1 juli 1974 In 1973 keerde Generaal Perón samen met zijn vrouw Isabel uit ballingschap terug naar Argentinië. Perón, in 1955 door een staatsgreep van de macht ontdaan, won de verkiezingen, werd voor de derde keer president van Argentinië en benoemde zijn vrouw tot zijn vicepresident. Peróns gezondheid liet hem meteen al in de steek. In juni werd zijn fysieke toestand zo penibel dat Isabel in het geheim werd ingezworen als interim-president. Twee dagen later werd een hartaanval haar man fataal.

Keizer Haile Selassie afgezet
12 september 1974 Na ruim zevenhonderd jaar kwam er een eind aan het keizerrijk Ethiopië. In het land, dat geplaagd werd door hongersnood en economische malaise, kwamen de burgers met grootschalige stakingen in het verweer tegen keizer Haile Selassie. Leger en politie grepen hun kans, plaatsten Haile Selassie onder huisarrest en namen stilzwijgend de macht over.

PLO erkent
1 oktober 1974 De PLO, die streefde naar een eigen Palestijnse staat, werd in oktober door de VN en de Arabische Liga erkend als vertegenwoordiger van het Palestijnse volk. PLO-leider Yasser Arafat sprak de VN toe: 'Vandaag ben ik gekomen met een olijftak en het wapen van de vrijheidsstrijder. Zorg ervoor dat ik de olijftak niet uit mijn handen moet laten vallen.' Luid applaus volgde, maar niet van de leden van de NAVO.

Lucy
Op 24 november werden in Ethiopië botten gevonden van een 3,2 miljoen jaar oude mensachtige. Het fossiel kreeg de naam Lucy, naar het nummer 'Lucy in the Sky with Diamonds' van The Beatles dat die dag klonk op de bandrecorder. Lucy, bij leven waarschijnlijk 1,10 meter lang en 29 kilo zwaar, was de oudste tweebenige die tot dan toe uit de grond was gehaald en daarmee een van de belangrijkste opgravingen uit de geschiedenis.

Watergateschandaal Nixon fataal
Op 9 augustus kondigde de Amerikaanse president Richard Nixon in een televisietoespraak zijn aftreden aan. De impopulaire Nixon lag onder vuur omdat zijn partij tijdens de campagne voor de verkiezingen van 1972 ongeoorloofde afluistermethoden had gebruikt om de strategie van de Democratische kandidaten te achterhalen. Op 17 juni 1972 werden vijf mannen betrapt tijdens een inbraak in het partijkantoor van de Democratische Partij in het Watergatecomplex in Washington DC. Het Watergateschandaal noopte Nixon om als eerste Amerikaanse president in de geschiedenis af te treden.

ENTERTAINMENT

Joepie de poepie
16 januari 1974 Nederlandse kinderen zaten aan de buis gekluisterd wanneer Edwin Rutte als 'Ome Willem' de hoofdrol speelde in zijn eigen 'film': een humoristische, rommelige en vooral interactieve show met liedjes, voorstellingen en poppenkastspel. Ome Willem creëerde met de 'Geitenbreiers' en Teun, Toon en August een sfeer waarin de kinderen om het hardst riepen om 'een broodje poep' en 'bloemkool met een papje', om altijd af te sluiten met 'deze vuist op deze vuist'.

1974

Fred Emmer

Met zijn gebruinde, gladgestreken gezicht en vlekkeloze uitspraak leidde Fred Emmer Nederland in de jaren '70 en '80 feilloos langs het nieuws. Als nieuwslezer van het *NOS-Journaal* tussen 1974 en 1987 was Emmer een van de bekendste gezichten op de Nederlandse televisie.

Gruwelijke film

5 september 1974 Eindelijk kwam hij dan in de Nederlandse bioscopen, de griezelfilm *The Exorcist*. De horrorfilm over een priester die het meisje Regan (Linda Blair) moest verlossen van een demon die haar bezeten had. Haar enige redding was het toepassen van een eeuwenoud ritueel, een exorcisme. De film zou decennia lang gezien worden als een van de griezeligste films ooit gemaakt: dubbele stemmen, ronddraaiende hoofden, stuiterende lichamen en zeer grof taalgebruik. De film schokte het publiek en gaf menig jonge kijker maandenlang nachtmerries.

Blote billen

Het badpak was al in twee delen opgeknipt tot bikini, maar de bedekking van het lichaam in badmode werd alsmaar schaarser, want bruin worden werd populair. Aan de Middellandse Zeekust kreeg de beschaafde Nederlandse badgast rode oortjes van de aanblik van grotendeels ontblote vrouwenbillen in de uit Amerika overgewaaide tangaslips.

Popfoto

Popfoto was hét muziektijdschrift voor meisjes. Het blad was gevuld met verhalen, strips, foto's, prijsvragen, tips over beauty, mode en vooral heel veel grote posters van meisjesiconen zoals John Travolta, Olivia Newton-John, ABBA en Sting. En Nederlandse muziekiconen Luv, en Shocking Blue.

Het Simplisties Verbond

Vanaf 6 november stond de VPRO een deel van haar zendtijd af aan de heren Van Kooten en De Bie van het Simplisties Verbond. Elke drie weken vertolkten Koot en Bie in hun satirische programma de stem van kritisch Nederland met legendarische typetjes als Jacobse en Van Es, Koos 'Jemig de pemig' Koets en Cor van der Laak ('Mijn naam is Cor van der Laak en wel hierom: ...'). Vanaf de eerste uitzending verrijkten Van Kooten en De Bie de Nederlandse taal met woorden en uitdrukkingen als 'regelneef', 'positivo', 'doemdenken', 'krasse knarren', 'stoned als een garnaal', 'krommunicatie' en 'samen voor ons eigen'.

Zes Miljoen
7 oktober 1974 Op maandagavond begon de TROS met het uitzenden van de hitserie *De Man van Zes Miljoen*. Astronaut Steve Austin (Lee Majors) werd na een vreselijk ongeval voor zes miljoen dollar omgebouwd. Zijn rechterarm, benen en linkeroog werden vervangen door onverwoestbare bionische implantaten, die Steve onevenaarbare krachten en snelheid gaven. Daarnaast werkte zijn oog als een soort telescoop. Vanaf toen was hij een cyborg: half mens, half machine. Steve had ook een vijand: De Man van Zeven Miljoen, hij was ook gewond geraakt maar bij hem was de operatie niet geheel goed verlopen en hij zinde op wraak. Na het enorme succes van de serie kwam er ook een vrouwelijke versie van de serie uit: *De Vrouw van Zes Miljoen*.

Oekeoekeoekeloe
Een ander nieuw programma dat de aandacht van de kijker trok, was *Van Oekel's Discohoek* van de VPRO, waarin Dolf Brouwers alias Sjef van Oekel (foto) samen met zijn karnemelk drinkende boekhouder Ir. Evert v.d. Pik bekende artiesten uit binnen- en buitenland ontving.

Geven voor Leven
Op 29 november presenteerden Ted de Braak en Johan Bodegraven vanuit het Congresgebouw in Den Haag de live uitgezonden slotavond van de inzamelingsactie Geven voor Leven tegen kinderkanker. De baard van Vader Abraham moest er bij een tussenstand van vijftig miljoen gulden aan geloven. Aan het eind van de avond was ruim 65 miljoen gulden opgehaald.

Huup, huup, Barbatruc
De kleurige familie van *Barbapapa* is erg betrokken en aardig. De schattige figuurtjes reizen de wereld rond om mensen en dieren te helpen. De geheel roze Barbapapa kan in iedere vorm veranderen en met zijn goede ideeën alle problemen oplossen. Vanaf 1974 was deze kinderserie al op de Nederlandse televisie, met afleveringen van 5 minuten.

Grootse schrijver
Simon Carmiggelt was een van de bekendste schrijvers van het land. Hij schreef teksten voor Wim Kan en Wim Sonneveld. Hij werd onder de naam Kronkel met humoristische dagelijkse Cursiefjes in *Het Parool* wereldberoemd in Nederland. In 1977 kreeg hij de P.C. Hooftprijs uitgereikt en werd hij geroemd om zijn 20e-eeuwse schrijfstijl en zijn inlevingsvermogen in ‘de kleine mens in alledaagse situaties’.

S

Q & Q

In de spannende jeugdserie *Q & Q* gingen de vrienden Aristides Quarles van Ispen en Wilbur Quant uit het fictieve dorpje Runkum op pad om misdadigers op te sporen. In de eerste serie (1974) ontdekten de twee een dode man op een op het eerste gezicht mislukte foto. In de tweede serie (1976) kwam Wilbur door een afgeluisterd telefoongesprek een schilderijroof op het spoor. *Q & Q* werd iedere zaterdagavond om 19:00 uur uitgezonden en trok wekelijks ruim 4 miljoen kijkers.

Are You Being Served?

In de hilarische komedieserie *Are You Being Served?* was de hiërarchische klassenmaatschappij op de kledingafdeling van het Londense warenhuis Grace Brothers iedere aflevering bron van spot. De Britse serie werd onder de naam *Wordt u al geholpen?* vanaf 21 juni 1974 ook in Nederland met veel succes uitgezonden door de TROS.

Rock Your Baby

De grootste hit van 1974 kwam van de Amerikaanse zanger George McCrae. Zijn 'Rock Your Baby' was een van de eerste echte discosingles.

MUZIEK

U

Waterloo

6 april 1974 Mouth & MacNeal werden derde op het Eurovisie Songfestival met het nummer 'I See a Star', maar alle aandacht ging uit naar de Zweedse popgroep ABBA, die het festival met grote voorsprong won met het nummer 'Waterloo'. Voor ABBA was het hun internationale doorbraak. In 2005 werd 'Waterloo' verkozen tot het beste songfestivalliedje.

TOP 40

TOP 10 1974

1. **Rock your baby** George McCrae
2. **Sugar baby love** The Rubettes
3. **Be my day** The Cats
4. **Dyna-mite** Mud
5. **Tiger feet** Mud
6. **Swinging on a star** Spooky & Sue
7. **Gigi L'amoroso** Dalida
8. **The Wall Street Shuffle** 10cc
9. **Kung fu fighting** Carl Douglas
10. **I don't wanna die in an air disaster** Albert Hammond

Open | **Search** | **Scan**

SPORT

Schaatskampioen
9 februari 1975 Na een tweede plaats in 1974 werd Harm Kuipers in 1975 wereldkampioen allround. De geneeskundestudent die op eigen houtje trainde, eindigde op alle afstanden kort achter de specialisten en wist in het klassement de Noorse favoriet Sten Stensen nipt van zich af te houden.

Nederlands Toursucces
20 juli 1975 Het jaar waarin een einde kwam aan de heerschappij van Eddy Merckx in de Tour de France was ook het jaar waarin de finishlijn van de slotrit voor het eerst werd getrokken op de Champs-Élysées in Parijs. De sprint over de 'mooiste laan ter wereld' werd gewonnen door de Belg Walter Godefroot. De Nederlanders deden het met zes ritoverwinningen ook bijzonder goed. Cees Priem, sprinter Theo Smit (2x), Joop Zoetemelk en Gerrie Knetemann zorgden voor het Nederlandse succes.

Zes wielerwereldkampioenen!
1 augustus 1975 Niet minder dan zes Nederlandse wereldkampioenen op het WK wielrennen in Yvoir, België. De meeste aandacht ging uit naar Hennie Kuiper, die met een solo naar de wereldtitel fietste. Bij de vrouwen bleef Tineke Fopma uit de greep van het peloton, en bij de amateurs won André Gevers. Keetie van Oosten-Hage greep het goud op de achtervolging, Roy Schuitema deed hetzelfde bij de profs en Vliegende Postbode Gaby Minneboo werd wereldkampioen stayeren.

Thrilla in Manilla
1 oktober 1975 Op de Filipijnen vond het epische slotstuk van een drieluik van gevechten tussen Muhammad Ali en Joe Frazier plaats. Het gevecht trok een recordaantal televisiekijkers. Meer dan een miljard mensen over de hele wereld zagen hoe *The Greatest* de onderlinge stand in de Thrilla in Manilla na veertien ronden in zijn voordeel besliste: 2-1.

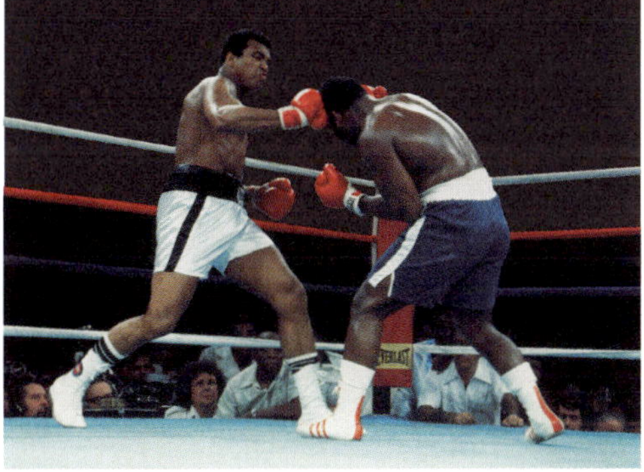

Stuntploeg
Eersteklasser V.V. IJsselmeervogels was de grote sensatie in het bekertoernooi van 1975. De onbezoldigde amateurvoetballers uit Spakenburg schakelden de profs van SC Amersfoort, FC Groningen én AZ'67 uit en werden zo Sportploeg van het Jaar.

JAN 1975
De veelbesproken callgirl Xaviera Hollander wordt ook filmster.

19 FEB 1975
Net over de grens in België treedt de kerncentrale Doel in werking.

25 MRT 1975
De Saoedische koning Faisal wordt vermoord door zijn neef.

1975

KNVB beker
Kampioen Eredivisie

Topscoorder: Ruud Geels (Ajax)

BINNENLANDS NIEUWS

Eind draadradio

31 januari 1975 Het definitieve einde van het tijdperk 'radio uit de muur' brak aan. Met de draadradio - een luidspreker die je met een stekker in het stopcontact stak - kon je via de kabel luisteren naar de radiozenders die de PTT voorprogrammeerde. Zo hoefde niet ieder gezin een dure radio aan te schaffen en te worstelen met de juiste afstelling, en kwam het signaal van Hilversum 1, 2 en 3 toch kraakhelder de huiskamer binnen.

Prins Bernhard als smokkelaar

28 juni 1975 Prinses Christina woonde sinds een jaar in anonimiteit in New York, waar ze de Cubaan Jorge Guillermo had leren kennen. Guillermo was met zijn ouders uit Havana gevlucht na de Cubaanse Revolutie en werkte op een kinderdagverblijf. De twee werden verliefd en verloofden zich op Valentijnsdag. Prins Bernhard smokkelde hen met een regeringsvliegtuig naar Nederland, waar ze op 28 juni in de Domkerk trouwden.

Gijzeling Juliana verijdeld

3 maart 1975 In de buurt van Lunteren hield de politie twee Molukkers aan die met een vrachtwagen vol wapens op weg waren naar Paleis Soestdijk. Ze waren van plan de poorten van het paleis te forceren en koningin Juliana te gijzelen. Wat ze niet wisten, was dat Juliana op dat moment op vakantie was.

3 APR 1975

Rotterdammer Bastiaan Hartmann wordt tijdens zijn dienst als taxichauffeur vermoord.

24 MEI 1975

Nederland bestelt 102 exemplaren van het gloednieuwe gevechtsvliegtuig F-16.

25 JUN 1975

Na een tien jaar durende strijd wordt Mozambique onafhankelijk van Portugal.

Sail Amsterdam
15 augustus 1975 Ter ere van het zevenhonderdjarig bestaan van Amsterdam nodigde de stad grote opleidingsschepen uit de hele wereld uit, om de haven van de hoofdstad tussen 15 en 19 augustus net als vroeger te vullen met de meest indrukwekkende zeilschepen. Het evenement werd een groot succes en Amsterdam haalde wereldwijd de krant. Nog vóór de laatste dag werd besloten Sail Amsterdam iedere vijf jaar te herhalen.

Nachtwacht beschadigd
14 september 1975 Een psychisch gestoorde man haalde in het Rijksmuseum een gekarteld tafelmes tevoorschijn, waarmee hij met grof geweld op De Nachtwacht begon in te hakken. De herstelwerkzaamheden (foto) namen meer dan acht maanden in beslag.

Ontploffing DSM
7 november 1975 Bij het opstarten van de naftakraker 2 op het DSM-terrein in Echt op 7 november ging het helemaal mis. Door een leidingbreuk ontsnapten tot vloeistof verdichte gassen, die direct ontploften. De explosie kostte veertien medewerkers het leven, 109 raakten gewond. In de wijde omtrek sneuvelden ruiten en de knal was tot in Genk te horen.

Blokje kaas, plakje worst
Op verjaardagsfeestjes stonden naast de glazen met ieders favoriete sigarettenmerk schalen met blokjes kaas, plakjes worst, gevulde eieren, hamrolletjes met een asperge, augurkjes en, als je wilde uitpakken, zelfgemaakte kaassoesjes.

28 JUL 1975
Ook in Nederland kan men genieten van tijdreiziger Dr. Who.

16 AUG 1975
De Amerikaanse seriemoordenaar Ted Bundy wordt voor het eerst gearresteerd.

26 SEP 1975
PvdA-bestuurder Jan Nagel noemt de Berlijnse Muur: 'historisch juist'.

Suriname onafhankelijk
25 november 1975 Met de ondertekening van de Toescheidingsovereenkomst door gouverneur Johan Ferrier, premier Joop den Uyl en kroonprinses Beatrix in Paramaribo waren de laatste formaliteiten geregeld: klokslag twaalf uur was de Republiek Suriname officieel onafhankelijk van Nederland. In Paramaribo werd de onafhankelijkheid uitbundig gevierd. Surinamers die al jaren streden voor de Republiek Suriname waren uitzinnig van vreugde. Ook in Amsterdam werd feestgevierd, want veel Hindoestaanse en Javaanse Surinamers waren - bang voor rassenrellen en gevlucht voor de hoge werkloosheid en slechte economische omstandigheden in Suriname - na de aankondiging van de onafhankelijkheid in februari 1974 al naar Nederland gekomen.

Jaar van de Vrouw
De Verenigde Naties riepen 1975 uit tot het Jaar van de Vrouw. In de Jaarbeurs werd de 'Emancipade' georganiseerd, waar vrouwenorganisaties, waaronder de Dolle Mina's, zich aan het publiek presenteerden. In het najaar werd het in Nederland bij wet verboden om mannen en vrouwen voor hetzelfde werk ongelijk te belonen.

Treinkaping Wijster
2 december 1975 De Molukkers streefden met gewelddadige acties naar onafhankelijkheid voor de Republiek der Zuid-Molukken. Op 2 december kaapten zeven bewapende Molukse jongeren een stoptrein op het traject Groningen-Zwolle. Gelijktijdig gijzelden nog eens zeven Molukkers het Indonesische consulaat in Amsterdam. De trein werd bij Wijster tot stilstand gebracht en de machinist werd direct gedood. Pas na twaalf dagen en na het doden van nog twee passagiers gaven de kapers zich over.

21 OKT 1975
De Nederlandse zakenman Tiede Herrema wordt ontvoerd door de IRA.

23 NOV 1975
Bruce Springsteen geeft in de RAI zijn eerste concert in Nederland.

6 DEC 1975
KC and the Sunshine Band hebben een grote hit met *'That's the way *aha aha* (I like it)'*.

Warmterecords
Met een gemiddelde temperatuur van 5,5°C was de winter van 1975 de warmste in 270 jaar. De bloedhete zomer noteerde opnieuw records. Op 29 juli begon een hittegolf die achttien dagen aanhield, de langste hittegolf ooit in Nederland. Het totaal van de zomer zou met een gemiddelde temperatuur van 23,6°C ook de boeken ingaan als de warmste zomer ooit gemeten.

DAF stopt met personenauto's
Met de uitvinding van het 'Pientere Pookje', de Variomatic automatische versnellingsbak, legden de gebroeders Van Doorne van DAF zich vanaf 1953 naast vrachtwagens ook toe op het maken van personenauto's. Al snel waren de 'truttenschudders met jarretelaandrijving' een populair obstakel op de Nederlandse autowegen. In 1975 besloot DAF zich echter weer volledig toe te leggen op de productie van vrachtwagens.

POLITIEK

De ijzeren dame
Margaret Thatcher, *the Milk Snatcher*, de pragmatische voormalig minister van Onderwijs en Wetenschap die de gratis melkvoorziening voor basisschoolkinderen afschafte, won in Groot-Brittannie tot grote verbazing van eigenlijk iedereen de leiderschapsverkiezing binnen de Conservatieve Partij.

Gordelplicht
1 juni 1975 In Nederland werd de gordel verplicht voor de chauffeur en de bijrijder op de voorstoelen. Dat wil zeggen, de gordel was verplicht in auto's die na 1 januari 1971 de weg op waren gekomen. Berekend werd dat als gevolg van het gebruik van de autogordels jaarlijks 540 minder doden zouden vallen.

Christendemocraten
23 augustus 1975 De ontzuiling in Nederland dreef de drie grootste confessionele partijen in Nederland noodgedwongen in elkaars armen. In Den Haag hield het Christen-Democratisch Appèl, een federatie van de KVP, de CHU en de ARP, op 23 augustus haar eerste congres. Beroemd werd vooral de 'Bergrede' die ARP-voorman Willem Aantjes (foto) hield.

BUITENLANDS NIEUWS

Streep door Kanaaltunnel
20 januari 1975 Tot grote ontsteltenis van Frankrijk trok de Britse Labourregering op 20 januari de stekker uit het project van de nog te graven tunnel die onder Het Kanaal door de Britse eilanden met het Europese vasteland moest verbinden. De Engelsen wisten ineens niet meer zo zeker of hun toekomst wel in Europa lag.

1975

Micro-Soft

4 april 1975 Na het ontwikkelen van een interpreter, een soort besturingssysteem, voor de Altair 8800, waardoor de microcomputer interessant werd voor hobbyende thuisprogrammeurs, richtten de jeugdvrienden Bill Gates en Paul Allen hun eigen bedrijf op. Allen verzon de naam voor het bedrijf: Micro-Soft, een afkorting van micro-computer software.

Vietnamoorlog ten einde

30 april 1975 Na 19,5 jaar vechten kreeg de Noord-Vietnamese generaal Văn Tiế n Dũng op 29 april van het Politbureau de opdracht om 'met de grootst mogelijke vastberadenheid tot in de laatste schuilplaats van de vijand door te dringen'. Die laatste schuilplaats was Saigon, dat in de dagen daarvoor al door de Noord-Vietnamezen was omsingeld. Na een luchtoffensief op 29 april waren de legers van het Vietnamese Volksleger klaar om op 30 april de hoofdstad van Zuid-Vietnam te 'bevrijden'. Zonder de grootschalige steun van de Verenigde Staten, die zich onder Nixon met de staart tussen de benen grotendeels hadden teruggetrokken, werd de laatste stelling van Zuid-Vietnam overlopen. In Saigon stootten de Noord-Vietnamezen door tot het presidentieel paleis, waar president Dương Văn Minh werd gearresteerd. Vier uur later verklaarde hij in een radioboodschap de regering van Saigon op alle niveaus voor ontbonden, waarmee de Vietnamoorlog ten einde kwam. Alle inspanningen van Zuid-Vietnam en Amerika ten spijt viel Vietnam toch ten prooi aan het rode gevaar.

EU-referendum

6 juni 1975 In het Verenigd Koninkrijk mocht men op 6 juni naar de stembus om zich uit te spreken over de vraag of het land onderdeel moest blijven van de Europese Economische Gemeenschap. Ruim twee derde van de stemmers wilde dat. Toen nog wel.

Rode Khmer

17 april 1975 Ondanks een drie jaar lange bombardementenregen van het Amerikaanse leger kwam de Rode Khmer toch als winnaar uit de Cambodjaanse burgeroorlog. Op 17 april trokken zij hoofdstad Phnom Penh binnen, waar ze de machthebbers verdreven en Pol Pot installeerden als dictatoriaal leider. Iedereen die niet aan hem gehoorzaamde, werd zonder pardon afgeslacht.

Handdruk
17 juli 1975 Miljoenen televisiekijkers wereldwijd zagen hoe een Amerikaanse Apollo-ruimtecapsule op 17 juli om 16:19 aankoppelde op de Sojoez 19 van de Sovjet-Unie. Na de koppeling schudden de commandanten Thomas Stafford en Aleksej Leonov elkaar symbolisch de hand. Een historische handdruk, de eerste tussen een astronaut en een kosmonaut in de ruimte. Na een ruimtewedloop van bijna twintig jaar sloten de VS en de Sovjet-Unie op grote hoogte vrede.

Damramp
8 augustus 1975 De Banqiaodam (China), een dam die als onverwoestbaar werd geacht, begaf het op 8 augustus als gevolg van tyfoon Nina. 701 miljoen ton water veroorzaakte een golf van tien kilometer breed die alles op zijn pad verwoestte. Circa 26.000 mensen verdronken, en nog eens circa 145.000 mensen overleden aan de hongersnood en epidemieën die in het gebied ontstonden.

Satelliet
9 augustus 1975 Na de oprichting van de ESA (European Space Agency) in 1975 was de Cos-B de eerste ESA-satelliet die de ruimte werd ingeschoten. De Cos-B bracht de Melkweg verder in kaart en vond 25 bronnen van gammastraling in het heelal.

Franco is dood, leve de koning
20 november 1975 Na slepende periodes van ziekte raakte Francisco Franco niet meer uit de coma waar hij op 30 oktober in belandde. Hij overleed op 20 november. De fascistische dictator van Spanje had zijn opvolging zorgvuldig geregeld, dacht hij. In de laatste jaren had hij zijn vertrouweling prins Juan Carlos (foto rechts), de kleinzoon van de laatste koning, voorbereid om hem op te volgen. Twee dagen na Franco's dood werd Juan Carlos ingehuldigd als koning van Spanje, en zo keerde de monarchie terug. Maar in plaats van de antirevolutionaire erfenis van Franco voort te zetten, koerste koning Juan Carlos I, tegen ieders verwachting in, af op verzoening met de socialisten, democratie en meer vrijheden voor regio's als Catalonië en Baskenland.

De Jakhals
De Venezolaanse linkse extremist Ilich Ramírez Sánchez, bijgenaamd Carlos en door de pers de Jakhals genoemd, gijzelde samen met vijf handlangers de deelnemers aan de ministersconferentie van de Organisatie van olie-exporterende landen, de OPEC, waarbij drie aanwezigen werden gedood. Een dag later kregen de gijzelnemers, die waarschijnlijk werden gefinancierd door de Libische president Muammar Gaddafi, per vliegtuig een vrije aftocht.

1975

ENTERTAINMENT

LEGO-poppetjes

Kinderen speelden al jaren met de populaire steentjes, auto's en treinen van LEGO. Vanaf 1975 voegde de Deense speelgoedproducent een nieuwe dimensie toe met de introductie van de *Lego family* 'minifigs', de allereerste Lego-poppetjes. 45 jaar later heeft Lego meer poppetjes geproduceerd dan dat er mensen op de aarde rondlopen.

Swiebertje emigreert

25 april 1975 Na 107 afleveringen nam het Nederlandse publiek, dat niet zelden opliep tot zes miljoen kijkers, afscheid van Swiebertje. De goedaardige, zorgeloze zwerver uit het fictieve Ouder-Angstel vertrok in de aflevering 'Vaarwel Swiebertje' op 25 april 1975 naar Canada, en daarmee kwam na veertien jaar een eind aan een van de populairste series in de Nederlandse televisiegeschiedenis.

Hoe bestaat het

'Holland op zijn smalst' in het satirische consumentenprogramma *Hoe bestaat het* lieten de drie presentatoren Joop Brussee, Ati Dijckmeester en Hans Emmering met sketches, monologen en filmpjes zien dat in de moderne consumptiemaatschappij lang niet alles was wat het leek...

Monthy Python

Vanuit Engeland kwam de film *Monty Python and the Holy Grail*, waarin de zes mannen van de Britse komediegroep op zoek gaan naar de Heilige Graal.
De komische film werd een grote hit en zou decennia later nog tot de populairste cultfilms behoren.

Cijfers en letters

In de spelshow *Cijfers en letters* namen twee kandidaten het tegen elkaar op in twee onderdelen. In het deel Cijfers moesten de kandidaten een door de assistente bepaald cijfer zo dicht mogelijk benaderen door een som te maken met zes willekeurig getrokken nummers. Wie dat getal het dichtst benaderde, won. In het onderdeel Letters moesten de deelnemers een zo lang mogelijk bestaand woord maken met klinkers en medeklinkers die de kandidaten om beurten kozen. De quiz werd het eerste jaar gepresenteerd door Han van der Meer. Later namen Maartje van Weegen, Robert ten Brink en Bob Bouma de presentatie over.

Keetje Tippel en Rooie Sien

Na het overweldigende succes van de erotisch getinte films *Turks Fruit*, *Blue Movie* en *Wat zien ik!?* waren bloot en seks in 1975 onverminderd populair. Met rode oortjes keken bijna twee miljoen Nederlanders in de bioscoop naar *Keetje Tippel*, waarin, net als in *Turks Fruit*, Monique van de Ven en Rutger Hauer de hoofrollen speelden. Ook *Rooie Sien*, waarin Willeke Alberti en Beppie Nooij jr. de rollen van het animeermeisje Sien Breman en haar moeder speelden, werd onmiddellijk een klassieker.

Veronica terug in de lucht

28 december 1975 Veronica keerde met zendvergunning terug in de ether. De eerste uitzending van de Veronica Omroep Organisatie viel ironisch genoeg samen met de start van de nieuw opgerichte zender Hilversum 4, bedoeld voor klassieke muziek, en werd gepresenteerd door André van Duin onder het pseudoniem Simon Somber. Veronica scoorde al snel goed bij de jeugd met de *Nederlandse Top 40* op Hilversum 3.

Eppo

In oktober 1975 werden de stripbladen *Pep* en *Sjors* samengevoegd. Het resultaat was het nieuwe striptijdschrift *Eppo* dat wekelijks verscheen in een oplage van 300.000 stuks. In de *Eppo* verschenen naast de gelijknamige strip over Eppo in zijn 2CV en antiekverkoper Ouwe ook stripverhalen over onder anderen Franka, Storm, De Generaal en Sjors en Sjimmie. In de rubriek Eppodium stonden ook zelf getekende strips van lezers.

MUZIEK

Heintje Davids

14 februari 1975 Het aantal keren dat ze afscheid nam van haar publiek, maar later toch weer op de planken klom leverde de term heintjedavidseffect op. De met grappen strooiende Rotterdamse variété-artieste Heintje Davids overleed op Valentijnsdag, een dag na haar 87e verjaardag.

Fleetwood Mac

Nadat Peter Green (1970) en Bob Welch (1974) Fleetwood Mac verlaten hadden, verplaatste Mick Fleetwood zijn band van Engeland naar Amerika, waar hij per toeval op het stel Lindsey Buckingham en Stevie Nicks stuitte. Drie weken later stond de band, aangevuld met Buckingham en Nicks, in de studio om een begin te maken aan het album *Fleetwood Mac*. Het album betekende een nieuwe start voor de band en werd een enorm succes. Het nummer 'Rhiannon', waanzinnig bezield gezongen door Nicks, werd een van de klassiekers van de band.

Ding-a-dong

22 maart 1975 Vanuit Stockholm zong Teach-In zangeres Getty Kaspers het vrolijke liedje 'Ding-a-dong' tijdens het Eurovisie Songfestival de huiskamers in. Het aanstekelijke deuntje sloeg aan in Europa en leverde Nederland voor de vierde keer de overwinning in het muziekfestival op. De tekst van het liedje, die in tegenstelling tot de muziek weinig om het lijf had, werd speciaal voor het festival vertaald. Met de winst op zak scoorde Teach-In een internationale hit.

Wood and the Stones

1 mei 1975 Tijdens een promotiestunt in de straten van New York maakte Ronnie Wood op 1 mei zijn officiële debuut als gitarist bij de Rolling Stones. Wood, al fan van de Stones sinds hun oprichting, verving Mick Taylor, met wie de Stones misschien wel hun beste albums maakten.

Vader Abraham
Een jaar eerder zong Pierre Kartner als Vader Abraham nog ‘Den Uyl is in den olie’, als knipoog naar de oliecrisis. In 1975 werden zijn teksten vileiner. Het nummer ‘Wat doen we met die Arabieren hier’ en vooral de tekst ‘ze zijn niet te vertrouwen bij onze mooie vrouwen’ zorgde voor veel ophef, terwijl Kartner met ‘In ’t kleine café aan de haven’ juist ook zijn bekendste solohit scoorde.

Daddy Cool
De discogroep Boney M. werd in 1975 opgericht door de Duitse producer Frank Farian. Boney M. bestond uit vier artiesten uit Engeland, Duitsland en de in Nederland woonachtige Antilliaan Bobby Farrell. In 1976 hebben ze hun eerste grote hit met ‘Daddy Cool’ en zullen ze uitgroeien tot een van de meest succesvolle discogroepen ooit. Wereldwijd verkochten ze meer dan 150 miljoen platen, met hits als ‘Rivers of Babylon’, ‘Ma Baker’ en ‘Rasputin’.

W

TOP 40

TOP 10 1975

1. **Paloma blanca** George Baker Selection
2. **The elephant song** Kamahl
3. **Love is all** Roger Glover, Ronnie Dio
4. **Hey mal yo** Johnny & Orquesta Rodrigues
5. **100 years** Joey Dyser
6. **If you go** Barry & Eileen
7. **Stand by your man** Tammy Wynette
8. **Roll over lay down** Status Quo
9. **Sailing** Rod Stewart
10. **Lady Marmalade** LaBelle

Open | Search | Scan

God Save the Queen
6 november 1975 Op de St. Martin’s School of Art speelde het bandje van Johnny Rotten, Steve Jones, Glen Matlock en Paul Cook voor het eerst op onder de naam Sex Pistols. De Sex Pistols zouden de Engelse muziek en maatschappij, tot aan Buckingham Palace toe, in de komende jaren op zijn kop zetten met punkklassiekers als ‘Anarchy in the U.K.’ en ‘God Save the Queen’. *Never Mind the Bollocks, Here’s the Sex Pistols*, het enige album dat de band zou uitbrengen, wordt nog altijd gezien als het meest invloedrijke punkalbum ooit.

X

Galileo, Galileo
31 oktober 1975 Een combinatie van rock, hardrock, pop, opera, ballad, en gitaarsolo’s, en het had niet eens een refrein; het was een van de meest ingewikkelde composities in de moderne muziekgeschiedenis: Queens ‘Bohemian Rhapsody’. Niemand wist wat het liedje precies betekende, maar de muziek en de onmiskenbare zang van Freddie Mercury waren zo overdonderend subliem dat het uitgroeide tot een van de beroemdste en meest succesvolle nummers uit de muziekgeschiedenis.

SPORT

KNVB beker | Kampioen Eredivisie

Topscoorder: Ruud Geels (Ajax)

Lemans

12 juni 1976 Met de spiksplinternieuwe Porsche 936 met turbomotor kregen jonkheer Gijs van Lennep en de legendarische Belgische coureur Jacky Ickx in de 24 Uur van Le Mans een enorme voorsprong. Zelfs een kapotte uitlaat op zondagmorgen, waarvan de reparatie een half uur in beslag nam, weerhield de twee voormalige winnaars er niet van om na een volledig etmaal met een voorsprong van elf rondjes op de nummer twee over de finish te komen. Met zijn tweede algehele eindwinst in Le Mans op zak kondigde de man die later zou worden uitgeroepen tot beste Nederlandse coureur van de eeuw direct zijn afscheid aan.

EK-debuut

19 juni 1976 Geruzie over de uitzonderingspositie die Johan Cruijff zich binnen het Nederlands elftal aanmat, kostte keeper Jan van Beveren en topschutter Willy van der Kuijlen hun carrière in Oranje. Desondanks sloot Nederland de kwalificatie voor het EK in Joegoslavië af als groepswinnaar. Een dubbele confrontatie met België volgde in de kwartfinale, om uit te maken welk van de twee lage landen zich mocht opmaken voor het finaletoernooi in Joegoslavië. In de Rotterdamse Kuip bezorgden Rob Rensenbrink (drie doelpunten) en Johan Cruijff (vier assists) de zuiderburen een genadeloze oorwassing. Met een sensationele 5-0 overwinning kon Oranje zich al gaan opmaken voor haar debuut op het EK.

In de totaal verregende halve finale tegen Tsjecho-Slowakije ging het echter mis. De wedstrijd ontaardde in een 'schandaalwedstrijd' met schoppartijen over en weer, waarin de Tsjecho-Slowaken zich in de verlengingen het stugst toonden. Nederland was aangewezen op de strijd om het brons tegen gastland Joegoslavië. Zonder de geschorste Neeskens, Van Hanegem en Cruijff moesten er opnieuw verlengingen aan te pas komen. Na een sublieme lange bal van invaller Kees Kist maakte Ruud Geels in de 112e minuut de verlossende 3-2. Nederland had brons te pakken.

12 JAN 1976

Agatha Christie, de best verkopende auteur aller tijden, overlijdt.

4 FEB 1976

Een zware aardbeving in Honduras en Guatemala kost 22.000 mensen het leven.

9 MRT 1976

In Cavalese breekt de kabel van een skilift. 42 mensen komen om.

1976

Niki Lauda

1 augustus 1976 Met vijf overwinningen op zak lag Niki Lauda op koers om net als een jaar eerder kampioen te worden in de Formule 1. In de tweede ronde van de wedstrijd op de Nürburgring ging het echter helemaal mis. De Oostenrijker raakte de controle over zijn Ferrari kwijt en crashte met hoge snelheid in de vangrails, waarna zijn bolide vlam vatte. Lauda kon zichzelf niet bevrijden en dreigde levend te verbranden. Williams-coureur Arturo Merzario zag de vuurzee, twijfelde geen moment en dook in de vlammen om Lauda's riemen los te maken, waarna hij hem met drie andere coureurs uit de auto bevrijdde. Wonderwel was Niki Lauda zes weken later, met een dik verband om zijn hoofd, alweer terug in de competitie. Hij zou het kampioenschap aan het eind van het seizoen op één punt mislopen.

Paralympische Spelen

Op de eerste Paralympische Spelen in Toronto was Nederland zeer succesvol. Nu mochten ook atleten met een amputatie of visuele beperking meedoen aan de Olympische Spelen. Nederland excelleerde vooral in het zwembad, met als hoogtepunt de prestaties van de Amsterdamse Marijke Ruiter, die zeven keer goud won. In totaal behaalde de Nederlandse equipe 45 gouden medailles, goed voor de tweede plaats in het medailleklassement.

Perfecte score

Het grote fenomeen van de Spelen in Montreal was een klein meisje van veertien jaar uit Roemenië. Nadia Comăneci haalde met haar oefening op de brug met ongelijke leggers als eerste ooit een perfecte score. Nog nooit eerder was er op het Olympische turntoernooi een tien uitgedeeld, laat staan vier tienen voor één atlete.

Winterspelen Innsbruck

Wat op de reguliere Zomerspelen niet lukte, was tijdens de Winterspelen in Innsbruck al wel gelukt. Twee weken voordat Piet Kleine in Thialf Wereldkampioen Allround werd, schaatste hij op de Eisschnelllaufbahn van Innsbruck in een Olympisch record naar goud op de 10 kilometer. In maart bevestigde de schaatser uit het Drentse Hollandscheveld met vier wereldrecords in Inzell dat hij bezig was aan het beste jaar uit zijn carrière. Het andere eremetaal op de Winterspelen kwam van kunstschaatsster Dianne de Leeuw, die na haar wereldtitel in 1975 net naast Olympisch goud greep, en Hans van Helden, die op zowel de 1.500, de 5.000 als de 10.000 meter schaatsen brons veroverde.

B

21 APR 1976

Op het nieuwe net Veronica is de eerste aflevering van Starsky and Hutch te zien.

9 MEI 1976

Ulrike Meinhof (RAF) wordt dood aangetroffen in haar cel.

19 JUN 1976

De Zweedse koning Karel XVI Gustaaf trouwt met Silvia Sommerlath.

Geen goud
Op de Olympische Spelen was er voor het eerst sinds 1960 geen Wilhelmus te horen. De 108 Nederlandse sporters onder leiding van chef de mission Bram Leeuwenhoek wisten in Montreal geen enkele gouden medaille te winnen.

Montréal 1976

Aruba Dushi Tera

Op 18 maart 1948 pleitten de Arubanen voor zelfbeschikking. Achtentwintig jaar later klonk op die dag voor het eerst het 'Aruba Dushi Tera' als volkslied van Aruba, terwijl de Arubaanse vlag werd gehesen. 18 maart zal als de Dag van de Vlag en het Volksliedvan Aruba een nationale feestdag blijven.

BINNENLANDS NIEUWS

Extreem weer
3 januari 1976 Door een zware storm in de nacht van 2 op 3 januari komen twaalf mensen om. Hoge golven sloegen een gat in de boulevard van Vlissingen. De woeste zee slokte op Ameland Hotel Steinvoorte op. Toen de wind was gaan liggen, waren vooral de droogte en de hitte hét onderwerp van gesprek. In mei steeg het kwik al naar dertig graden, en vanaf februari viel er zo goed als geen regen meer. Boeren baden in de kurkdroge zomer voor een flinke regenbui om de oogst nog te redden, en verschillende Europese landen namen maatregelen om het waterverbruik te verminderen.

Eerste vijfling
26 januari 1976 In het Sophia Kinderziekenhuis werden Johanna en Hendrik den Outer uit 's-Gravenzande op middels een keizersnee de trotse ouders van een gezonde vijfling. De eerste succesvolle bevalling van een vijfling in Nederland ooit werd in het ziekenhuis gevierd met vijfenzestig rollen beschuit en vijf kilo muisjes.

Nieuwe Rembrandt
30 maart 1976 Met grote trots presenteerde het Aartsbisschoppelijk Museum een nieuw ontdekte Rembrandt: *De Doop van de Kamerling*. Rembrandt schilderde het doek (de doop van een kamerling van de koningin van Ethiopië door de apostel Filippus, Handelingen 8:26-40) in 1626 op twintigjarige leeftijd, tijdens de Reformatie in Nederland.

2 JUL 1976
Noord- en Zuid-Vietnam vormen weer samen één land: de Socialistische Republiek Vietnam.

13 AUG 1976
Voor het eerst wordt de Internationale Linkshandigen Dag gevierd.

4 SEP 1976
Op Cyprus komen de passagiers van KLM-vlucht 366 met de schrik vrij na een kaping door drie Palestijnen.

Een brug te ver

1 april 1976 Van april tot augustus was Deventer in de ban van de opnames van de Engels/Amerikaanse film *A Bridge too Far,* dat met een budget van circa $27 miljoen een van de duurste filmproducties tot dan toe was. Producent Joe Levine vond in de 'slapende stad aan de IJssel' en de sterk op de John Frostbrug lijkende Wilhelminabrug over de IJssel de perfecte locatie om het boek van Cornelius Ryan over operatie Market Garden en de Slag om Arnhem te verfilmen. Maandenlang leek Deventer weer een oorlogsterrein, alleen dit keer waren internationale topacteurs als Dirk Bogarde, James Caan, Sean Connery, Anthony Hopkins, Ryan O'Neal en Robert Redford de hoofdrolspelers en speelden Nederlandse figuranten de afdruipende Duitse soldaten.

C

Nederland achter de oranjes

30 april 1976 Opvallend was de steun voor het Koninklijk Huis op Koninginnedag. Te midden van de Lockheed-affaire die prins Bernhard in een twijfelachtig daglicht had geplaatst, liep een recordaantal Nederlanders uit voor het koninklijk defilé op Paleis Soestdijk, om koningin Juliana te feliciteren met haar 67e verjaardag.

Bezetting abortuskliniek

1 mei 1976 In de abortuskliniek Bloemenhoeve werd bij een behandeling van een Duitse vrouw een tweede foetus over het hoofd gezien, waardoor de vrouw een miskraam kreeg. Minister Dries van Agt van Justitie greep de gelegenheid aan om de kliniek te laten verzegelen. Abortus was verboden, maar werd in sommige klinieken gedoogd. Vrouwen uit het hele land bezetten in mei tien dagen lang de Bloemenhoeve en protesteerden met spreuken als 'baas in eigen buik' tegen definitieve sluiting.

Treinongeval Schiedam

4 mei 1976 Een stoptrein en een internationale trein botsten ter hoogte van Schiedam frontaal op elkaar. In het voorste treinstel van de stoptrein vielen 24 doden.

D

13 OKT 1976

Boliviaanse schoolkinderen vinden de dood wanneer een vliegtuig op hun basisschool neerstort.

2 NOV 1976

Jimmy Carter wint de Amerikaanse presidentsverkiezingen.

2 DEC 1976

De inmiddels zeer omstreden premier Fidel Castro wordt president van Cuba.

Oorlogsmisdadiger
22 mei 1976 Hans Knoop, hoofdredacteur van *Accent,* ontdekte dat de kunstcollectie die de zeer rijke ondernemer Menten wilde veilen roofkunst was. Ook bleek dat de Rotterdammer tijdens de Tweede Wereldoorlog in dienst van de SS had opgetreden, onder meer als tolk. Pieter Menten vluchtte een dag voor zijn arrestatie naar Zwitserland, maar Knoop spoorde hem op en in december kon hij alsnog worden ingerekend.

Pinautomaat en pinpas
15 september 1976 In het bijkantoor van de Amsterdamse Gemeentegiro aan de Van Swindenstraat in Amsterdam-Oost werd de eerste geldautomaat van Nederland in gebruik genomen. De medewerkers van de gemeentegiro zagen de innovatieve ontwikkeling met argusogen aan en vreesden voor hun baan, want vanaf dat moment hoefden klanten niet meer per se langs de balie, maar konden ze met een persoonlijke geldkaart met magneetstrip gebruikmaken van de automatische geldkast om geld op te nemen of te storten, of om saldo-informatie op te vragen.

Prins Bernhard
Hoewel de commissie geen keihard bewijs had voor de betalingen (Lockheed-affaire) van ruim een miljoen dollar aan het adres van de prins om zo het Nederlandse inkoopbeleid te beïnvloeden, was het oordeel wel spijkerhard. De prins had zich onaantastbaar geacht en had onaanvaardbare besluiten genomen. Prins Bernhard moest afstand doen van al zijn functies bij Defensie en in het bedrijfsleven. Een constitutionele crisis dreigde.

F

POLITIEK

KENT U DEZE NOG?

Pong

E

Lockheed-affaire
26 augustus 1976 Premier Joop den Uyl presenteerde de eindrapportage van de Commissie van Drie die onderzoek deed naar vermeende steekpenningen van vliegtuigbouwer Lockheed aan Prins Bernhard.

1976

Op hoop van zegen

11 december 1976 De onenigheid over de te voeren partijkoers van het CDA was nog niet weggenomen, maar op het tweede congres werden de grootste christelijke partijen het wel eens over een lijstverbinding voor de verkiezingen van 25 mei 1977. De KVP, ARP en CHU stemden er alle drie mee in om KVP'er Dries van Agt, vicepremier en minister van Justitie, naar voren te schuiven als lijstaanvoerder van de gemeenschappelijke kandidatenlijst. Van Agt: 'Vandaag gaan wij met elkaar op weg. Op hoop van zegen.'

Luxe bordeel

Yab Yum was 's werelds bekendste en meest prestigieuze sekshuis, gevestigd in een 17e-eeuws pand aan het Singel in Amsterdam. Het werd in 1976 geopend door Theo Heuft, en de aankleding was al even flamboyant als de eigenaar. Yab Yum kreeg een legendarische status als luxe bordeel door de vele verhalen die er rondgingen over beroemde artiesten in baden vol champagne, hele copulerende voetbalelftallen en criminelen die er feestten tot de volgende dag. In 1999 verkocht Heuft de club, en in 2007 sloot Yab Yum op last van de gemeente Amsterdam haar deuren.

BUITENLANDS NIEUWS

Supersonisch vliegen

21 januari 1976 Binnen een dag op en neer naar New York of Tokio: de supersonische Concorde, een Frans-Engels prestigeproject, maakte het mogelijk. Er hing echter wel een prijskaartje aan: een retourtje Londen-New York kostte omgerekend zo'n €11.000.

G

Vuile Oorlog

24 maart 1976 In Argentinië werd president Isabel Perón ontvoerd en afgezet door het leger en vervangen door luitenant-generaal Jorge Videla. Onder de noemer Vuile Oorlog liet de junta van Videla enkele tienduizenden vakbondsmedewerkers, studenten en andere linkse activisten verdwijnen.

Eerste Apple

1 april 1976 Steve Wozniak en Steve Jobs bouwden in 1975 een prototype van een geassembleerde personal computer. Wozniak bood het ontwerp aan aan zijn werkgever HP, en ook aan spelcomputerfabrikant Atari, maar beide partijen hadden geen interesse. Daarop besloten Wozniak en Jobs om hun computer met 8 kilobyte werkgeheugen en 64 kilobyte opslag, die ze samen in de slaapkamer en de garage van huize Jobs in elkaar hadden gesoldeerd, zelf aan de man te brengen. Op 1 april richtten de twee Steves hun eigen bedrijfje op. Jobs, die een fruitdieet volgde, verzon de naam: Apple Computer Company. Vanaf 11 april was de Apple I voor $666,66 te koop.

H

Franse ego's
1 mei 1976 Een elfkoppige jury bestaande uit negen Fransen, een Brit en een Amerikaan verkoos in een blinde wijnproeverij zowel de witte Chardonnay als de rode Cabernet Sauvignon uit Californië boven de Franse Chardonnay en Bordeaux: een gevoelige klap voor het Franse ego. Tegelijkertijd opende het de wijnmarkt voor wijnmakers in de rest van de wereld.

Apartheid
16 juni 1976 In Zuid-Afrika kwam de apartheid verder onder druk te staan toen de politie in Soweto het vuur opende op studenten die demonstreerden tegen de invoering van het Afrikaans als de dominante onderwijstaal. Enkele honderden demonstranten kwamen om. De foto waarop de doodgeschoten twaalfjarige scholier Hector Pieterson wordt weggedragen choqueerde de wereld.

Printertje
1 juli 1976 De eerste commerciële laserprinter vond zijn weg naar datacenters, waar hij de veel tragere lijnprinters moest vervangen. De IBM 3800 was een enorme machine van 3,75 meter lang en anderhalve meter hoog en kostte niet minder dan $17.000.

De rode planeet
20 juli 1976 In de zoektocht naar de mogelijkheid van leven op andere planeten stuurde de NASA op 20 augustus 1975 een onbemande ruimtemissie naar Mars. De Viking 1 maakte op 20 juli als eerste ruimtevaartuig in de geschiedenis een succesvolle zachte landing op de rode planeet. De sonde stuurde al snel de eerste foto's van de planeet door naar Moeder Aarde.

ENTERTAINMENT

Sesamstraat
4 januari 1976 In de Verenigde Staten was *Sesame Street* vanaf 1969 een enorm succes. Het kinderprogramma werd oorspronkelijk gemaakt om kinderen in achterstandswijken te helpen met hun ontwikkeling. Nederlandse kinderen konden op 4 januari voor het eerst kennismaken met Pino, Tommie en de tegenpolen Bert en Ernie, in wat zou uitgroeien tot de bekendste straat van Nederland.

Roof van de eeuw
14 juli 1976 Zes overvallers boorden zich in vier maanden via het rioolstelsel een weg naar de kluizenkelder van de Société Générale-bank in Nice. Tijdens de nationale feestdag Quatorze Juillet sloegen de rovers toe; 337 kluizen werden leeggehaald, samen goed voor een buit van bijna 50 miljoen frank. Voor ze vertrokken, lieten de daders een boodschap achter: 'Zonder wapens, zonder haat en zonder geweld.' Van de buit is geen enkele frank teruggevonden.

Raspresentator

9 april 1976 Een sympathiek multitalent, een raspresentator vol bravoure, zo kun je Willem Ruis wel omschrijven. Vanaf 1976 kreeg hij bij de KRO een programma dat zijn naam droeg: *De Willem Ruis show.* De eerste show werd op 9 april uitgezonden en werd snel een ongekend succes: er keken op een gegeven moment bijna vijf miljoen mensen naar het programma.

De Muppetshow

Door *Sesamstraat* kregen Jim Hensons muppets het stempel 'kinderamusement', terwijl hij de poppen juist bedacht had voor volwassenen. Met de *Muppet Show* liet hij de wereld vanuit een ouderwets theater kennismaken met de ondeugende kant van Kermit de Kikker, Miss Piggy, Waldorf en Statler en de Swedish Chef.

VHS-videoband

1 september 1976 In de jaren '70 en '80 woedde er een ware 'format war' in de wereld van de video-elektronica. Het Japanse Ministerie van Internationale Handel en Industrie wilde fabrikanten dwingen om één standaard te ontwikkelen voor videorecorders en bijbehorende cassettes, om verwarring bij de consument te voorkomen. In 1975 deed Sony een poging met de Betamax. Een jaar later, in september 1976, introduceerde JVC het Video Home System of VHS. De beeldkwaliteit van de VHS-videobanden was misschien iets minder goed dan van de Betamax, maar de recorders van JVC waren wel goedkoper, en op een VHS-band kon je niet één maar twee uur materiaal opnemen. Om die voordelen werd het VHS-systeem van JVC uiteindelijk verreweg het populairst.

Films
In Engeland was popster David Bowie in de sciencefictionfilm *The Man Who Fell to Earth* voor het eerst als hoofdrolspeler op het witte doek te zien en trok regisseur Blake Edwards met *The Pink Panther Strikes Again* het publiek al voor de vijfde keer naar de bioscoop om te kijken hoe het verder ging met inspecteur Jacques Clouseau. In Amerika maakte Dino De Laurentiis een met Oscar bekroonde hedendaagse remake van de filmklassieker *King Kong* uit 1933 over de fictieve reuzengorilla op Skull Island. Robert de Niro en de pas veertienjarige Jodie Foster speelden in *Taxi Driver* de sterren van de hemel als een tot taxichauffeur verworden oorlogsveteraan en twaalfjarige prostitue op de vlucht voor haar pooier. En iedereen zwijmelde weg bij de muziekfilm *A Star is Born*, waarin Kris Kristofferson een gevallen rockster speelde en Barbra Streisand zijn steeds populairder wordende vrouw. De echte kaskraker was echter de film over de goedaardige bokser Rocky. De film werd tegen ieders verwachting in een groot succes: *Rocky* werd beloond met drie Oscars en lanceerde de carrière van de relatief onbekende hoofdrolspeler Sylvester Stallone.

Film
1976 was opnieuw een druk jaar voor filmliefhebbers. In Nederland waagde Fons Rademakers zich aan de verfilming van een van de meest invloedrijke boeken uit de Nederlandse literatuur: *Max Havelaar* van Multatuli. Aan de andere kant van de oceaan werd *Wan Pipel* (Eén Volk) de eerste Surinaamse film sinds de onafhankelijkheid in 1975. De film, waarin gemengde Creools-Hindoestaanse koppels voorkwamen, was controversieel, overschreed het budget en trok lang niet zoveel bezoekers als gehoopt.

De Bereboot
Kapitein Brom, Brilbeer en Maatje beleefden dagelijks allerlei avonturen, in totaal meer dan vierhonderd. Het kleuterprogramma was vanaf 1 oktober 1976 te zien bij de NOS en later bij de AVRO. De poppenserie was in totaal maar drie jaar op televisie, maar werd legendarisch.

MUZIEK

Come Together
1 januari 1976 Concertorganisator Bill Sargent bood The Beatles in januari een astronomisch bedrag van dertig miljoen dollar voor een reünieconcert. De moeite bleek tevergeefs, de Fabulous Four hapten niet toe.

Punkpioniers
'PLAY LOUD' stond in grote letters op het eerste album van de New Yorkse rock band Ramones, waarop nummers stonden als 'Blitzkrieg Pop' en 'I Wanna Be Your Boyfriend'. Commercieel had de band, die bekendstond om haar ruige liveoptredens en controversiële teksten, misschien niet bijster veel succes, maar muziekcritici schreven dat de Ramones alle andere muziek van de radio bliezen. De band zou tientallen jaren later worden herinnerd als de voortrekker van de punkbeweging.

All I want is you

25 september 1976 Larry Mullen Jr. hing in de kantine van zijn school in Dublin een briefje op het prikbord waarop hij schreef: 'Drummer zoekt muzikanten om band te vormen.' Paul 'Bono' Hewson, David 'The Edge' Evans en Adam Clayton reageerden, en op 25 september richtten de vier het bandje Feedback op. Twee jaar later veranderden ze de naam in U2.

N

TOP 40

TOP 10 1976

1. **Dancing queen** ABBA
2. **Heaven must be missing an angel** Tavares
3. **Love hurts** Nazareth
4. **Mon amour** BZN
5. **Kiss and say goodbye** The Manhattans
6. **Show me the way** Peter Frampton
7. **Fernando** ABBA
8. **Arms of Mary** The Sutherland Brothers
9. **Bohemian rhapsody** Queen
10. **Sweet love** Frank Ferrari

Open | **Search** | **Scan**

On a dark desert highway

8 december 1976 'Hotel California' van de Eagles zou gaan over de duizenden kunstenaars en muzikanten die naar Californië trokken in de hoop beroemd te worden. Het werd het beroemdste nummer van de Eagles en het gelijknamige album werd met twee Grammy's bekroond. De softrockband uit L.A. was nu definitief 'cool'.

O

P

The Party's Over

3 april 1976 Een jaar na de daverende overwinning van Teach-In werd het Eurovisie Songfestival in Den Haag gehouden. Oud-winnares Corry Brokken presenteerde het festival, waar de Engelse band Brotherhood of Man met de winst aan de haal ging. Hun nummer 'Save Your Kisses for Me' werd een wereldwijde hit. Namens Nederland eindigde Sandra Reemer met het liedje 'The Party's Over' in de middenmoot.

SPORT

Oranje Amstel Gold Race

9 april 1977 Topfavorieten Merckx en Maertens gunden elkaar het licht in de ogen niet, en dus werd de Amstel Gold Race een Nederlands onderonsje. Jan Raas won de sprint overtuigend van TI-Raleigh-ploegmaten Knetemann en Kuiper.

Hartog wint TT

25 juni 1977 Wil Hartog had in de week van de TT Assen nog in het ziekenhuis gelegen, waardoor hij zich slechts als tiende kwalificeerde. Op een kletsnatte baan schoof Hartog met zijn Suzuki helemaal naar voren. Wereldkampioen Barry Sheene kwam op het eind nog gevaarlijk opzetten, maar Hartog werd toch de eerste Nederlander die de koningsklasse op het circuit in Assen op zijn naam schreef. Mede daardoor nam de populariteit van de motorsport in Nederland een grote vlucht.

Pelé passé

1 oktober 1977 Aan alle goede dingen komt een eind. Na een fenomenale voetbalcarrière waarin hij drie keer wereldkampioen werd met Brazilië speelde Pelé op 1 oktober zijn laatste wedstrijd. In het nagelnieuwe Giants Stadium zag een recordaantal van ruim 75.000 toeschouwers hoe Pelé in de stromende regen een helft lang met zijn laatste werkgever New York Cosmos en een helft lang met zijn oude liefde Santos meespeelde, waarna hij als een godheid op de schouders werd gedragen en geëmotioneerd het veld verliet.

KNVB beker — Kampioen Eredivisie

Topscoorder: Ruud Geels (Ajax)

7 JAN 1977

33 Europese landen, de VS en Canada ondertekenen het Verdrag van Helsinki.

11 FEB 1977

Louis Beel, een van 's lands invloedrijkste politici, overlijdt op 74-jarige leeftijd.

10 MRT 1977

Wim Schermerhorn, de eerste naoorlogse minister-president, overlijdt op 82-jarige leeftijd.

1977

Wielerrecords
Fenomenale records van Belgische wielrenners: 'Monsieur Paris-Roubaix' Roger De Vlaeminck won de kasseienklassieker voor de vierde keer. Enkele maanden later won sprinter Freddy Maertens twaalf van de eenentwintig(!) etappes in de Vuelta.

BINNENLANDS NIEUWS

Zomertijd
2 april 1977 De oliecrisis had ook in 1977 nog zijn uitwerking. Overal ter wereld werden energiebesparende maatregelen getroffen. In Spanje en Armenië werd in 1974 besloten de klok in de zomer een uur vooruit te zetten, zodat het 's avonds een uur langer licht bleef en men daarmee energie uitspaarde. Nederland volgde dat voorbeeld in 1977, toen het in de nacht van zaterdag 1 op zondag 2 april na een minuut voor twee niet twee uur werd, maar drie uur. Buiten problemen met het biologische ritme was de invoering van de zomertijd vooral ook lastig en een kwestie van wennen. Met name voor treinreizigers naar Duitsland of mensen in de grensregio die 's avonds graag afstemden op de Duitse televisiekanalen, omdat Duitsland de zomertijd pas drie jaar later invoerde.

Treinkaping De Punt en gijzeling Bovensmilde
23 mei 1977 Bij het dorp De Punt kaapten negen Molukkers een trein met daarin 54 passagiers. Gelijktijdig drongen vier Molukkers een lagere school in Bovensmilde binnen en hielden vijf leerkrachten en 105 kinderen gegijzeld. Een dag later werd op de radio de vrijlating van 21 medestanders en een vrije aftocht geëist. Gebeurde dat niet, dan zouden er 'veel dooien' vallen. De beelden waarop schoolkinderen twee dagen na het begin van de gijzeling, de dag van de nationale verkiezingen nota bene, in koor 'Van Agt, wij willen leven' riepen, maakten wereldwijd diepe indruk. Twee dagen later werden de kinderen en een van de leraren, velen behoorlijk ziek door het bofvirus, vrijgelaten. De gijzeling in de trein en op de school ging door. Na ruim een week werden bemiddelaars toegelaten, maar onderhandelingen haalden niets uit. Nederland hield bijna drie weken lang de adem in. In de vroege ochtend van zaterdag 11 juni gingen militairen over tot een verrassingsaanval. In Bovensmilde ramde een pantserwagen de ingang van de school, waarna de vier gijzelaars in de kraag werden gegrepen. Bij De Punt schoten scherpschutters op de gijzelnemers in de trein onder bulderend lawaai van laag overvliegende Starfighter-straaljagers, waarna mariniers de trein bestormden en de gijzelaars bevrijdden, om zo een eind te maken aan de 's werelds langdurigste gijzelingsactie in vredestijd. In de trein vielen acht doden: zes kapers en twee gijzelaars.

17 APR 1977
Roger De Vlaeminck wint Parijs-Rubaix voor de vierde keer.

15 MEI 1977
Freddy Maertens wint in de Ronde van Spanje dertien etappes en het eindklassement.

26 JUN 1977
Elvis Presley geeft in Indianapolis zijn laatste concert.

Zoetermeerlijn

22 mei 1977 Waar de Oriënt-Express stopte met haar reguliere ritten, werd in Nederland juist een nieuwe spoorlijn in gebruik genomen. Op 22 mei reden de eerste treinen over de Zoetermeerlijn, een snelle verbinding tussen werkstad Den Haag en de in hoog tempo uit de grond gestampte slaapstad Zoetermeer.

Costa del Hasj

1 juli 1977 De kust van het Zeeuwse schiereiland Walcheren veranderde half juli in de Costa del Hasj. In twee weken tijd spoelde in totaal circa 4000 kilo 'Gele Libanon' aan. Waar de hasj vandaan kwam en wie ervoor verantwoordelijk was, was een raadsel. De politie ging er later van uit dat een Libanees schip de illegale ballast overboord had gekieperd toen de boot vlam had gevat en een lift naar de haven nodig had.

Vallen en opstaan

Skateboarden was in Amerika ergens in de jaren vijftig uitgevonden toen kinderen rollerskatewieltjes onder een plank schroefden en er trucjes op gingen proberen. Begin jaren zeventig waren er al wel een paar skateboards in Nederland, maar vanaf 1977 begon het echt een hype te worden, met een eigen cultuur, kledingstijl en vocabulaire. Skaten was 'in' en zou dit nog jaren blijven.

Ontvoering Maup Caransa

28 oktober 1977 Na een avondje bridgen werd de Amsterdamse handelsman, vastgoedmagnaat en Ajax-financier Maurits (Maup) Caransa (foto rechts) door vier als nonnen verklede mannen ontvoerd. Wie er precies achter de ontvoering zat, werd nooit helemaal duidelijk. De Rote Armee Fraktion eiste de daad op, maar ook Nederlandse criminelen werden verdacht.

Caransa onderhandelde zelf over het losgeldbedrag om vrijgelaten te worden. Na twee dagen kwamen ze een bedrag van 10 miljoen gulden overeen. De ontvoering van Caransa was de eerste van een bekende Nederlander met losgeld als enig motief.

Praatpaal

Plots stond er langs alle snelwegen in Nederland om de twee kilometer een ANWB-praatpaal. Op de karakteristieke, gele telefoonzuilen met twee naar voren staande 'oren' kon je met een druk op de knop de wegenwacht bellen in geval van pech.

1 JUL 1977

Betty Stöve haalt de finale van Wimbledon.

23 AUG 1977

Björn Borg stoot Jimmy Connors van zijn troon als nummer 1 van de wereld.

16 SEP 1977

Maria Callas, de bekendste operazangeres, overlijdt op 53-jarige leeftijd.

POLITIEK

De laatste druppel
22 maart 1977 Na een moeizame regeringsperiode viel het kabinet van premier Joop den Uyl aan het eind van haar termijn alsnog. De langslepende discussie over de onteigening van landbouwgrond ten behoeve van woningbouw was de druppel. Waar de 'progressieve drie' de prijs van de grond wilden drukken door de 'gebruikswaarde' te hanteren om daarmee speculatie tegen te gaan, wilde het CDA de prijsbepaling aan de markt overlaten. Met verkiezingen in het vooruitzicht bleek die kloof onoverbrugbaar.

Verkiezingen
25 mei 1977 Overschaduwd door de treinkaping bij De Punt en de gijzeling op de basisschool in Bovensmilde door gewapende Molukkers moesten de verkiezingscampagnes voor de tweedekamerverkiezingen, slechts twee dagen voor de stembusgang van 25 mei, compleet worden stilgelegd. Uiteindelijk won de PvdA 10 zetels en ging van 43 naar 53 zetels. Bij de christelijke partijen had de strategie om de krachten te bundelen ook zijn vruchten afgeworpen. Voor het eerst sinds de verkiezingen van 1963 wist het de dalende lijn van christelijke zetels in de Kamer te doorbreken en een zetel te winnen. De CDA-federatie zat met 49 zetels de PvdA op de hielen. Ook de VVD, die onder leiding van Hans Wiegel nadrukkelijk en stevig oppositie had gevoerd, werd beloond met een recordaantal van 28 zetels.

Buurtbus
28 september 1977 Een paar omgebouwde bestelbusjes, dertien vrijwilligers en vijf routes: daarmee begon op 28 september het eerste buurtbusproject van Nederland tussen Lekkerkerk, Berkenwoude, Stolwijk en Gouda. Een dag eerder had minister Tjerk Westerterp van Verkeer en Waterstaat de eerste buurtbus ceremonieel ingewijd. De minister zag in het project een oplossing om de van het platteland verdwijnende buslijnen te vervangen.

Recordformatie
19 december 1977 Een kabinet met de grote winnaars van de verkiezingen lag voor de hand, maar de twee partijen, aangevuld met D'66, kwamen er tot driemaal toe niet uit. Intussen kwamen het CDA en de VVD nader tot elkaar, getuige een foto van een uiterst amicaal onderonsje tussen partijleiders Dries van Agt en Hans Wiegel in Le Bistroquet in Den Haag. Een vierde poging om een kabinet te vormen, ditmaal zonder de PvdA maar met het CDA en de VVD, verliep voorspoedig, waardoor na de langdurigste formatie ooit (208 dagen) op 19 december het eerste kabinet-Van Agt kon worden ingehuldigd.

18 OKT 1977
Na Ulrike Meinhof pleegt ook Andreas Baader (Rote Armee Fraktion) zelfmoord in zijn cel.

26 NOV 1977
Willy Walden en Piet Muijselaar treden voor het laatst op als Snip en Snap.

25 DEC 1977
Charly Chaplin, meester van de komische en satirische stomme film, overlijdt op 88-jarige leeftijd.

BUITENLANDS NIEUWS

Valse vondsten
1 februari 1977 Amateurarcheoloog Tjerk Vermaning kwam in de jaren '60 en '70 groots in het nieuws door opgravingen die hij had gedaan in Drenthe. De prehistorische gereedschappen die hij vond, zouden betekenen dat Nederland al tienduizenden jaren eerder werd bewoond dan tot dan toe bekend was. In 1975 rezen echter twijfels over de echtheid van de vondsten en in februari 1977 werden ze inderdaad als vals bestempeld.

Vliegramp Tenerife
27 maart 1977 Dichte mist, miscommunicatie en gebrekkige apparatuur veroorzaakten op 27 maart de grootste vliegramp uit de geschiedenis. Op Tenerife botste een Jumbojet van de KLM op een Boeing van Pan AM, met 583 dodelijke slachtoffers tot gevolg.

D

Naar Arctica
17 augustus 1977 Al tientallen jaren probeerden schepen te bereiken wat de Sovjetboot *Arktika* op 17 augustus voor het eerst lukte: de Noordpool bereiken met een schip. De atoomijsbreker werd aangedreven door twee kernreactoren die via vier stoomturbines een vermogen van 171 MW per stuk leverden. Met een luchtkanon dat onder water 24.000 liter water per seconde kon verplaatsen, baande het schip zich een weg door ijsschotsen tot drie meter dik.

Duurste auto
21 september 1977 Een elektronisch schuifdak, stereoradio, televisie, bar, airco, telefoon, bladgouden bekleding en gouden radiatorbehuizingen.
Het zat allemaal op en aan de duurste productieauto tot dan toe: de 83.500 pond kostende Rolls Royce Phantom VI Landaulette van zakenman Karani uit Dubai.

E

Vrede
Op 19 november landde Anwar Sadat op luchthaven Ben-Gurion in Tel-Aviv. De Egyptische president was daarmee de eerste Arabische leider die een officieel bezoek aan Israël bracht. Zijn bezoek en de historische toespraak die hij hield in de Knesset markeerden een keerpunt in de Arabische geopolitiek en baanden na dertig jaar oorlogen en spanningen de weg naar vrede.

Skytrain
26 september 1977 Bij het Engelse Laker Airways kostte een vliegticket van Londen naar New York op 26 september nog maar 59 pond, een derde van de prijs van alle concurrenten. Op die dag vloog de eerste Skytrain over de Atlantische Oceaan. Reserveren kon niet; je moest op de luchthaven maar zien of er plek was, net als in een trein, en aan boord was geen service. Het revolutionaire concept was behoorlijk winstgevend, totdat de grotere luchtvaartmaatschappijen ook begonnen te stunten met hun prijzen.

ENTERTAINMENT

Televisiestaking

2 mei 1977 Wie op maandagavond 2 mei de televisie aanzette om het *NOS-journaal*, *Barbapapa*, *Koning Klant* of *Achter het Nieuws* te kijken, kwam bedrogen uit. In plaats van de vertrouwde gezichten van Joop van Zijl, Wim Bosboom of Willem Brugsma was er niets meer dan een dienstmededeling te lezen: 'Als gevolg van een arbeidsconflict met de geluidstechnici van de N.O.S. kunnen de programma's op Ned. 1 en Ned. 2 op het ogenblik niet van geluid worden voorzien. Derhalve moet deze televisie-uitzending komen te vervallen.'

Rolschaatsen

De aloude rolschaats werd half jaren '70 herontdekt en zorgde voor een ware rage. Toen in hetzelfde decennium de discomuziek naar een waanzinnig hoogtepunt steeg, ontstond een heel nieuw soort van avondvertier: de rollerdisco!

F

Atari 2600

11 september 1977 Bij de eerste generatie spelcomputers was het spelletje in de microchip van de console verankerd, waardoor de gamer thuis op het apparaat maar één spelletje kon spelen. Bij het Atari Video Computer System, later omgedoopt tot Atari 2600, kon je thuis tussen verschillende spelletjes (waaronder het populaire Pong) wisselen. Je stak simpelweg de cartridge met het spelletje van je voorkeur in de opening in de console. De Atari 2600 was een ware revolutie in de wereld van de spelcomputers. De console ging meer dan dertig miljoen keer over de toonbank, er werden honderden miljoenen spelletjes verkocht en het maakte van Atari het snelstgroeiende bedrijf ooit in Amerika.

Soldaat van Oranje

22 september 1977 Met een budget van 5 miljoen gulden werd *Soldaat van Oranje* de duurste Nederlandse filmproductie ooit. De verfilming van de daden van verzetsheld Erik Hazelhoff Roelfzema ging op 22 september onder toeziend oog van Koningin Juliana en de voltallige cast in Theater Tuschinski in Amsterdam in première. *Soldaat van Oranje* werd bezocht door 1,5 miljoen Nederlanders en werd ook over de grens een succes, waardoor regisseur Paul Verhoeven, scenarioschrijver Gerard Soeteman en hoofdrolspelers Rutger Hauer en Jeroen Krabbé internationaal doorbraken.

May the force be with you
13 oktober 1977 Star Wars ging in première in Arnhem. Die dag had het Arnhemse Rembrandt Theater een primeur waarvan de weerga pas een jaar later echt duidelijk werd. Tijdens De Filmweek ging de Amerikaanse sciencefictionfilm *Star Wars* voor het Europese publiek in première. Op de rode loper en op de persconferentie in Hotel Bosch gaven alle grote sterren uit de film acte de présence. Mark Hamill (Luke Skywalker), Carrie Fisher (prinses Leia), David Prowse (Darth Vader) en Peter Mayhew (Chewbacca) waren erbij, evenals R2-D2 en C-3PO. Op het moment van de première in Arnhem was *Star Wars* 'gewoon een grote film'. *Star Wars* zou echter wereldwijd alle records breken. De film van regisseur en scenarioschrijver George Lucas werd de benchmark voor de blockbuster.

De Reddertjes
Met *De Reddertjes* was de animatiefilm weer helemaal terug. De nagesynchroniseerde versie van het verhaal over de muizen Bernard en Juffrouw Bianca, die naar het Duivelsmoeras trekken om het arme weesmeisje Penny te redden, werd ook in Nederland een groot succes.

Hollands Glorie
De AVRO-serie *Hollands Glorie* vertelde het spannende levensverhaal van de heldhaftige Jan Wandelaar, die zich van matroos langs allerlei avonturen en met vallen en opstaan opwerkte tot kapitein.

Maja de bij
'Dat kleine bijtje had een naam en heette Maja.' Maja de bij speelde de hoofdrol in een Duits kinderboek uit 1912. In de jaren '70 vloog ze uit het boek weg en beleefde ze in een Japanse tekenfilmserie voor kleuters allerlei onschuldige avonturen. Vanaf 1977 was *Maja de bij* in Nederland op televisie bij de KRO.

Saturday Night Fever
1 december 1977 Ook voor wie niet van oorlogsfilms of sciencefiction hield, had 1977 vlak voor kerst een klassieker in petto. In de muziekfilm *Saturday Night Fever* speelt John Travolta de ongeschoolde tiener Tony Manero uit probleemwijk Brooklyn in New York die zich in de disco ontpopt tot koning van de dansvloer. De lowbudgetfilm werd een doorslaand succes, maakte van John Travolta een superster en stuwde de discorage naar zijn hoogtepunt. De soundtrack van de film, met nummer 1-hits 'Stayin' Alive', 'How Deep is Your Love' en 'Night Fever' van de Bee Gees, werd met ruim twintig miljoen verkochte exemplaren een van de best verkochte albums ooit en stond in de hele wereld op nummer één in de albumhitlijsten.

Love, exciting and new. Come Aboard. We're expecting you!
De Amerikaanse romantische dramaserie *The Love Boat* speelde zich af op het cruiseschip *The Pacific Princess*, op weg naar exotische bestemmingen. Elke week werden nieuwe personages op het immense schip verwelkomd door de bemanning, om daar nieuwe, vaak voorspelbare romantische avonturen te beleven. Een heerlijke, ongecompliceerde serie om lekker bij weg te dromen.

Traploper
In ieder huishouden met kinderen lag wel ergens een Slinky. Omdat de Slinky zo leuk de trap af kon 'lopen' noemde iedereen het ding 'traploper'.

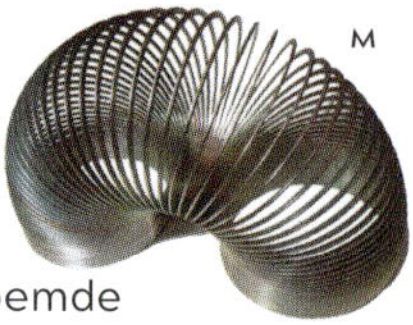
M

MUZIEK

K

Concertmeester
5 maart 1977 Jaap van Zweden won het Nationaal Vioolconcours. Een jaar later was hij al de jongste concertmeester van het Koninklijk Concertgebouworkest.

De Mallemolen
7 mei 1977 Frankrijk won het tweeëntwintigste Eurovisie Songfestival met het liedje 'L'oiseau et enfant', gezongen door Marie Myriam. Heddy Lester werd voor Nederland twaalfde met het nummer 'De Mallemolen'.

Mississippi
In 1977 scoorde de Limburgse band Pussycat zijn vierde hit met het nummer 'My broken souvenirs' van hun tweede album *Souvenirs*, na 'Georgie', 'Smile' en hun allergrootste hit 'Mississippi'. De band was half jaren zeventig de populairste band van Nederland en scoorde ook hit na hit in het buitenland.

KENT U DEZE NOG?

Gettoblaster

Punk
3 juni 1977 De Britse punkrage, compleet met grote hanenkammen, spikes, kale koppen, haarverf, kistjes, leren jassen, veiligheidsspelden en buttons, bereikte zijn top op het moment dat het nummer 'God Save the Queen' van de Sex Pistols de hitparade aanvoerde. Ook bracht The Clash, die andere band van punkpioniers, hun eerste album uit. Optredens van Iggy Pop en The Stranglers in het muziekprogramma *Toppop* brachten punk ook naar Nederland. Punkers kwamen aan hun muzikale trekken in de Babylon, in Doornroosje of in Tivoli. De Nederlandse punkscene sloot naadloos aan op de krakers- en de antikernwapenbeweging.

Los Vast
Het legendarische radioprogramma *Los Vast*, gepresenteerd door Jan Rietman, begon in 1977 en werd al snel hét programma op de zaterdagmiddag. Dit was zeker ook te danken aan de *Dik Voormekaar Show* waarmee het programma afsloot. *Los Vast* zat vol liveoptredens van Nederlandse artiesten en werd in de jaren tachtig de springplank voor velen van hen. Uiteindelijk kwamen er in de jaren tachtig ook liveshows. Deze werden vijftien keer volledig uitverkocht.

'Waar komen jullie toch vandaan?'
Met het 'Smurfenlied' stond Vader Abraham in de winter van 1977 zeven weken lang op nummer 1. Het humoristische lied ter promotie van de kleine blauwe stripfiguurtjes werd zelfs het op een na best verkochte singletje ooit in Nederland. Als het 'Lied der Schlümpfe' en 'The Smurf Song' werd het Smurfenlied ook in Duitsland en het Verenigd Koninkrijk een enorm succes.

The King is dood
Met zijn provocerende sexy bewegingen, zijn zwoele stem, zijn bloedmooie uiterlijk en aansprekende liedjes werd Elvis Presley het allereerste popicoon, de man die de populaire cultuur in het Westen voorgoed veranderde. Gedreven door controverse, die zijn populariteit alleen maar verder aanwakkerde, en waanzinnige massa's uitzinnige fans steeg Elvis tot ongeziene hoogte. In Amerika scoorde hij maar liefst achttien nummer 1-hits. In Nederland bereikten zijn singles 'It's Now or Never', 'Wooden Heart', 'Good Luck Charm' en '(You're the) Devil in Disguise' de top van de hitparade. Andere grote Elvis-hits als 'Suspicious Minds', 'In the Ghetto', 'Jailhouse Rock' en 'Can't Help Falling in Love' kwamen te vroeg voor de Nederlandse hitparade. Met meer dan een miljard verkochte platen is Elvis Presley veruit de meest succesvolle en meest invloedrijke soloartiest aller tijden. In de laatste jaren van zijn leven ging Elvis' gezondheid achteruit. Mede door slechte eetgewoonten in combinatie met hevig medicijn- en drugsgebruik werd Presley steeds dikker en bleef er van de baanbrekende knappe superster die hij ooit was steeds minder over. Op 16 augustus 1977 werd Elvis Presley dood aangetroffen op de vloer van zijn badkamer in Memphis. De exacte oorzaak van zijn dood blijft voor altijd een mysterie. Artsen wezen naar de drugs als belangrijkste overlijdensoorzaak, maar ook de meest uiteenlopende complottheorieën staken de kop op. Sommige mensen vermoedden zelfs dat Elvis helemaal niet dood was, maar ergens in de luwte aan een nieuw leven begon...

TOP 40

TOP 10 1977

1. **Ma Baker** Boney M.
2. **'t Smurfenlied** Vader Abraham
3. **Give a little bit** Supertramp
4. **Medley: do you remember** London Session Singers
5. **Yes sir, I can boogie** Baccara
6. **Go your own way** Fleetwood Mac
7. **Cocaine in my brain** Dillinger
8. **Living next door to Alice** Smokie
9. **We are the champions** Queen
10. **Non stop dance** The Gibson Brothers

Open | **Search** | **Scan**

Boney M.
Aan het eind van de jaren '70 veranderde elke single die de Duitse discogroep Boney M. maakte in goud. De vier leden, allemaal in de Caraïben geboren, vertegenwoordigden een heerlijke mix van Europese en exotische muziek en hadden in 1976 al een wereldhit met 'Daddy Cool'. In 1977 volgden twee nummer 1-hits in Nederland, 'Sunny' en 'Ma Baker'.

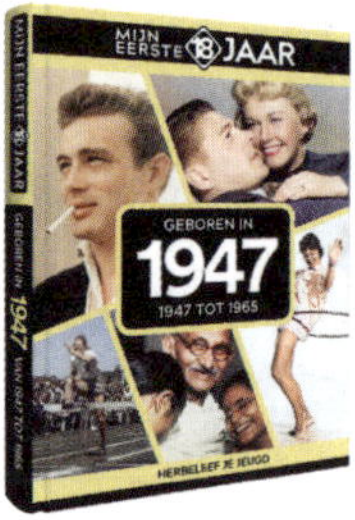

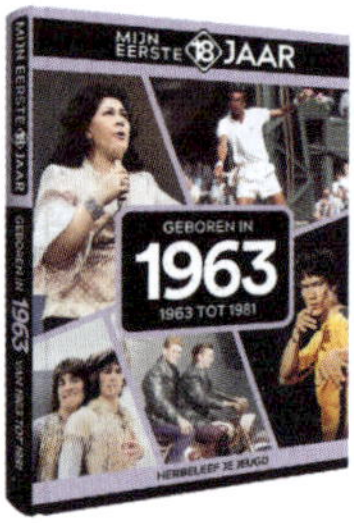

MIJN EERSTE 18 JAAR

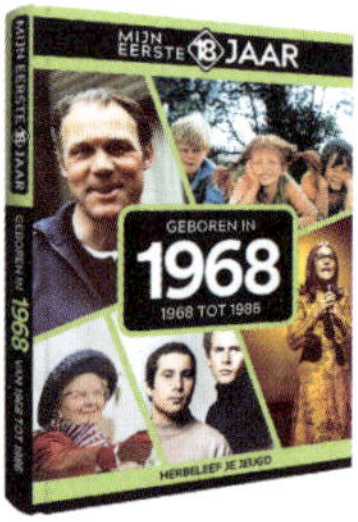

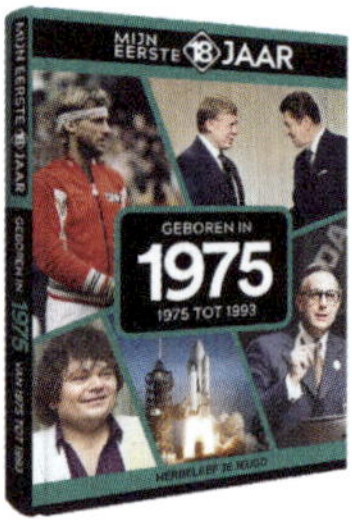

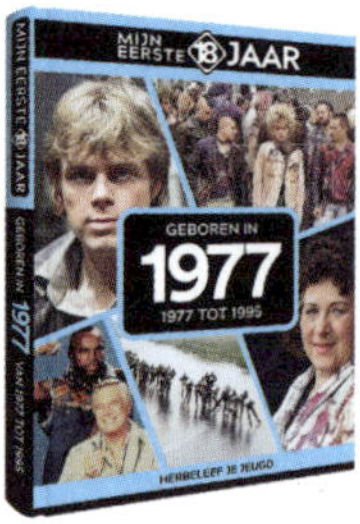